聞き手はいつ
あいづちを打つのか

マレーシア語と日本語会話の対照研究

勝田順子 著

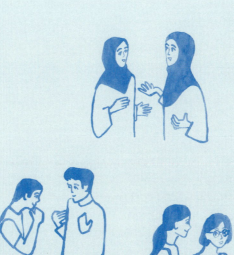

大阪大学出版会

بسم الله الرحمن الرحيم

Bismil-lahirrahmanir-rahim

目　次

図表一覧 …………………………………………………………………… iv
グロスに用いた略語 ……………………………………………………… vi
トランスクリプト（転写）に用いた記号 ……………………………… vii

第1章　あいづち研究は何をもたらすか ……………………………… 1
1.1　会話におけるあいづち研究の目的について ……………………… 1
1.2　マレーシア語の概略 ………………………………………………… 4
1.3　本書の理論的立場 …………………………………………………… 6
1.4　本書の意義 …………………………………………………………… 8
1.5　本書の構成 …………………………………………………………… 9

第2章　研究Ⅰ　マレーシア語のスタンス・マーカー kan の
　　　　　意味拡張経路 ……………………………………………… 13
2.1　マレーシア語の日常会話に現れる kan とその意味・機能 ……… 13
2.2　先行研究 ……………………………………………………………… 15
　2.2.1　マレー語のスタンス・マーカーの意味・機能に関する先行研究 …… 15
　2.2.2　マレー語のスタンス・マーカーの文法化に関する先行研究 ……… 24
　2.2.3　kan の意味・機能に関する先行研究 ………………………… 35
2.3　機能拡張・文法化に関する研究アプローチ ……………………… 40
2.4　kan が多くの機能を持つに至るまで ……………………………… 40
　2.4.1　kan の意味拡張の過程の仮説 ………………………………… 40
　2.4.2　仮説の妥当性の根拠 …………………………………………… 54

i

	2.4.3	*kan* の現在の使用状況およびその要因 ………………………	59
2.5	結論	…………………………………………………………………………	61

第3章　研究Ⅱ　マレーシア語・日本語会話における
　　　　　　　　　聞き手の反応の対照分析 ……………………… 65

- 3.1　会話の対照分析を行う目的 ………………………………………… 65
- 3.2　本書で用いる会話分析の術語および先行研究 ………………… 66
  - 3.2.1　本書で使用するCAの術語 ……………………………… 66
  - 3.2.2　*kan* の意味・機能に関する先行研究 ………………… 71
  - 3.2.3　日本語の「ね」、「さ」の意味・機能に関する先行研究 … 77
  - 3.2.4　聞き手の「あいづち」、「うなずき」に関する先行研究 … 87
- 3.3　聞き手が話し手の発話に反応するのにかかる時間 ………… 104
- 3.4　会話の採録、分析方法 ………………………………………… 105
- 3.5　分析・考察 ……………………………………………………… 106
  - 3.5.1　分析・考察1　談話小辞 *kan* および「ね」、「さ」への
  　　　　聞き手の反応 ……………………………………… 106
  - 3.5.2　分析・考察2　マレーシア語会話と日本語会話における
  　　　　聞き手の反応 ……………………………………… 164
- 3.6　各会話分析から得られたあいづち教育への示唆 …………… 192

第4章　研究Ⅲ　マレーシア人日本語学習者と日本人の
　　　　　　　　　接触場面会話の分析 ……………………………… 199

- 4.1　接触場面会話研究の流れと本書の目的 ……………………… 199
- 4.2　マレーシア人留学生コミュニティの歴史 …………………… 201
- 4.3　マレーシア人留学生の言語生活 ……………………………… 201
- 4.4　先行研究 ………………………………………………………… 202
  - 4.4.1　接触場面に関する先行研究 ……………………………… 202
  - 4.4.2　第二外国語学習者のあいづち行動に関する先行研究 … 204

4.5　接触場面会話の調査と分析 ……………………………………… 206
     4.5.1　調査方法 ……………………………………………………… 206
     4.5.2　調査対象者 …………………………………………………… 207
     4.5.3　分析方法（SCAT）について ……………………………… 208
   4.6　接触場面会話の量的・質的分析 ………………………………… 210
     4.6.1　日本人大学生が違和感を抱いたマレーシア人留学生の
　　　　　 あいづちの量的分析 ………………………………………… 210
     4.6.2　フォローアップインタビューの質的分析 ………………… 214
   4.7　接触場面会話から得られたあいづち教育への示唆 …………… 225
   4.8　結論 ………………………………………………………………… 226

第 5 章　むすびに ………………………………………………………… 229
   5.1　本書から明らかになったこと …………………………………… 229
   5.2　今後の課題 ………………………………………………………… 233

あとがき …………………………………………………………………… 236
初出一覧 …………………………………………………………………… 238
参考文献 …………………………………………………………………… 239
索引 ………………………………………………………………………… 247

図表一覧

【表】

表 2-1	*kan* の形式①、②、④、⑤の日常会話での使用状況	61
表 3-1	マレーシア語母語話者、日本語母語話者の属性の詳細	106
表 3-2	*kan* が出現する位置	110
表 3-3	各会話における *kan* の出現数	111
表 3-4	マレーシア語会話における *kan* に対する聞き手の反応	111
表 3-5	*kan* 周辺の聞き手の反応の生起位置	120
表 3-6	「文＋*kan*」周辺の聞き手の反応の出現位置	121
表 3-7	「文＋*kan*」周辺の「うなずき」の出現位置	123
表 3-8	*kan* を聞く前に打たれた聞き手のあいづち、うなずき	125
表 3-9	*kan* を聞く前に打たれたあいづちの、話し手の発話と重複する位置	126
表 3-10	「*kan* の最後までまたは途中まで」を聞いた後に開始した聞き手の反応	129
表 3-11	「文＋*kan*」の *kan* を聞く前に開始した聞き手の反応	129
表 3-12	「ね」/「さ」に前接する要素	141
表 3-13	各会話における「ね」、「さ」の出現数	142
表 3-14	日本語会話における「ね」/「さ」に対する聞き手の反応	142
表 3-15	「ね」、「さ」周辺の聞き手の反応の量的分析	150
表 3-16	ターン開始要素「なんかね/さ」周辺の聞き手の反応	163
表 3-17	「ね」、「さ」周辺の聞き手の反応	163
表 4-1	調査対象者の属性	207
表 4-2	出身地域の差、世代差、男女差別の「違和感」を持った人数（日本人8人）	211
表 4-3	マレーシア人留学生のあいづち（形式面からの分類）	213
表 4-4	日本人が違和感を抱いたマレーシア人留学生のあいづち数	213
表 4-5	J2 が違和感を抱いた M2 のあいづちの回数	214

【図】

図 2-1	*kan* の文法化の経路（仮説）	41
図 2-2	*kan* の文法的意味の通時的拡張の経路（仮説）	41
図 2-3	*kan* の文法的意味の通時的拡張の経路（仮説）	55
図 3-1	マレーシア人女子大学生同士（左）および 日本人女子大学生同士（右）の会話の様子	106
図 3-2	*kan* 周辺の聞き手の反応位置(1)	115
図 3-3	*kan* 周辺の聞き手の反応位置(2)	116
図 3-4	*kan* 周辺の聞き手の反応位置(3)	117
図 3-5	「さ」周辺の聞き手の反応位置(1)	145
図 3-6	「さ」周辺の聞き手の反応位置(2)	146
図 4-1	会話時の様子（1組目）	207
図 4-2	会話時の様子（2組目）	207

グロスに用いた略語

ACC（accusative）	対格（直接目的語）
CONJCT（conjunctive）	接続詞
COP（copula）	繋辞
DEM（demonstrative）	指示詞
FOC（focus）	焦点
FUT（future）	未来
GEN（genitive）	属格（所有格）
HUM（humble）	謙譲
LNK	繋ぎ言葉
NEG（negative）	否定
NMLZ（nominalizer）	名詞化辞
NONVOL（nonvolitional）	無意志
PASS（passive）	受身
PAST	過去
PART（particle）	助詞
PFV（perfective）	完了
PL（plural）	複数
POL（polite）	丁寧
POSS（possessive）	所有格
PRF（prefix）	接頭辞
PRES-PARTC（present participle）	現在分詞
REDUP（reduplication）	畳語
REL（relativiser）	関係詞
SFP（sentence final particle）	文末小辞
SG（singular）	単数
STM（stance marker）	スタンス・マーカー
SUB（subordinator）	従属節
SUF（suffix）	接尾辞
1（first-person）	一人称
2（second-person）	二人称
3（third-person）	三人称

トランスクリプト（転写）に用いた記号

[	左角括弧は、2人以上の発話や音声が重なり始めた時点を示す
]	右角括弧は、発音や音声の重なりが終了した時点を示す
[[	2重の左角括弧は、2人が同時に発話を開始した時点を示す
=	等号は、その前後に感知可能な完了が全くないことを示す
(数字)	丸括弧内の数値は、その位置にその数秒の間隙があることを示す
(.)	丸括弧内のドットは、その位置にごくわずかの感知可能な間隙（おおむね0.1秒前後）があることを示す
言葉：	発話中のコロンは、直前の音が引き伸ばされていることを示す。コロンの数は、引き伸ばしの相対的長さを示す。
言葉-	ハイフンは、直前の語や発話が中断されていることを示す
.	ピリオドは、直前部分が下降長の抑揚で発話されていることを示す
?	疑問符は、直前部分が上昇調の抑揚で発話されていることを示す
,	コンマは、直前部分が継続を示す抑揚で発話されていることを示す
↑	上向きの矢印は、直後の部分で急激に音が高くなっていることを示す
言葉	下線部分が、強調されて発話されていることを示す
°言葉°	° °で囲まれた部分が弱められて発話されていることを示す
H	hは呼気音を示す。呼気音の相対的長さはhの数で示す。
.h	ドットに先立たれたhは吸気音を示す。吸気音の相対的な長さはhの数で示す。
言(h)	呼気音が言葉に重ねられている場合には、発話の途中に(h)を挿入する
¥言葉¥	¥ ¥で囲まれた発話が笑いながらなされているわけではないが、笑い声でなされていることを示す
<言葉>	不等号で囲まれた部分が、前後に比べてゆっくりと発話されていることを示す
>言葉<	不等号で囲まれた部分が、前後に比べて早く発話されていることを示す
(言葉)	聞き取りに確信が持てない部分は丸括弧で囲って示す
(　　)	聞き取り不可能な発話は、(　)で示す。空白の大きさは聞き取り不可能な音声の相対的な長さを示す。

→	分析において注目する行は左端に矢印を付して示す
言葉	分析において特に焦点を当てる箇所はゴチック体の文字で示す
((言葉))	転記者による様々な種類の注釈・説明は、二重丸括弧で囲って示す

(串田・定延・伝（編）2005: xi-xix をもとに作成)

第 1 章
あいづち研究は何をもたらすか

1.1 会話におけるあいづち研究の目的について

　外国人に対する日本語教育において、文法、語彙教育などに加え、会話教育の重要さが指摘され、日本語会話についての研究が盛んに行われるようになってきたのは 1980 年代以降のことである。その中で、日本語会話に頻繁にみられるあいづちという現象が注目され、あいづちの量的側面からの研究や他の言語におけるあいづちとの対照研究が生産的に行われてきた。

　日本語の日常会話では、話し手が話している時に、聞き手が「うん」「そうだね」「へー」などの様々なあいづちを発したり、うなずいたりしながら、話を聞く。それは私達日本人にとっては、あまりにも自然で当然な行動である。しかし、それは他の国々でも普通の行動なのだろうか。日本語教育の分野にいた筆者がそのような疑問を感じたことが、本書の出発点である。さらに、その相違を知り、日本語教育（会話教育）に生かすことは、日本人と外国人との日本語接触場面でのコミュニケーションを円滑に行うことに役立つだろうと考えた。

　本書では、日本語会話におけるあいづちとマレーシア語におけるあいづちの相違を質・量的観点から述べている。日本語のあいづちの量的研究は多くなさ

れてきたが、質的観点から述べたものはまだ少ない。また、マレーシア語の会話研究は非常に限られている。

　マレーシアやマレーシア語は日本人にとってはそれほど馴染みのある国・言語ではないかもしれない。しかし、マレーシアを訪れ、人びとと会話すれば、和を尊ぶという点において彼らと共通点を持っていると感じる。また、マレーシア語は英語と同じ SVO 言語でありながら、会話では話者のスタンスを表す、日本語の終助詞、間投助詞のような機能を持つ品詞が、日本語と同様に多く使われるという点で、非常に興味深い言語である。本書では、あいづちが生起する位置と関連の深い要素として、後述の談話小辞 *kan* について歴史言語学の観点からも述べる。*kan* は「明日**ね**、友達と映画見に行くんだけど、…」や、「なんか**さー**、最近忙しくて…」の、日本語のいわゆる間投助詞「ね」「さ」と似た機能を持っている。このように共通点のある言語と日本語の会話におけるあいづちの特徴を比べることは、文化的および言語の文法的に差異の大きいヨーロッパ言語のそれを比べることと同様に、意味のあることであると考える。

　上記を踏まえ、会話・談話分析の研究が非常に限られているマレーシア語会話と、日本語会話の対照分析を、主に聞き手の反応（あいづち、うなずき）の観点から、質・量的に行う。先にも述べたように、日本人の会話においては、他言語話者の会話と比較して、あいづちが頻繁に打たれることが対照談話研究の分野で広く認められている。その要因には、日本の文化観（「和」、「思いやり[1]」）(White 1989, Maynard 1997 他) や、日本語の統語構造（あいづちを入れる機会が多い）(White 1989, Fox, Hayashi and Jasperson 1996, Maynard 1997, Cutrone 2005 他) があるといわれてきている。

　これまでの日本人と他の言語話者の会話スタイルの違いは、英語（特に米英語）、中国語、韓国語などの言語との比較を通して行われてきている。当然の結果として、日本人の会話スタイルはそれらの諸言語の会話と比べてどうであるかという点から述べられている。

　また、「あいづち」研究は 1980～1990 年代に盛んに行われたが、量的分析が中心であり、質的分析が十分に行われてきたとはいえない。その結果、日本

語教育において、「あいづちを多く打っているか」というあいづちの量だけをみて、日本語学習者の会話力を分析する研究も行われてきた。

　日本語会話において、あいづちは様々な環境で打たれている。その中で話し手が、「昨日**ね**、友達と**ね**、〜」や、「私**さ**、明日**さ**、〜」のように、「ね」や「さ」などの、いわゆる間投助詞を付けて述べると、その周辺で聞き手があいづちを打つことが多いように思われる。

　マレーシア語の談話小辞 *kan* は、今述べた日本語のいわゆる間投助詞「ね」、「さ」と類似した機能を持っていると考えられる。この *kan* が会話中に話し手によって発される時、聞き手の反応が起こることが、経験的にみられる。

　マレーシア語の談話小辞 *kan* は他にも多くの意味・機能を持っている。それらの機能はどのように獲得したのだろうか。多くの意味を獲得した過程についての仮説を示すことで、「*kan* の周辺での聞き手の反応の生起との関係」を明らかにしたい。

　次に、*kan* や「ね」、「さ」の周辺で、聞き手の反応が観察されるとすれば、その要因は何かを分析する。聞き手の反応は、これらの小辞が生起すれば、常に起こるのであろうか。聞き手の反応が起こる場合と起こらない場合があるようにみえるが、その相違の要因は何だろうか。

　また、これらの小辞の生起位置周辺以外でも、聞き手の反応は頻繁にみられるが、その出現環境はどのようなものだろうか。マレーシア語と日本語の会話において、聞き手の反応（あいづち、うなずき）の生起環境の相違点は何だろうか。これらを明らかにすることを目的とし、マレーシア語・日本語会話における聞き手行動について、質・量的分析を行う。

　最後に、上で述べた、両会話における聞き手行動の特徴を踏まえたうえで、マレーシア人と日本人の日本語接触場面会話およびフォローアップインタビューの結果を分析する。その結果を、マレーシア人学習者への日本語教育（会話教育）へ応用することを目的とする。

　以上の目的をまとめると、以下のようになる。

```
┌─────────────────────────────┐
│ マレーシア語の談話小辞 kan   │
│ が多機能性を獲得した経路     │
│ (仮説) の提示                │
│ (kan の周辺で起こる「聞き   │
│ 手の反応の生起との関係」の   │
│ 解明) (研究Ⅰ)               │
└─────────────────────────────┘

┌──────────────────────┐   ┌──────────────────────┐
│ マレーシア語と日本語会話に │   │ マレーシア人学習者と日本人 │
│ おける、聞き手の反応(あい │   │ の接触場面における、マレー │
│ づち、うなずき)の出現要因 │   │ シア人学習者の聞き手行動の │
│ の解明 (研究Ⅱ)           │   │ 解明 (研究Ⅲ)              │
└──────────────────────┘   └──────────────────────┘
                  │                │
                  ▼                ▼
          ┌──────────────────────────┐
          │ 日本語教育(会話教育)への応用 │
          └──────────────────────────┘
```

1.2　マレーシア語の概略

　マレー語はオーストロネシア語族の西オーストロネシア語派に属する。マレーシアの国語である「マレーシア語」は、マレー語の1方言とされており、マレー語は、マレーシア語、シンガポールとブルネイの公用語（マレー語）、インドネシアの国語（インドネシア語）などからなる。ファリダ・近藤（2005）によると、インドネシアでは、現在、インドネシア語と呼ばれ、マレーシアで話されているマレーシア語とは、かなりの違いはあるが、元々は同じ言語である。世界の言語別使用人口において、「マレー・インドネシア語」は1億7600万人（9位）である[2]。

文字は、アルファベットが使用され、表記どおり読めばよい。また、アクセントは意味の弁別に関与せず、声調もないため、発音は比較的易しいといわれている（伊藤 2009）。

マレーシア語は膠着型言語に分類され、基本語順は SVO である。以下に例(1)を挙げる。

(1) Saya nampak dia di   kantin sedikit tadi.
    1SG 見る   3SG 〜で 食堂   少し 前

  私は少し前に食堂で彼女を見た[3]

基本語順は英語とよく似ている。また、インフォーマルな会話においては、主語の 'saya（私）' は省略されることが多い。また、「(名詞)である」に当たる *ialah* または *adalah* といった繋辞は、会話においては省略される。繋辞の省略は、オーストロネシア言語においては、非常に典型的である（Pustet 2003）。動詞、形容詞は過去形を持たず、名詞は格変化しない。よって、文脈依存度が高い言語であるといえる。

次に、同じ SVO 言語である英語と大きく異なるのは、名詞修飾の仕方である。修飾語は被修飾語の後ろに置かれる。以下に、例を示す。

(2) orang rambut hitam tu
    人   髪   黒い その

  その黒い髪の人

'orang（人）' を修飾する語は後ろに置かれ、その修飾語句の最後の語から前へ順に、'tu（その）' 'hitam（黒い）' 'rambut（髪）' のように、訳す。

1.3　本書の理論的立場

　本書では、第2章で、機能主義言語学、第3章では会話分析（conversation analysis）、第4章では、言語管理理論という理論・手法を用いて分析を行う。
　第2章では、マレーシア語の主に会話で使われる、談話小辞 *kan* が多くの意味・機能を獲得した経路についての仮説を示すことを目的とする。ここでは、理論的言語研究における形式主義（構造主義言語学や生成文法）に対立する概念とされる、機能主義に立ち、分析を行う。
　形式主義においては、言語を、「言語能力」と「言語運用」という2つのレベルに分け、「言語能力」のみを研究対象とするのに対し、機能主義においては、そのような区別は行わない。
　機能主義では、言語が具体的な場面・文脈でどのように用いられるかを明らかにすることに主な目的がある。本書では、機能主義にしたがい、言語事実を、言語外の要因（文が表している意味やコミュニケーションの中で果たしている機能、話し手と聞き手との相互作用、人間の認知や知覚、語用論的要因）によって説明する立場をとる。
　第3章では、マレーシア語および日本語会話における、聞き手行動（あいづち、うなずき）を質・量的に分析する。
　分析には、主に会話分析（CA: Conversational Analysis　以下、CAと略す）の手法を用いる。「CAは1960年代にHarvey Sacksとその共同研究者達によって土台が築かれた1つの相互研究の方法である。その中心的目的は、会話をはじめとするさまざまな言語的やりとり（talk-in-interaction）において、人々が理解可能な形で行為を生成していく方法を記述することである。」（串田 2006: 188）。さらに、「CAは言語的現象を扱うが、関心の焦点は言語そのものよりも言語を用いて遂行される行為にある」（串田 2006: 188）。つまり、CAは「言語」研究そのものを目的とはしていない。
　しかし近年は、CAの知見を第2言語教育に生かそうとする試みもみられ始めている（Wong and Waring 2010, 岩田・初鹿野 2012 他）。

「…CAという方法論では、データの『解釈』で終わるのではなく、そのような解釈に行き着いたのはなぜかということを、実際のデータに示されている当事者達の目に見える動作、発話、タイミング、参加体系等を明らかにしていくことによって証明していくところまでいかねばならない」（森 2004: 190）とされる。

以上のような立場に立ち、第3章では、実際の会話データで観察される様々な現象（証拠）に基づいた、聞き手行動（あいづち、うなずき）の質的分析を中心に行う。

また、第3章では、質的分析とともに、量的分析も行う。量的分析は、傾向を述べるのに役に立つ。特に、馴染みの薄い「マレーシア語」の会話に起こる様々な聞き手行動の傾向を、量的分析を行うことによって示すことは、対照言語学の点からみても意味のあることであると考える。

一方で、量的分析によって傾向として述べられる「マレーシア語会話」あるいは「日本語会話」の特徴は、「学習者への会話教育の応用」を目指す時には、役に立つ点は限られているだろう。

CAは「定性的な分析方法の一つであり、…定量的分析方法、…を基本的には批判的に見ている」（森 2004: 204）。しかし、一方で、森（2004: 206）は、「CAの手法で緻密な定性的分析をした上でその結果をもとに定量的分析を行い、ある方法論の有効性を証明するということは理論的に可能であろう」と述べており、「CAと定量的分析の連動の可能性」（森 2004: 205）は今後検討されていくべき分野だといえる。

次に、第4章では、マレーシア人とその日本人の友人との日本語接触場面会話およびその後の会話者へのフォローアップインタビュー（以下FIと略す）を行った結果を分析し、日本人および日本語学習者の聞き手行動（あいづち、うなずき）に対する「規範」を明らかにすることを目指す。

このFIという手法は、CAからは好ましいものとはみられていない。それは、「CAでは目に見える観察可能な分析結果の提示がない限り、録音・録画されたデータの外にある、理論的、状況的情報のみに頼って発話者の心理状況、

意図を推測することは許されない」(森 2004: 190)という立場に立っているからである。また、CAでは、「…インターアクション参加当事者の言語及び言語行動の詳細や、それによって表されると考えられる彼らの瞬間ごとの判断は、当時者自身も<u>意識していない</u>、又は<u>意図的に行っているものではない</u>ものである可能性が高い」(森 2004: 190、下線は筆者による)ことや、「研究者の質問の提示の仕方によって、いかに導き出される結果が変わってくる」(森 2004: 191)かという観点からも、勧められていない。

確かに、私達は母語の日本語で様々なインターアクションを「無意識に」行っていることが多いかもしれない。しかし、接触場面は日本人にとっても、日本語学習者にとっても、「自身の母語で、母語話者と会話する」状況とは大きく異なる。そのため、自身の言語・非言語行動を意識して、または意図して行ったり（または行わなかったり）するし、自身と異なる（異なる言語を母語とするという意味において）相手の行動により気づくことができる状態になっていると考えられる。

さらに、第4章で明らかにするように、「学習者が行う、言語・非言語行動の意味することまたは、意図は何であるか」という問いに対する、より真実に近い答えは、「会話の参加者の行動を観察・分析する」だけでは、得られない。

以上の理由から、第4章ではFIの結果を、接触場面研究分析で広く使用されている、ネウストプニーの「言語管理理論」というフレームを用いて分析を行う（「言語管理理論」の詳細は、第4章で詳しく述べる）。

1.4 本書の意義

Goddard (1994) によると、口語マレーシア語はそれまで言語学的観点から適切に記述されることはなかった。それは、マレーシアの言語計画当局（Malaysian language planning authorities）が口語マレーシア語の研究を抑制するという態度をとっていたことも原因の一部であると述べている。

Goddard が述べているように、口語マレーシア語の研究はみられるが、多くない（kan の談話的機能について述べた Wouk 1998, 1999, 2001；多義語 -nya の意味、文法化の経路の仮説を提案した Englebreston 2007；Yap 2011 他）。

よって、本書では、マレーシア語の談話小辞の意味・機能を詳しく記すこと、および類型論や歴史言語学研究に貢献することができると考える。

また、マレーシア語会話の分析（談話分析、会話分析）は、非常に限られている。よって、マレーシア語と日本語の対照会話分析によって得られた、聞き手の言語・非言語行動の質・量的分析結果は、マレーシア語会話の談話・会話分析研究へ貢献でき、またマレーシア語母語話者への日本語教育に応用できると考える。

一方、日本語会話における聞き手の言語・非言語行動の分析によって、先行研究の知見を精査することに加え、先行研究では限られていた質的分析を行うことで、日本語会話の談話・会話分析研究へ資することができると考える。

さらに、マレーシア人日本語学習者とその友人の日本人との、接触場面会話および FI の知見は、日本語教育（会話教育）へ応用できるという点から、意義があるものと考える。

1.5　本書の構成

本書は、研究Ⅰ、研究Ⅱ、研究Ⅲの3つの相互に関連した研究で構成されている。第2章で研究Ⅰ、第3章で研究Ⅱ、第4章で研究Ⅲについて述べる。

まず、第2章では、研究Ⅰとして、マレーシア語のインフォーマルな会話場面において、話し手の相互行為的（間主観的[4]）な態度（スタンス）を示すスタンス・マーカーの1つである小辞 kan が、多くの意味・機能を獲得した経路の仮説を示す。

第3章では、研究Ⅱとして、マレーシア語・日本語会話における聞き手の

反応の対照分析を行う。研究Ⅱの結果は、分析・考察 1 および分析・考察 2 からなる。

　分析・考察 1 では、マレーシア語・日本語会話でよく聞かれる談話小辞、kan および「ね」、「さ」が発せられた時の、聞き手の反応（あいづち、うなずき）を質・量的に分析し、その結果を示す。その結果から、談話小辞 kan および「ね」、「さ」の機能について示し、またこれらの小辞周辺に生起した、あいづち、うなずきの量的分析（頻度）、および質的分析（出現（または非出現）環境）を行う。

　次に、分析・考察 2 では、結果 1 の環境以外で現れた、あいづち、うなずきの質的分析を行い、その出現（または非出現）環境について詳しく述べる。

　第 4 章では、研究Ⅲとして、マレーシア人と日本人の「友人同士」の接触場面会話および FI を分析し、「日本人が持つあいづちの規範」からの、マレーシア人による「逸脱」という現象が生じた要因について述べ、マレーシア人日本語学習者への会話教育についての提言を行う。

　最後に、第 5 章では、本書の結論と課題について述べる。

注

1 本書における、英語の日本語訳・日本語要約はすべて筆者によるものである。
2 http://www.mext.go.jp/b_menu/shingi/chukyo/chukyo3/015/siryo/06032707/005/001.htm（中央教育審議会初等中等教育分科会教育課程部会 外国語専門部会（第13回）議事録・配布資料 文部科学省ホームページより。2015年9月13日閲覧）
3 マレーシア語、インドネシア語の日本語訳は、今後断りがない限り、全て筆者訳である。
4 Traugott（2003）によると、「間主観性は話し手（書き手）が、認識的意味、およびより社会的な意味において、聞き手（読み手）の『自己』への注意を明示的に表現することである。『認識的意味における注意』とは、『話し手の発話内容に対して、聞き手がとるかもしれない態度に注意を払うこと』であり、『より社会的な意味における注意』とは、『聞き手の社会的立場・アイデンティティと関連した『フェイス（面子）』または『聞き手が保ちたいイメージ』に対する注意を払うこと』である（Intersubjectivity is the explicit expression of the SP/W's attention to the 'self' of addressee/reader in both an epistemic sense (paying attention to their presumed attitudes to the content of what is said), and in a more social sense (paying attention to their 'face' or 'image needs' associated with social stance and identity)」（Traugott 2003: 128）。

第 2 章

研究Ⅰ マレーシア語のスタンス・マーカー *kan* の意味拡張経路

2.1 マレーシア語の日常会話に現れる *kan* とその意味・機能

マレーシア語（オーストロネシア語族，膠着型言語，基本語順：SVO）の日常会話に現れる *kan* は、共時的には様々な意味・機能を持つ。例えば 'Kan～?' は、「～（ん）でしょう?」に当たる「確認要求」を意味する。また、平叙文や感嘆文を構成する 'Kan～./!' は、「～でしょう。/!」に対応する「確認要求」の意味を持つ。また、文末に '～, kan?' のように付加すると、「～よね?」に当たる「付加疑問」の意味にもなる。さらに、文中・文末に助詞 '～kan, ～.'、'～kan.' として出現し、それぞれ日本語の「～ね／さ、～。」「～ね／さ。」に相当する意味も持つ。以下に会話に現れた *kan* の例を挙げる（例(1)～(5)）。例(1)は「～（ん）でしょう?」、(2)は「～よね?」、(3)は「～ね／さ、～。」、(4)は「～ね／さ。」の意味を持つ *kan* を含む発話である。

(1) **Kan** bersama, dengan cikgu Hayyan Tariq jugak?[5]
    KAN ～と一緒に ～と 先生 ハヤン・タリク（人の名前） ～も

    ハヤン・タリク先生も一緒でしょう?

(2) Kelas kita sama **kan**?
　　授業　1PL　同じ　KAN

　　私達、授業同じだ**よね**？

(3) Tapi **kan**, Bai,　　　　kita⁶ **kan** sebenarnya **kan** memang
　　でも KAN　バイ（人の名前）1PL　KAN　実は　　　　KAN 本当は

　　macam nak　sambung terus　Master, tapi fikir　pasal family…
　　なんか ～たい　続ける　　まっすぐ 修士　でも 考える こと 家族

　　でも**ね／さ**、バイ、私は**ね／さ**、実は**ね／さ**、本当は修士を続けたい。
　　でも、家族のことを考えると…

(4) Kurang meriah sikit-lah　sebab　　　　anak buah yang ramai-ramai
　　少ない 楽しい 少し-STM　なぜなら～から　子供　　　REL　　かなり多い

　　takde **kan**….
　　いない KAN

　　あまりおもしろくなかった。だって姪や甥がほとんどここにはいなかったから
　　ね／さ。…

　kan は上の例(1)～(4)でみた多くの意味・機能をどのように獲得したのだろうか。また、以下の例(5)でみられるように、話し手によって kan が使われた時、聞き手の反応（あいづち 'em' やうなずきなど）が起こることがある。それはなぜだろうか。

(5) A:　…Tapi **kan** ada　abang ipar　　jadi　macam formal
　　　　　でも KAN いる 兄弟　義理の　なる　なんか フォーマル

　　：　sikit-lah　　macam tak, tak terbiasa　　lagi　**kan**
　　　　ちょっと-STM　なんか NEG NEG 慣れている　もっと KAN

　　　　…でも**ね／さ**、義理の兄弟がいて、なんかちょっとフォーマルで、
　　　　なんか、慣れていなくて**ね／さ**、

A: [dengan diaorang semua:.
　　～と一緒　彼ら　　みんな

　　[みんなと一緒なのは。

B: [**Aaaa. Ye   lah**, kena   jaga batas.
　　うん　うん STM ～なければならない 守る 限度

　: aurat   kita *kan*
　　隠さなければならない体の部分 1PL KAN

　　[**うん、そうだよね**。どこまで（自分の）身を（他）人の目から隠す（守る）
　　か、それを守らないといけない。

　第 2 章では、マレーシア語のインフォーマルな会話場面において、話し手の相互行為的（間主観的）な態度（スタンス）を示すスタンス・マーカーの 1 つである小辞 *kan* の機能を獲得した経路に関する仮説を示すことを試みる。また、その仮説から、*kan* の周辺で聞き手の反応がみられる（例 (5)）要因について、第 3 章で述べる。

2.2　先行研究

2.2.1　マレー語のスタンス・マーカーの意味・機能に関する先行研究

　まず「スタンス」の定義を確認し、マレーシア語・インドネシア語[7]のスタンス・マーカーの先行研究をみていく。ここでは、本研究で扱う *kan* 以外のスタンス・マーカーの先行研究をみていくが、*kan* と似た意味・機能を持つものや、*kan* の文法化（機能拡張）の経路の仮説にヒントを与えるものが含まれる。そのため、これらのスタンス・マーカーの先行研究をみておくことは意味があるだろう。なお、*kan* の意味・機能については、その全体像を記したものは管見の限りなく、部分的な記述をしたもののみであり、これは 2.2.3 で詳し

く述べる。

　Englebreston（2007）が述べているように、「スタンス」の研究は、21世紀以降関心が高まり、言語学の様々な異種の関連分野（コーパス言語学、システム機能言語学、談話機能言語学、認知言語学、社会文化言語学、相互行為言語学など）において研究されている。この事実から、「スタンス」の定義や概念は多岐にわたり、また、同じ現象を扱っていても、異なる用語が用いられることも多い（「スタンス」「主観性」「評価」など）という。

　Biber et al.（1999）、Biber and Finegan（1989）によると、「スタンス」とは「メッセージの命題内容に関する感情、判断、コミットメントを表す語彙的および文法的表現（the lexical and grammar expressions of attitudes, feelings, judgments, or commitment concerning the propositional content of message）」（Biber et al. 1999: 92）、「個人的な感情／態度／価値決定／評価（personal feelings, attitudes, value judgments, or assessments）」（Biber and Finegan 1989: 966）である（Englebreston 2007: 16-17）。

　本研究では、上述のBiber et al.（1999）、Biber and Finegan（1989）の「スタンス」の定義を用いる。

　この定義によると、「スタンス」研究の目標は、語彙や文法が、様々な種類のスタンス（「感情」「態度」「価値決定」「評価」）をどのように変換・表現するのかを調べることであるという。この定義に従うと、「スタンス」はかなり広い概念であるといえる。

　この意味における「スタンス」の先行研究には、「副詞的語句（adverbials）」、「ムード（modals）」、「補文節」、「補文を取る節（I think, I guessなど）」などが挙げられている。

　マレー語の「スタンス」の研究は、2000年前後からみられるが、その数は多くない（Goddard 1994; Wouk 1998, 2001; Englebreston 2003, 2007; Yap et al. 2004; Yap 2011）。

　Englebreston（2003, 2007）は、インドネシア語のスタンスを表す -nya について分析している。-nya はこれまでの研究では、「3人称所有代名詞」「定

「冠詞」「代名詞」「名詞化辞」といった意味を表す語彙として分析されてきた。Englebreston はインドネシア語の話し言葉コーパスを使用し、日常会話に現れる -nya の総計 1570 の 3 分の 1 が、「認知」のスタンスを表す「副詞」であると述べた。

またそのスタンスを、証拠性（現行の発話の知識源）、評価、感情的態度の 3 つにさらに分類している。以下にそれぞれの例を示す。例(6)は「証拠性」、(7)は「感情的態度」、(8)は「評価」を示すスタンス・マーカー nya の例である。

(6) I: Kayak-***nya*** enak.
　　　～のような-NYA おいしい

　　おいし**そうです**。　　　　　　　　　　　　（Englebreston 2003: 177）

(7) Takut-***nya*** lupa　ya?
　　恐い-NYA　忘れる（よ）ね

　　忘れるのが**恐いんだ**（よ）ね？　　　　　　（Englebreston 2003: 178）

(8) Pokok-***nya*** temen-temen yang moto,
　　主な-NYA　友達 REDUP　REL　AT-写真を撮る

　　問題は、私の写真を撮ったのは私の友達だということです。

　　　　　　　　　　　　　　　　　　　　　　　（Englebreston 2003: 182）

例(6)において、I（発話者）は、「焼き果物パイのレシピ」について話している。I はレシピの材料から推測して、そのパイは enak（おいしい）と判断している。kayak-*nya* の kayak は本来「～のような（like）」を意味する形容詞であるが、*nya* が後に付くことにより、副詞に変換され、kayak-*nya* は証拠性を表す副詞として、補文節 enak（おいしい）に埋め込まれていると述べている。

次に、例(7)においては、「話し手の命題に対する心的態度・感情」を表す

という。takut-nya は、形容詞 takut（恐い）の後ろに nya が付き、副詞に変えられたという。

例(8)では、「評価」を表すという。Pokok-nya は pokok（主要な）という形容詞に nya が後接することにより、pokok-nya を「重要なことに」という意味の副詞に変え、残りの 'temen-temen yang moto（私の写真を撮ったのは私の友達だ）' 全体をフレーム化していると述べている。

上で述べた例(6)〜(8)の「(形容詞) + -nya」という形式は、非常によく出現することや出現位置が様々であること（文頭、文中、文末の全てに出現する）から考えると、現在は、副詞として機能しているようだと Englebreston は述べている。この -nya 構文は、英語に同じ意味を持つ構文が存在しないため、英訳するのは難しいとしている。以上から、Englebreston はインドネシア語のスタンスを表す形式の多様性を示したといえる。

次に、マレーシア語のスタンスを表す小辞を分析した、Goddard（1994）の lah および Yap et al.（2004）、Yap（2011）の (em)punya についてみていく。この2つの小辞、lah および (em)punya、は、「言語接触」により、そのスタンスを表す機能を獲得した可能性が述べられている。19世紀に起こったマレーシアへの中国南部からの移民労働者の大量流入により、中国南部方言（客家語）とマレーシア語との言語接触が起こったとされている。

Goddard（1994）は、マレーシア英語およびシンガポール英語においてと同じように、マレーシア語の話し言葉においても使われる談話標識の小辞 lah の意味を、Anna Wierzbicka の NSM（Natural Semantic Metalanguage）[8] というアプローチを用いて分析している。

lah は以下の例(9)〜(11)などの様々な文脈で使われる。(9)は「聞き手に情報を与える」ことを目的とした叙述文で、(10)は「命令文」、(11)は「ぞんざいな感嘆文」である。(9)〜(11)の文は lah は付随的で、なくても成り立つが、意味的、語用論的観点からは、なければならない（Goddard 1994: 148）。

(9) Itu bukan girlfriend **lah**! Peminat!
　　DEM COP-NEG ガールフレンド LAH ファン

　　その子はガール・フレンドじゃないよ！　ファンだよ！

　　　　　　　　　　　　　　（*Mat Som* 1989: 100）（Goddard 1994: 147）

(10) Petang ni engkau datang **lah** ke ofis.
　　　午後　この　あなた　来る　LAH 〜へ オフィス

　　　今日の午後、オフィスへ来てくださいね。

　　　　　　　　　　　　　　（*Mat Som* 1989: 66）（Goddard 1994: 148）

(11) Sorry**lah** Som.
　　　ごめん-LAH ソム（人の名前）

　　　ごめんよ、ソム。　　　（*Mat Som* 1989: 65）（Goddard 1994: 148）

　叙述文とともに用いられた*lah*は「楽天的な」または「怒りっぽい」（例(9)）という意味を持ち、また、命令文と共に使用されると、それを「やわらげる」（例(10)）または「強くする」という意味を表すとされてきていた。しかし、統語的に全く同じ構造の文が正反対の語用論的意味を表すということは信じがたく、誤解を招く恐れがあるという（Goddard 1994）。

　Goddard は Anna Wierzbicka らによる、NSM（Natural Semantic Metalanguage）というアプローチを使用し、*lah* を以下のように定義している。

lah ＝ a. I say this now
　　　　　 私は今これを言う

　　　　b. after what (just) happened
　　　　　 （たった今）起こったことの後で

　　　　c. because I think you might think something else.
　　　　　 なぜなら、私は「あなたが他のことを考えるかもしれない」と思うから

d. That would not be good.
   それ（あなたが他のことを考えること）は良くないだろう

(Goddard 1994: 154)

　上の説明を例(9)に当てはめると、「私はこれ（「その子は（僕の）ガール・フレンドじゃない」）を言う (a.)。あなたが（私に）「彼女はあなたのガールフレンドだ」と言った後に (b.)。なぜなら、そうしないと、あなたは違うことを考えるかもしれないから (c.)。それは良くない (d.)。」となる。
　例(9)は、*Mat Som* という漫画の登場人物であるピアンが、マット・サム（主人公）の推測（2人（ピアンとマット・サム）をパーティーに招待した女の子は、ピアンのガールフレンドである）を訂正している場面での発話である。マット・サムは明らかに間違った推測をしていて、それをピアンが訂正しており、上述の定義が当てはまることは明らかであるとしている。
　Goddard の *lah* の定義は、それまでの研究においては、*lah* が「連帯感」「親しみ」「非形式性」を表すといったやや曖昧な記述に留まっていたのに対して、中核にある意味をみつけ、記述することができたといえる。
　Yap et al. (2004)、Yap (2011) は、マレーシア語のスタンスを表す語彙 *(em)punya* について分析し、*(em)punya* は、「所有格」「代名詞」「スタンスを示すもの」として機能すると述べている。「スタンス」を表す例を以下に挙げる。例(12) の *punya* は「断言（assertion）」、(13) は「強調（intensifier）」の機能を持つという。

(12)　[s (Itu) masuk] ***punya***.
　　　　DEM　入る　STM

　　　確かに入って行った。　　　　　　　　　　　　　　(Yap et al. 2004: 158)

(13) ***Punya*** jauh rumah kau 'ni, Timah.
　　　STM　　遠い　家　　2SG　DEM　ティマ（女性の名前）

　　ティマ、あなたのこの家、**すごく**遠い。　　　　　　　　（Yap 2011: 645）

　(em)punya は、元々「所有者」という名詞であったが、文法化により、「スタンス」も表すようになったという（2.4 で詳しく述べる）。例(12)の '(Itu) masuk *punya*.' は、文末の *punya* がない場合、「(それは) 入って行った ((Itu) masuk.)」という単に事実を述べる文になる。*punya* を文末に加えることで、「信用して」「本当なんだから」といった「断言」、つまり、間主観的（または相互行為的）なニュアンスが明らかに示されるという。(13)では、*punya* は、jauh（遠い）という形容詞の前に置かれ、「驚き」「疑い」「苛立ち」などの強い感情が入り混じったムードを表し、「強調効果」を与えるという。

　Wouk (2001) は、「はい (yes)」のインドネシア語に当たる語の *ya* および *iya* を分析している。既に述べたように、インドネシア語とマレーシア語は元々は同じ言語であり、また、文法的にはほぼ同じであることから、インドネシア語のスタンスの研究の成果は、マレーシア語のスタンス研究にも参考になるだろう。また、*ya* はマレーシア語の語彙にもある（しかし、スタンス・マーカーとしての機能は完全には一致しないと思われる）。

　Wouk は、話し言葉コーパスにおける *ya, iya* の機能を、「反応的 (responsive)」、「口火的 (initiatory)」、「話し手が情報を『聞き手と共有された』知識として提示する（実際は共有されていないが）機能」、などに分類している。「口火的」および「連帯感構築」用法の *ya, iya* はスタンスを表す。「口火的」用法の例としては、「質問」や「次ターン修復開始 (next turn repair initiator)」を挙げている。以下に、「口火的」および「連帯構築」用法の例を示す（例(14)、(15)）。

(14) D : Waktu nikah　　umur berapa mbak
　　　　～時　結婚する　才　　いくつ　お姉さん

　　　　結婚した時、何歳だった？

　　　　(.50)

　　　　(0.5秒の沈黙)

T : waktu nikah,　　saya umur duapuluh-dua tahun,
　　～時　結婚する 1SG 歳　　22　　　　才

　　結婚した時、22歳だった。

D : iya,
　　IYA

　　うん。

T : tingkat tiga, / (laugh) /[9]
　　レベル 3

　　(大学) 3年生。(笑い)

D :→　　　　　　　/ se-gede　　saya dong **ya**, /
　　　　　　　　同じ-大きい 1SG　(強調) YA

　　　　　　私と同じ年だったよね／ね？

T : iya, (laugh)
　　IYA

　　うん。(笑い)　　　　　　　　　　　(Wouk 2001: 182)

(15) R : rumah sih,　　rumah gede　itu　tapi, (.25) apa emang nasip mujur
　　　　家　(対比辞)　家　　大きい　その　でも　　何　本当に　運命　幸運な

　　→ bapak saya **ya**, bapak saya waktu itu.　apa, (.25) walaupun uda
　　　父　1SG YA　父　1SG 時　その　何　　　～でも　既に

```
R: → menjabat kepala bagian ya, belum      dapat      rumah,
      職に就く 長     課      YA  まだ〜ない 手に入れる 家
```
　　家、家は大きいけど、あの、父は本当に幸運でね、父は当時、あの、
　　課長だったけどね、家は持っていなくて、

E:　em
　　うん。

```
R: → jadi    waktu tahun enam-puluh: (.25) delapan ya,
      だから  時    年    60                 8      YA
   → (.75) apa, ada: (.25) undian
           何    ある      抽選
```
　　だから、1968年にね、あの、抽選があって　　（Wouk 2001: 186-187）

　例(14)では、'se-gede saya dong ya' は「私と同じ年だったよね／ね？」という意味の付加疑問文であり、文末の ya は「〜よね？」「〜ね？」を意味する付加辞として機能する。

　例(15)では、R が、父親が家を建てた経緯を話しており、ya は 3 回使われている。Wouk（2001）によると、これらの ya は、聞き手に認識・同意を要求している（付加疑問として機能している）ようにみえるが、聞き手が認識または同意することはできないという。なぜなら、ya の前に述べられている内容は、聞き手は知らない内容だからである。例えば、1 つ目の ya を含む 'emang nasip mujur bapak saya ya' の 'emang nasip mujur bapak saya（父は本当に幸運だ）' は、聞き手が初めて聞く内容である。また、話し手は聞き手の言語的反応を許すポーズをとっていないことから、聞き手の反応を期待していないといえる。

　つまり、話し手は、聞き手と情報が共有されていない時、ya を用いることで、その情報を共有の情報として示しているという。話し手は、ya の基本義である「同意」の意味を拡張して使い、「その新情報に同意・承諾し、既に知っていたものとして扱う」ように、聞き手を誘導しているという（Wouk 2001:

186)。このように、架空の共通の素地（fictive common ground）を作ることによって、話し手と聞き手の連帯を築いている（Wouk 2001: 188）という。

Wouk はインドネシア語会話で ya がよく聞かれるのは、インドネシアと西洋文化の違いという点から説明ができると述べている。インドネシアでは、「連帯（solidarity）」に対する強い指向があり、「連帯」関係にある人々は、お互いに心地よく感じ、社交上の相互行為を楽しいものにするために、類似の世界観を共有することが期待されているという。さらに、重要なことは発言の「正直さ（sincerity）」でも、「連帯の実在（the reality of solidarity）」でもなく、それら（「正直さ」、「連帯の実在」）を「見かけ上創り出すことに成功すること」である、という。

Wouk（1998, 2001）は、ya と似た機能を持つ小辞として、インドネシア語の kan についても分析している。kan は本書でマレーシア語の談話小辞として分析するため、Wouk（1998, 2001）については 3.2.2 で詳しく述べる。

2.2.2 マレー語のスタンス・マーカーの文法化に関する先行研究

2.2.2.1 文法化の定義および特徴

「文法化」とは、「語彙形態から文法形態への、そして、文法形態からより文法的な形態への進化である」と定義されている（Heine and Kuteva 2002）。

また「文法化理論」研究の主な目標は、文法的形態・構造がどのように発生し、発展し、現在のものとなったのかを説明することである（Heine and Kuteva 2002）。

以下に、文法化とともに起こるとされている「主観化」、「語用論的強化」、「意味の抽象化」について述べる。

文法化する際にみられる特徴として、「主観化」が主張されている（Traugott 1982, 1989, 1995）。「主観化」とは Traugott（1989: 35）によれば、「意味が、命題内容、つまり――話者の話していること――、に対する話し手の信念の状態・態度に、より一層基づいたものになる語用・意味論的プロセス」である。

その 1 例として、Traugott（1982, 1989, 1995）は *while* を挙げている。*while* は、「期間、時間（period, time）」という名詞・副詞的意味が、時を表す連結語（接続詞）になり、さらに、譲歩関係を表すようになったいう。またその例として、以下の例(16)～(19)を挙げている。

(16) þæs mannes sawul is belocen on his lichaman
その 人の 魂 COP 閉じ込められる ～に 3SG 体

þa hwile þe he lybbende biþ.
その-ACC 時-ACC SUBORD 3SG 生きる-PRES-PARTC COP

人の魂は生きている**時に**、体内に閉じ込められている。

(Man's soul is locked in his body while/so long as he is alive.)

(*c.* 1000 Æ CHom II)（Traugott 1995: 40)

(17) Ðæt lasted þa [xix] winter **wile** Stephne.
DEM 続いた それらの 19 冬 ～間 ステファン（人の名前）

was king
COP-PAST 王

それはステファンが王だった**間** 19 年間続いた。

(That lasted those 19 winters while Stephen was king.)

(*c.* 1137 ChronE (Plummer) 1137.36)（Traugott 1995: 40)

(18) That mycht succed na female, **Quhill** foundyn mycht be ony male.
どの男性も見つけられた**が**、女性は 1 人も見つけることができなかった。

(No female was able to succeed **while** any male could be found.)

(1375 Barbours Bruice 1.60 (*OED while* 2a))（Traugott 1995: 41)

(19) The Duke of York is gone down thither this day, **while** the Generall sat sleeping this afternoon at the Counciltable.

ヨーク公はこの日そちらへ降りて行った。**一方（ところが）**、総督はこの午後会議のテーブルで寝ていた。

（1667 Samuel Pepys, Diary p. 317（*HDCET*））（Traugott 1995: 41）

　(16)の *þa hwile þe*（'at the time that（～時に）'）の *hwile* は「時」という名詞（命題的）である。(16)の句表現 *þa hwile þe* は古英語の後期までに、(17)の接続詞 *wile*（「～間」）に縮約された。(18)の *quhill* では、それまでの「同時性」という意味を失い、「～が、～」という「話し手の解釈」を表す接続詞（談話構成的（textual））になっている。さらに、(19)の *while*（一方、ところが）では、主節と従属節が「同時に起こる」ことに対する話者の「驚き」「意外性」（感情表出的）、よって譲歩を表すモダリティを意味するようになったとしている。

　また、Traugott は、「主観化」は「会話の含意の慣習化（conventionalizing of conversational implicatures）」としてみることができると述べている。この「会話の含意の慣習化」は、上で述べた *while* の例(19)の *while*（一方、ところが）においてみることができるという。つまり、*while* は、「～間」という「同時性」の意味から、主節と従属節が「同時に起こる」ことに対する話者の「驚き」「意外性」（感情表出的）が「含意」される文脈で繰り返し使用されることにより、その話者の「含意」が「慣習化」され、話者の主観的な感情（一方、ところが）を表す意味が現れたとする。また、「主観化」の過程における「会話の含意の慣習化」を最もよく説明できるのは、「語用論的強化（pragmatic strengthening）」というプロセスであると述べている。

　次に、文法化は、「意味の抽象化（desemanticization）」（または「意味の漂白化（semantic breaching）」）という過程を含む（Heine and Kuteva 2002: 2）という。文法的意味が現れる（文法化する）のは、具象の（例：語彙的な）意味を持つ形式が、より抽象的な（例：文法的な）意味をも表すようになった

(「意味の抽象化（desemanticization）」）時であるとする。その例として、目にみえる物（例：*back*（背中））が、目にみえないもの（例：*back*（後ろ））を言及する時にも使用されたり、行動（例：*go to*（〜へ行く））を表すのに使用される形式が、文法的概念（未来時制 *be going to*（〜するつもりだ））を述べる時にも使用されたりするといったことが挙げられる（Heine and Kuteva 2002: 3）。

2.2.2.2　マレー語のスタンス・マーカーの文法化の先行研究

　文法化の定義、および文法化にともなう特徴である、「主観化」、「語用論的強化」、「意味の抽象化」について確認したところで、マレー語に戻ろう。ここでは、まずマレー語のスタンス・マーカーの文法化の研究について紹介し、上で述べた文法化の特徴がマレー語の文法化の過程においてもみられることを述べる。次に、機能拡張・文法化の経路をどのように検証するかについて、本書がとる立場について述べる。

　以下でみる先行研究においては、マレー語の文法化の過程の検証方法として、「機能拡張の内的必然性（意味変化・語用論的変化の自然さ）」および、「他言語の並行的現象からの類推」という方法がとられている。

　まず、「機能拡張の内的必然性（意味変化・語用論的変化の自然さ）」を使った、Englebreston（2003, 2007）、Yap（2011）、Yap et al.（2004）をみる。

　近年、東南アジア言語の談話構造や談話標識に関する機能主義的、相互行為分析的な観点からの研究が増えている。その中で、マレー語（オーストロネシア語族、膠着型言語、基本語順：SVO）の談話小辞の研究はみられるが、その数は多くない（Goddard 1994; Wouk 1998, 1999, 2001; Englebreston 2003, 2007; Yap et al. 2004; Yap 2011）。

　先でも紹介した Englebreston（2003, 2007）では、インドネシア語のスタンス・マーカー *-nya* の文法化の経路およびその機能について述べている。Englebreston の主な目的は、それまで全く扱われてこなかったスタンス・マーカーとしての *-nya* の機能を記述することにあったが、*-nya* の文法的機能およ

び文法化の経路についても一部述べている。接語 -nya の機能を所有マーカー、特定マーカー、名詞化マーカー、代名詞マーカー、副詞マーカー、スタンス・マーカーの6つに分類している。以下に、これらの機能を持つ例 -nya を含む会話の例(20)～(25)を示す。

(20) A: …Nama-**nya**　kan　Rifka.
　　　　　名前 -3SG-POSS PART リフカ（女性の名前）

　　　　彼女の名前はリフカでした。　　　　　　　（Engrebleston 2003: 158）

(21) A: %%[10] Ceweknya　sih　lumayan,
　　　　　女の子:その PART まあまあ

　　　　その女の子はまあまあだ。

　　　　Cuma gimana　[gayanya　　gitu　　lho taek tu].
　　　　ただ どのように スタイル:3SG そのような PART ひどい PART

　　　　彼女のスタイルはひどい。

　　L:　　　　　　　[(H) Cowok**nya**] itu,
　　　　　　　　　　　男:DEM　　　DEM

　　　　　　　　　その男

　　　　　　　　　　　　　　　　　　　　　　　（Engrebleston 2003: 164）

(22) …Mereka turun-**nya**　di = itu kali Code　　　　situ.
　　　　3PL　降りる -NMLZ で DEM 川　コード（川の名前）そこ

　　（逐次訳）彼らについては、降りる**こと**はそこのコード川ででした。
　　（意訳）　彼らはそこの Code 川で（バスを）降りました。

　　　　　　　　　　　　　　　　　　　　　　　（Engrebleston 2003: 168）

(23) T: Tapi jelas   kita tidak mungkin me-laku-kan-***nya***,
       しかし 明らかな 1PL NEG 可能な PRF-する-SUF-3SG

   しかし、私達が**それ**をするのが不可能なことは明らかだ。

   (Engrebleston 2003 : 169)

(24) Biasa-***nya***   mereka tu   pake jaket,
   いつもの-NYA 3PL   その 使う ジャケット

   いつも彼らはジャケットを使う。   (Engrebleston 2003 : 170)

(25) L: Utung-***nya*** Si Agnes   kerasa   ya?
       幸運な-STM PART アグネス（人の名前）NONVOL-感じる PART

   幸運にも、アグネスはそう感じたよね？   (Engrebleston 2003 : 178)

　Engreblestonは、上の(20)から(25)の順に nya が文法化したと推測している。その推測は、「機能拡張の内的必然性（意味変化・語用論的変化の自然さ）」によりなされている。例えば、例文(20)の「所有マーカー（所有代名詞）」から、(21)の「特定マーカー（定冠詞）」への文法化は、「全ての所有された名詞句は、特定可能でもある」ことから起こったとしている。つまり、例(20)の nama（名前）は、その所有者 nya（彼女）が文脈より、特定可能である。よって、その名前も特定されたものであることから、nya は「定冠詞」として解釈されるようになり、nama*nya* は「その名前」を意味するようになったといえる。

　また、(21)の「特定マーカー」から、(22)の「名詞化マーカー」への文法化は、「特定マーカー（定冠詞）」と名詞表現とが高い関係性を持っていることによるという。つまり、定冠詞と名詞（句）は共起頻度が高いため、定冠詞が名詞以外のアイテム（例：動詞）と共起した時には、そのアイテムが名詞の性質を帯びるようになると述べている。(22)では、本来、動詞である turun（降りる）に接語 nya が付加されることで、turun-*nya* は名詞化され、「降りるこ

と」と解釈されるようになったといえる。

　以上のように、これらの意味変化は容易に想像がつくものであり、自然な変化であるといえる。

　Yap et al.（2004）、Yap（2011）は、本来態度的意味を持たない語彙アイテムが、スタンス・マーカーに発展した例として、*empunya*（本来は「所有者」という名詞）を取り上げている。*empunya* の通時的分析に加え、「機能拡張の内的必然性（意味変化・語用論的変化の自然さ）」、「他言語の並行的現象からの類推」に基づいた、*empunya* の文法化の経路の仮説を提案している。

　Yap（2011）の *empunya* およびその縮約形とされる *punya* の例文を以下に示す。(26)は「所有者」という名詞、(27)は「所有する」という動詞、(28)は「所有格（〜の〜）」、(29)は「所有代名詞（〜の）」、(30)、(31)は「強調」を表す「スタンス・マーカー」である。

(26) Dia ***empunya*** kubun ini.
　　 3SG 所有者　　果樹園 DEM

　　 彼／女はこの果樹園の**所有者**です。　　　　　　　　　　　（Yap 2011: 644）

(27) Mereka mem-***punya***-i　　ilmu ajaib.
　　 3PL　　PRF-所有する-SUF 知識 魔術

　　 彼（女）らは魔術の知識が**ある**。　　　　　　　　　　　　（Yap 2011: 644）

(28) Jaga-jaga kau ***punya*** barang.
　　 見張る　　2SG GEN　　物

　　 あなた**の**物を見ていなさい。　　　　　　　　　　　　　　（Yap 2011: 645）

(29) Jangan　　sentuh aku ***punya***.
　　 〜するな 触る　　1SG GEN

　　 私**の**に触るな。　　　　　　　　　　　　　　　　　　　　（Yap 2011: 645）

(30) ***Punya*** jauh rumah kau 'ni, Timah.
　　　STM　　遠い　家　　2SG DEM ティマ（女性の名前）

　　ティマ、あなたのこの家、**すごく**遠い。　　　　　　　　　　　　　((13)の再掲)

(31) Dia akan datang ***punya***.
　　　3SG FUT　来る　　SFP

　　（**絶対**）彼は来ますよ。　　　　　　　　　　　　　　　　　　　(Yap 2011: 647)

　Yap は、*empunya* の機能拡張は、上の例の(26)から(31)の順に起こったとしている。それはマレー語コーパス（MCP コーパス）の分析結果によるものである。MCP コーパスとは、オーストラリア国立大学で開発された 1300 年代～1940 年までのマレー語の書き言葉コーパス（Malay Concordance Project（MCP）：http://mcp.anu.edu.au/Q/mcp.htm）であり、マレー語の古典や近代資料を研究する際の有益なリソースとなっている。

　例(26)（「所有者」という意味の名詞）、(27)（「所有する」という意味の動詞）の意味は、17 世紀以前から出現している。例(28)「所有格（～の～）」、(29)「所有代名詞（～の）」の使用は 17 世紀以降で、19 世紀に多く出現し始めている。また、例(30)、(31)（「強調」を表すスタンス・マーカー）は、19 世紀に 1 例をみるだけであり、また現在も日常会話において使用されていることから、最も新しく出現したものであると述べている。

　以上の *empunya*（*punya*）の通時的分析に加え、「機能拡張の内的必然性」の観点からも分析している。例えば、例(26)の「所有者」から、「所有する」（例(27)）、さらに、例(28)、(29)の「所有格（～の～）」、「所有代名詞（～の）」への機能拡張は、マレー語という言語の言語内要因（統語構造）からも必然であると述べている。以下にその例を挙げる（例(32)）。例(32)の訳 a. の *empunya* は「名詞」、b. は「動詞」、c. は「所有格」を表す助詞である。

(32) Bukan-nya hamba ***empunya*** kerajaan.
　　　NEG.-3SG　1SG.HUMBLE　所有（者／する）/GEN　王国

　　a. 私はこの王国の**支配者**なのではない。
　　　　　　　↓
　　b. 私はこの王国を**所有している**のではない。
　　　　　　　↓
　　c. それは私**の**王国ではない。

　　　　　　　　　　（「↓」矢印は、筆者による）(Yap et al. 2004: 153)

　マレーシア語では、コピュラは省略されることが多い。よって、名詞文では例(32)のように、主語 hamba（「私」の謙譲語）の直後に *empunya* kerajaan（王国の支配者）という名詞補文が続く（例(32)の訳 a.）。このため、*empunya*（所有者）という名詞は、「所有する」という動詞として再分析されやすい（例(32)の訳 b.）という。次に、例(32)の訳 c. は、主語 hamba（「私」の謙譲語）が、名詞（「所有者」である「私」）として、また、補文節の *empunya*（所有者）という名詞が「所有格」（「（所有者）の（所有物）」）を表す助詞として、再分析された結果であるという。以上のように、例(32)は訳 a.、b.、c. の順で機能拡張しているとし、その必然性を上で述べたマレー語の「コピュラの省略」という言語内的要因に求めている。

　次に、マレー語の文法化の過程を検証する方法として、「他言語の並行的現象からの類推」という方法を使っている先行研究を以下に挙げる。

　Yap (2011) は「他言語の並行的現象からの類推」によって、*empunya* の文法化経路が妥当であることを示している。以下に、例(33)（(33) a. は、上述の例(30)とほぼ同じ）を示す。

(33) a.　Begitu ***punya*** jauh::: rumah kau 'ni Timah.
　　　　本当に　LNK　　遠い　家　　2SG DEM ティマ（人の名前）
　　　　すごーく遠い、ティマ、あなたの家！

b. ***Punya*** jauh::: rumah kau 'ni　Timah！
　　STM　遠い　家　2SG DEM ティマ（人の名前）

　　すごーく遠い、ティマ、あなたの家！　　　　　　　　（Yap 2011: 646）

　Yap は、例(33)a. の 'begitu *punya* jauh:::（すごーく遠い）' の *punya* は、begitu（「本当に、それほど」という意味の副詞）と jauh（「遠い」という形容詞）をつなぐものとして機能していると述べている。次に、(33)b. では begitu が省略され、*punya* jauh のみで同様の意味を示すようになったとしている。これは、*punya* が begitu と頻繁に共起することにより、*punya* のみでも同じ意味を表すようになったためであると推測している。

　この証拠として、フランス語の ne…*pas*（否定）の ne と *pas* が頻繁に共起することにより、ne から *pas* へ否定の意味の拡張が起こり、*pas* のみで「否定」の意味を持つようになった現象を挙げている。

　以上より、Yap は「他言語の並行的現象からの類推」に基づいた分析手法も取り入れていることがわかる。

　また、上で述べた例(31)も、(30)と同じく、スタンスを表すが、(31)への機能拡張の要因は中国語の一方言との「言語接触」によるものだと述べられている。以下に例(34)a.、(34)b.（(31)の再掲）を示す。

(34) a.　Aku pasti　　［dia akan datang ***punya***］．
　　　　1SG　確信した　3SG FUT　来る　　NMLZ/SFP

　　　　私は彼（女）が来る**の**を確信している。　　　　（Yap 2011: 647）

　　b.　Dia akan datang ***punya***．
　　　　3SG FUT　来る　　SFP

　　　　（**絶対**）彼（女）は来ますよ。　　　　　　　　　（(34)の再掲）

　Yap et al.（2004）によると、*punya* の代名詞としての使用は、19世紀に急激に増えており、中国南部からの労働移民が大量に流入した時期と重なるとい

う。punya の代名詞としての使用が増えたことで、punya の名詞化辞および関係節の用法が促進されたとみられるという。例(34)a.の punya は「名詞化辞（nominalizer）」として機能し、'dia akan datang（彼（女）が来る）' という文の後ろに置かれ、その文を 'dia akan datang punya（彼（女）が来る**の**）' という名詞句に変えている。この名詞化辞 punya は、主節の 'aku pasti（私は確信している）' を省略する ((34)b.) と、「文末詞（スタンス・マーカー）」として容易に再分析することができるという。

　また、Goddard (1994) は、マレーシア語の談話標識の小辞 lah の意味を示すことを試みている (2.2.1 で述べた) が、その論文の中で、lah の語源について一部触れている。マレーシア英語やシンガポール英語でも言語接触の結果、談話標識 lah の使用がみられるとしているのだが、この lah の語源として、客家語（中国語の一方言）の終助詞 la が重要な役割を果たしたことは明らかであるとしている。歴史的に、マレーシアへの大量の客家人の移民の流入により、マレーシア語との言語接触が起こった。客家語の la への接触によって、マレーシア語に元々存在した lah は、ある程度その元来持つ意味の自然拡張として、対人性の発話的意味を獲得した可能性があると述べている。

　よって、Goddard (1994) および Yap (2011) より、マレーシア語のパーティクル lah, (em)punya は、中国語（主に客家語）との言語接触により、新しい意味を獲得した可能性が高いといえる。

　以上、Engrebreston、Goddard、Yap の研究方法では、通時的データの分析だけではなくそれ以外の手法も取り入れられていたことをみた。

　次に、機能拡張・文法化の経路の検証方法について、本書がとる立場について述べる。

　一般的に、機能拡張・文法化の経路の検証方法としては、通時的データが最も信頼性が高いと考えられる。しかし、マレー語のコーパス（MCP コーパス）は、1300 年代〜1940 年までのマレー語の書き言葉コーパスであり、それ以前のコーパスは現在のところない。そのため、他のマレー語の機能分化・文法化の研究においては、通時的データを使用することができない場合もある。その

場合には、上で述べたように、機能主義的類型論研究において援用されている、「機能拡張の内的必然性（意味変化・語用論的変化の自然さ）」および、「他言語の並行的現象からの類推」による分析に基づいた仮説を提案するという方法を使うことは妥当であるといえる。

また、たとえ通時的データがあったとしても、Engrebreston、Goddard、Yap が示したように、その要因を上で述べた「内的必然性」や「他言語との並行的現象」の観点から説明することは、類型論や歴史言語学研究に貢献することができるという点から、有益だと考える。

最後に、本書で分析するスタンス・マーカー kan の機能拡張・文法化の研究は現在のところ、みられない。また、kan は bukan の省略形であり、1300 年代〜1940 年の書き言葉のマレー語において kan という出現系は存在しなかった。そのため、MCP コーパス上では bukan の分析のみ行っている。よって、本書では、「機能拡張の内的必然性」、「他言語の並行的現象からの類推」による分析、および部分的なコーパス分析に基づき仮説を示す。

2.2.3　kan の意味・機能に関する先行研究

これまで明らかにされている、kan の意味・機能にはどのようなものがあるのだろうか。本節で扱うマレーシア語のスタンスを表す小辞 kan の意味・機能についての先行研究はみられないが、インドネシア語の kan の研究には Wouk (1998) がある。インドネシア語とマレーシア語の文法はほぼ同じであることから、Wouk (1998) の研究は、本研究にも参考になると考える。

Wouk はインドネシア語の談話標識 kan を質・量的に分析している。Wouk (1998) によると、kan の機能は、英語の「付加疑問」およびヘッジ you know に機能的に似ているが、他言語の似た談話標識よりも、はるかに多く聞かれるという。以下に「付加疑問」および you know に似た意味を持つ kan を含む例文を挙げる。まず、「付加疑問」の意味を持つ kan の例 (35) を示す。

(35) 1H: suara masuk **kan**
　　　　声　　入る　　KAN

　　　　声入ってる**よね**?

　　2I: eh-eh　　tuh
　　　　うん-うん　そう

　　　　うん、うん。そう。　　　　　　　　　　　　(Wouk 1998: 389)

　(35)は、会話の録音の最初の部分で、被験者らがマイクに問題がないかテストした直後の発話である。話者 H は 1 行目で *kan* を使用し、「声入ってるよね?('suara masuk *kan*')」と確認要求を行っている。
　次に、*you know* の意味を持つ *kan* の例(36)を示す。

(36) 1M: tapi kok, gimana　　transportasinya, dari　　/sana kesini/
　　　　でも PART どのように 交通機関　　　～から　そこ ここまで

　　　　でも、そこからここまで交通機関はどういう感じなの?

　　2Y:　　　　　　　　　　　　　　　　　　　　/tapi mudah kok/
　　　　　　　　　　　　　　　　　　　　　　　　でも 易しい PART

　　　　　　　　　　　　　　　　　　　　　　　　でもすごく簡単

　　3 :　kuasi　tu, kaya　　mikrolet gitu masuk kedalem　　dalem
　　　　運転手　その ～のような ミニバス PART 入る　中(inside) ～に

　　4 :　perumahaan gitu. jadi,　rumah itu　**kan**, ini
　　　　住宅団地　　PART だから 家　　その KAN DEM

　　5 :　rumah, ini　rumah, ini　jalan raya　semuanya ngga
　　　　家　DEM 家　　DEM 道　　大きい 全部　　(not)

　　6 :　ada　gang, jalan raya　semua **kan**. jadi　mobil tu
　　　　ある 路地　道　　大きい 全部 KAN だから 車　　その

7 ： muter　　　　aja.　　　　(.25)keluar,
　　　曲がる（turn）ただ〜だけ　　出る

　　　運転手は、ミニバスとかそういうのの、住宅団地の中にそのまま入って、それで、家は**ね／さ**（*you know*）、ここは家、ここは家、ここは大通り、路地は全然なくて、全部大通りで**ね／さ**（*you know*）、だから、車はそのまま入って来る。出て行く、…

(Wouk 1998: 395-396)

　(36)は、話者 Y の勤める会社が、建設中の住宅団地へ労働者を提供しているが、話者 M は 1 行目で、その住宅団地への交通手段を聞いている。それに対する Y の返答が 2 行目から 7 行目まで続く。4 行目の 'rumah itu *kan*（その家はね／さ、'the houses *you know*')'、6 行目の 'jalan raya semua *kan*.（（それは）全部大通りでね／さ、'it's all main streets *you know*,')' の *kan* が、*you know* の意味を表すとしている。*you know* は、筆者が「ね／さ」と日本語訳しておいた（*you know* の意味を持つ *kan* とその日本語に当たる語については第 3 章で詳しく述べる）。
　管見の限りでは、Wouk（1998）以外の *kan* についての先行研究はみられない。
　次に、マレーシア語およびインドネシア語の辞書での *kan* はどのように記されているだろうか。マレー語の辞書の *kan* の意味を以下に記す。
　マレーシア語の辞典、*Kamus Dewan Edisi Keempat*（2010）（辞典第 4 版）によると、*kan* は「*buka*n 又は *buka*nkah の省略形（singkatan bagi *buka*n atau *buka*nkah）」と記述されており、その例として、

(37) ***Kan*kah**　gitu　　　yang　baik?
　　　KAN-〜か　そのような　REL　良い

　　それが良いのではないですか？　　　　　　　　（日本語訳は著者による）

が挙げられている。

bukan は、Kamus Dewan Edisi Keempat（辞典第4版）によると、

1. bukannya, sebenarnya tidak, berlainan daripada yg sebenarnya：
   awak itu 〜bodoh tetapi malas：
   ini 〜kali pertama ia dating ke mari；
   〜begitu cara membuat kerja；
   〈意味〉
   〜のではない；実はそうではない、実際と異なる
   〈例文〉
   あなたは馬鹿な**のではなく**、怠け者だ。
   彼（彼女）がそこに来るのは今回が初めて**ではない**／初めてな**のではない**。
   仕事のやり方はそのような**のではない**。

2. utk menyatakan pertanyaan yg mengraskan dugaan (pada ahir ayat)：
   ini bukumu〜？
   〈意味〉
   （文末に置き）推定を強調する質問をするのに使用される。
   〈例文〉
   これはあなたの本です**よね／ね**？　　　　　　　　（日本語訳は著者による）

ここで、kan は「bukan 又は bukankah の省略形 (singkatan bagi bukan atau bukankah)」であることに立ち返ると、まず、「bukan の省略形」であることから、kan の意味は、1) 名詞の否定辞（「〜ではない」）、2) 名詞、用言の強調否定（「〜なのではない」「〜のではない」）、3)「付加疑問」（「〜ね？」「〜よね？」）であることがわかる。また kan は「bukankah の省略形」でもある。よって、kah は、疑問辞（「〜か？」）の意であることから、'bukankah〜?' は「〜ではないか？」または、「〜のではないか？」という意味になる。以上をまとめると、kan は「〜ではない」「〜のではない」「〜ではないか」「〜のではないか」「〜ね？」「〜よね？」の意味を持つということになる。

次に、『インドネシア語辞典』では、kan は「〜ではないか（= bukan [-kah]）」と記されており、その例として、

(38) **Kan** dia sudah tahu？（Dia sudah tahu, bukan？）
　　　彼はもう知っている（**のだろう、のだよね、のではないか**）？

が挙げられている。kan は「〜ではないか（= bukan [-kah]）」と記述されていることから、上述のマレー語辞典の記述とほぼ同じである。しかし、『インドネシア語辞典』の例文の kan は、「〜のではないか？」に加えて、「〜のだろう？」「〜のだよね？」とも訳されている。すなわち、'Kan〜?' という文は、インドネシア語では「〜ではないか」「〜のではないか？」「〜のだろう？」「〜のだよね？」の意味を持つということになる。

また、KAMUS UMUM BAHASA INDONESIA（『インドネシア語一般辞典』）には、kan は bukan（kah）と同じであると記述されており、例に、

(39) **Kan** dia sudah tahu.
　　　KAN 3SG 既に　知っている
　　　彼は既に知っている**のではないか**。

が挙げられている。

　以上の辞典の記述より、kan には、「〜ではない」「〜のではない」「〜ではないか」「〜のではないか」「〜のだろう？」「〜ね？」「〜よね？」「〜のだよね？」といった意味があるといえる。

　しかし、2.1 でみた、「文中・文末に助詞 '〜kan, 〜.', '〜kan.' として現れ、それぞれ日本語の「〜ね／さ、〜。」「〜ね／さ。」に当たる意味を持つ kan については記されていない。

　以上でみたように、Wouk (1998) は、kan の意味の一部（「付加疑問」、「ヘッジ you know」）に焦点を当てた研究である。また、上で述べた辞書には、日

本語の「～ね／さ、～。」、「～ね／さ。」に当たる意味・機能は記されていない。

　本書では kan がその多くの機能を獲得した過程を記すことを目的とするが、結果として、kan の意味・機能を述べることになるため、上で述べた先行研究の kan の意味をより正確に記すことに貢献できるものと考える。

2.3　機能拡張・文法化に関する研究アプローチ

　ここからはマレーシア語のパーティクル kan の機能拡張・文法化の経路に関して仮説を述べていきたい。

　これまでも機能主義的類型論研究において援用されている、機能拡張の内的必然性（意味変化・語用論的変化の自然さ）・他言語の並行的現象からの類推（実践例：Englebreston 2003, 2007; Yap et al. 2004; Yap 2011）による分析、および部分的なコーパス分析に基づいた仮説を述べる（2.2.2 で既に述べた）。

2.4　kan が多くの機能を持つに至るまで

2.4.1　kan の意味拡張の過程の仮説

　kan が多くの機能を持つに至った経緯を明らかにするために、重要な手がかりになるのが文法的意味の通時的変化、さらに文法的意味の内的拡張という文法化の観点である（図 2-1）。

　本書では、kan は元々 bukan という「強調否定形式」（「～の（ん）ではない」）が形態的に縮約し、文法化した結果、現代語における多くの機能を獲得したと主張する。kan は現代語では既に「否定形式」としての文法的意味が薄れている。図 2-2 で示す通り、本書では、①「否定疑問形式」の 'Bukankah～?（～の（ん）ではないか?）' が、まず、次の②および③の 2 方向に機能拡張したと仮定する。つまり、②「強調形式」（～じゃないか）を獲得した方向と、

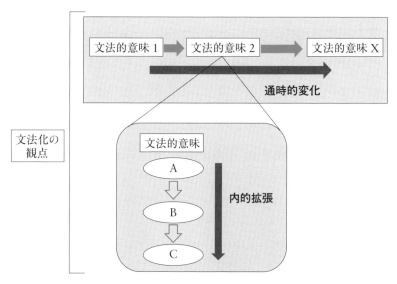

図 2-1　kan の文法化の経路（仮説）

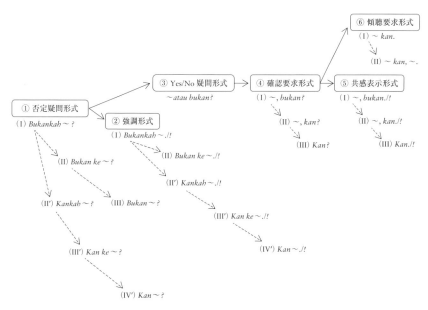

図 2-2　kan の文法的意味の通時的拡張の経路（仮説）

2.4　kan が多くの機能を持つに至るまで

③「Yes/No 疑問形式」(「～ですか、それとも違いますか？」)、④「確認要求形式」(「～よね？／ね？」)を獲得した方向である。次に、④「確認要求方式」(「～よね？」)から、2 方向に機能拡張したと仮定する。つまり、⑤「共感表示形式」(「～よね」)を獲得した方向と⑥「傾聴要求形式」(「～ね、～」)を獲得した方向である。

さらに、①～⑥のそれぞれの形式の内部で生起位置の変化、形態的縮約などの変化が起こったと推測する。図 2-2 では①～⑥の文法的意味のカテゴリー間の変化を矢印で、それぞれの内部の形態・機能の変化を破線矢印で示している。なお、「否定形式」などの「～形式」という名称は、本書で独自に付けたものである。そのため、これらの名称よりも適当な名称があるかもしれない。

なお、kan は、「マレーシア語のインフォーマルな会話場面において、話し手の相互行為的（間主観的）な態度（スタンス）を示すスタンス・マーカー」であるが、その語源である bukan にも、それが常に当てはまるわけではない。例えば bukan はインフォーマルな会話場面だけではなく、フォーマルな会話場面や書き言葉においても使われる。また、語源の bukan は書き言葉に使われることからもわかるように、常に「相互行為的（間主観的）な」スタンスを表すというわけではない。

以下で、①「否定疑問形式」から (1) ②「強調形式」、および、(2) ③「Yes/No 疑問形式」、④「確認要求形式」、さらに④から⑤「共感表示形式」、および、⑥「傾聴要求形式」へそれぞれ文法化した経路に関する仮説について順を追って述べる。

bukan は西マラヨ・ポリネシア（Western Malayo-Polynesian）語族の Yami 語（台湾先住民タオ族の言語）の beken（'not exist' の意）を語源とすると考えられる。beken は、以下のように意味・機能が変化し、現在のマレーシア語の bukan の形態・意味になったと考えられる。

まず、Yami 語の beken は、Hanunóo 語（フィリピン）では bukun (no, not, 強調否定形) に、Aklanon 語（フィリピン）では bukón (not, no, it is not, 名詞節・形容詞などを否定する) に変化した。さらに、Iban 語（インドネシ

ア)、そして、Malay 語（マレーシア）において、*bukan*（否定：non-existence; no, not, tidak・tiada（形容詞・動詞の否定辞）よりも強い否定」の意）へと形態・意味変化したものであると考えられる（*Blust's* Austronesian Comparative Dictionary 項目「buken」(web edition) より)。

つまり、マレー語の *bukan* の本来の意味は、non-existence（不在）、no（いいえ）という語彙形態的な意味、および、not（〜ない、〜のではない（形容詞、動詞の強調否定））という文法形態的な意味であったといえる。

マレーシア語の *bukan* は現在、(1) コピュラの否定（（名詞）ではない)、(2)「名詞、用言」の強調否定（〜のではない、〜わけではない)、(3) 否定を表す語彙（いいえ）を表す。本書の *kan* の拡張経路に関係するのは (2) の意味である。以下に、(2) の例を示す。(例(40)、(41))。

(40) ... **Bukan**　　 harga-nya demikian itu, unggas yang se-kepal ini.
　　　　のではない　値段-その　のような DEM 鳥　　REL 一握り　この

　　　値段はそのような**のではない**、こんなひと握りの鳥（なのだから)。

　　　　　　　　　　　　　　　　　　　　　（*Hikayat Bayan Budiman*[11]: 1371）

(41) ..., kerusi yang engkau duduk itu　**bukan**　　takluk
　　　　椅子 REL 2SG　座る　それ のではない 所有する

　　　kepada　raja, kerana　aku yang empunya dia.
　　　に（対象）王　なぜなら 1SG REL　所有する 3SG

　　　そのあなたが座っている椅子は王に所有される**のではない**、
　　　なぜなら私がそれの所有者だから。

　　　　　　　　　　　　　　　　　　　　　（*Hikayat Amir Hamzah*: 1380's）

(40)の文は、'harga-nya *bukan* demikian itu（値段はそのようではない)' という否定文の、主語の harga-nya（値段）と否定辞 *bukan* を倒置し、'*Bukan* harga-nya demikian itu（値段はそのようなのではない。)' とすることで、*bukan* は文全体を「強調否定」する意味となっている。また(41)のように、

'kerusi yang engkau duduk itu takluk kepada raja（そのあなたが座っている椅子は王に所有される）'という文の動詞 takluk（所有する）の前に、bukanを置くことで、'kerusi yang engkau duduk itu bukan takluk kepada raja（そのあなたが座っている椅子は王に所有されるのではない）'とし、文全体を「強調否定」する。

まず、①「否定疑問形式」（I）'Bukankah～?（～のではないか?、～んじゃないですか?）'（例(42)、(43)）は、bukan（「～のではない」「～んじゃありません」の意）の後ろにkah（疑問を表す（「～か?」の意））が付いたものである。(42)、(43)は「命題確認の要求」（三宅 1996）の機能を持つといえる。

(42) …Ke-tahui   oléh-mu,   ***bukan-kah***   manusia itu
　　　知る-受身 によって-2SG のではない-か 人間　その

　　　selama-lamanya tiada dapat tiada akan berpindah
　　　一生　　　　　必然的に　　　　FUT 移動する

　　　juga dan   tiada kekal   kepada sesuatu masa?…
　　　結局 そして NEG とどまる 〜に　　ある　時間

　　　あなたは知っている。人間は一生、結局移動することが必然で、そしてある時間にとどまらない**のではないか**?
　　　　　　　　　　　　　　　　　　　　　　（*Hikayat Bayan Budiman*: 1371）

(43) …Maka tatkala engkau aku peristerikan itu, ***bukan-kah***
　　　だから その時 2SG　私 嫁にする　　その 〜のではない-か

　　　engkau sudah mati?…
　　　2SG　 既に　死ぬ

　　　だから、私があなたを嫁にするその時、あなたは既に死んだ**のではないですか**?
　　　　　　　　　　　　　　　　　　　　　　（*Hikayat Bayan Budiman*: 1371）

三宅（1996）は日本語の「確認要求的表現」（ダロウ、デハナイカ、ネ）の

意味・用法について詳しく述べている。その中で、三宅は「確認要求的表現」としての「デハナイカ」を2種類に分けて考えるべきだとし、「デハナイカⅠ類」、「デハナイカⅡ類」と呼んでいる。それぞれの例を以下に示す((44)、(45))。

(44)（ほらみろ、やっぱり）太郎はこの事を知らなかったジャナイカ

(45)（ひょっとして）太郎はこの事を知らなかったんジャナイカ　（下線ママ）

(三宅 1996: 112-113)

(44)は「デハナイカⅠ類」で、「当該の命題が表す『知識』(情報)を聞き手が持っているかどうかの確認を求める」(知識確認の要求)。

(45)は「デハナイカⅡ類」で、「命題が真であることの確認を聞き手に求める」(命題確認の要求)という。

三宅の「デハナイカ」の意味分類を、上記の例(42)、(43)に適用すると、'Bukankah～?'は、「デハナイカⅡ類」の表す「命題確認の要求」の機能を持っていると考えられる。

まず、①「否定疑問形式」(Ⅰ) Bukankah～?において、内部拡張が起こったと考えられる。つまり、Bukankahの接辞kahが縮約および省略される方向（図2-2①の（Ⅰ）～（Ⅲ））とbukanのbuが取れ、kanになり、拡張する方向（図2-2①の（Ⅰ）～（Ⅳ'））の2つに分化したと仮定する。この①「否定疑問形式」は、語用論的には、「命題確認の要求」や「推量（弱い見込み）」(三宅 1996)を意図して発話されると考えられる。

1つ目は、kahが縮約・省略され、(Ⅱ) 'Bukan ke～? (～んじゃないの?)', (Ⅲ) 'Bukan～? (～のではない?、～んじゃない?)'という縮約形が使われるようになったものと考えられる（例(46)、(47)）。

(46) A: Jap, aaa masa kat JPJ ***bukan*** ***ke*** kita
　　　 ちょっと えっと 時　〜で 道路交通局 〜ではない 〜か 私達

　　　 test　atas　jalan betul, bukan　kat　tempat dia?
　　　 テスト 〜の上で 道　本当の 〜ではない 〜で 場所　その

　　　 ちょっと待って、えっと、道路交通局のテストの時、
　　　 道路交通局でじゃなくて、実際の道でテストする**んじゃないの**？

(47) …, ***bukan***　menjadi　dosa kepada Allah?
　　　 〜のではない 〜になる 罪　〜へ 神

　　　 …、神への罪になる**のではない**？　　　　　　　(*Hikayat Hasanuddin*: 1790)

　(II) '*Bukan ke*〜?' (例(46)) の疑問辞 *ke* は、疑問辞 *kah*（〜か？）の縮約形であり、「〜の？」「〜か？」の意味を持つ。*ke* は MCP コーパスには出現しない。これは、*ke* が専ら話し言葉で使用されることが原因だと考えられる。また(46)の発話直前に、相手の話者（B）は運転免許取得の実地試験の様子を説明している。その試験の様子の描写から、A は「B の運転免許取得の実地試験は道路交通局の敷地内で行われた」と考えた。しかし、A は「普通、実地試験は一般道路で行われる」と考えていたため、B の発話内容に疑問を持った。そのため、'kita test atas jalan betul（実際の道でテストする）' という「命題」が、真であることを確認（命題確認の要求）しようとして、(46)が発されたと考えられる。

　(III) '*Bukan*〜?' (例(47)) の形式は、MCP コーパスでは、(47)の 1790 年が初出であるため、おおよそこの時期に出現した可能性が高いと考える。また(46)と同じく、「命題確認の要求」を意図して発話されたものだと考えられる。

　次に、2つ目の内部拡張の方向は、①「否定疑問形式」(例(42)、(43)) に、縮約が起こり、*bukan* から *bu* が取れ、*kan* になったと考えられる。*kan* は、形態的に縮約したことで、若干の意味の変化が起きたと推測する。つまり、*bukan* の「否定」の意味が少しずつ薄れ、(II)' '*Kankah*〜?（〜のではない

か?、～んじゃない(です)か?)'、(III') 'Kan ke～?(～のではないの?、～んじゃないの?)' および (IV') 'Kan～?(～だろ(う)?、～でしょ(う)?)' の順に縮約、意味変化が起こったものと考えられる(例(48)～(50))。

(II') 'Kankah～?'、(III') 'Kan ke～?' では、疑問接辞 kah および ke が存在するため、「～か?」という疑問小辞を訳さなければならない。しかし、(IV') 'Kan～?(～だろ(う)?、～でしょ(う)?)' に至っては、その kah および ke が取れることにより、bukan の「否定」の意味が急速に薄れていったものと考えられる。

(48) **Kan-kah**　　gitu　　　yang baik?
　　 ～じゃないか そのような REL 良い

　　 それが良い**んじゃないか**?
　　　　(http://prpm.dbp.gov.my/Search.aspx?k=kan+kah, 2015年1月17日閲覧)

(49) **Kan**　　　　ke sudah diberi　　amaran?
　　 ～んじゃない の もう 与えられる 注意

　　 もう注意された**んじゃないの**?　　　　　　　(マレーシア人による作例)

(50) Lepas tu　saya fikir-fikir　　sebab　　dia kan, **kan** dia
　　 ～後 それ 1SG 考える-REDUP なぜなら 3SG KAN KAN 3SG

　　 kata nak buat proposal?
　　 言う FUT する プロポーザル

　　 その後、私は考えた。
　　 だって彼女はね、プロポーザルをすると言った**でしょ(う)**?

(48)～(50)では、「否定疑問形式」(I)～(III) と同様に、「命題の確認要求」の機能を持つ (II')～(IV') が確認される。なお、①「否定疑問形式」の (II') 'Kankah～?'、(III') 'Kan ke～?'、(IV') 'Kan～?' の形式は、MCP コーパス

には出現せず、1940年代以前にはなかった比較的新しい形式であると考えられる。

次に、①「否定疑問形式」は、次の段階の②「強調形式」および③「Yes/No疑問形式」の2方向に拡張したと考える。まず、①「否定疑問形式」から、②「強調形式」への拡張について述べたい。

この①「否定疑問形式」から②「強調形式」への拡張過程においては意味の変化が生じ、語用論的には「知識確認の要求」(三宅 1996) をするために発話されるようになったと考えられる。

そして②「強調形式」の内的拡張は、2つに分かれると仮定する。1つ目は *Bukankah* の接辞 *kah* が縮約される方向（図2-2②の (I) 〜 (II)) であり、2つ目は *bukan* の *bu* が取れ、*kan* になり、拡張する方向（図2-2②の (I) 〜 (IV')) である。

1つ目は、①「否定疑問形式」(I) '*Bukankah*〜?（〜のではないか?、〜んじゃないですか?)' の疑問接辞 *kah* の縮約が起こり、(I) '*Bukankah*〜./!（〜ではないですか。/!)'、(II) '*Bukan ke*〜./!（〜じゃないか。/!)' に形式・意味が変化したものと考えられる（例(51)〜(52))。

(51) Hei bapa-ku,　***bukankah***　　sudah ku-tegahkan
　　 ねえ お父さん-1SG　〜ではないか 既に　1SG-禁止した

　　 engkau jangan　　　mengambil kayu;…
　　 2SG　〜（する）な　取る　　木

　　 ねえ、お父さん、木を取るなと禁止した**ではないか**。

　　　　　　　　　　　　　　　　　（*Hikayat Amir Hamzah*：1380's)

(52) ***Bukan ke***　lagi　senang kalau datang berdiri depan　aku dan　cakap.
　　 〜じゃないの もっと 簡単な もし 来る 立つ 〜の前に 1SG そして 言う

　　 私の前に立って言ったほうが簡単**じゃないの**。

　　　　　　（http://princecharming2u.blogspot.jp/, 2015年1月17日閲覧）

(51)、(52)のように、②「強調形式」(*Bukankah*~./!)においては、①「否定疑問形式」(*Bukankah*~?)の持つ「命題の確認要求」の機能からの機能拡張がみられ、より「主観化」した「知識確認の要求」という機能を持つようになっている。

　次に、2つ目の内的拡張の方向では、(I)'*Bukankah*~./!'に縮約が起こり、*bukan*から*bu*が取れ、*kan*になったと考えられる。*kan*は、形態的縮約に伴い、意味が変化したと考えられる（例(53)～(55)）。これは、1つ前の形式、①「否定疑問形式」内での(I)～(IV')での意味変化と同じ現象である。

(53) **Kan-kah**　　engkau lebih besar./!
　　 ～じゃない-か　2SG　もっと 大きい

　　 あなたのほうが大きい**じゃないか**。　　　　　（マレーシア人による作例）

(54) **Kan ke**　　 engkau lebih besar./!
　　 ～じゃない-の　2SG　もっと 大きい

　　 あなたのほうが大きい**じゃないの**。　　　　　（マレーシア人による作例）

(55) Alahh.. Nak balik dah ke?
　　 えー　FUT 帰る もう ～の

　　 えー、もう帰っちゃうの？

　　 Ye　lah sayang. **Kan**　　tadi　dah cakap tak boleh　lama.
　　 うん STM 愛しい人 ～だろう さっき もう 言う NEG～できる 長く

　　 そうだよ。長くいられないって、さっき言った**だろう**。

　　　　　　　　（http://www.penulisan2u.my/2013/09/novel-love-riddles-1,
　　　　　　　　　2015年1月17日閲覧）

　(53)～(55)においても、*kan*は「知識確認の要求」という機能を持っている。なお、(53)、(54)の文はマレーシア人による作例であるが、それは、現在こ

2.4　*kan*が多くの機能を持つに至るまで　　49

の2つの表現は非常に稀であり、実例がみあたらなかったことによる。

次に、①「否定疑問形式」からのもう1つの拡張経路は、③「Yes/No 疑問形式」（「二者択一標識（alternative tag: Harris and Campbell 1995）」）、であると考えられる。以下に例を示す（例(56)）。

(56) 'Andih,　　　mari-lah　lihat, kerbau-kah ini　***atau　bukan***?'
　　　アンディ（名前）来る-命令　見る　水牛〜か　DEM または BUKAN

　　　Maka　　'Mak Andih　　　　　　pun keluar, kata-nya.
　　　そうしたら マッ・アンディーフ（名前）も　出る　言う

　　　「アンディ、見に来てよ、これは水牛ですか、**それとも、違う**？」
　　　そうしたら、マッ・アンディーフも外に出て言う。

（Cerita Jenaka　1908 の少し前）

③「Yes/No 疑問形式」（〜*atau bukan*?）への拡張過程において、機能が大きく変わり、生起位置も変化したと考えられる。具体的には、③「Yes/No 疑問形式」では、*bukan* が文末に生起するようになり、Yes/No 疑問文の用法を獲得したと考えられる。なお、MCP コーパスにおける文末の *bukan* は、上記の例(56)（20 世紀初め）の1例をみるだけである。また、現在この形式はほとんど使われていない。このことから、この形式は、次に機能拡張する前の「中間形式」である可能性が高いと考える。

次に、③「Yes/No 疑問形式」から、④「確認要求形式」（（Ⅰ）'〜, *bukan*?' > （Ⅱ）'〜, *kan*?' > （Ⅲ）'*Kan*?'）に機能拡張が起きたと考える。この拡張過程において、*bukan* および *kan* は「付加疑問」の用法を獲得したと考えられる。以下に例を示す（例(57)〜(59)）。

(57) Jikalau kamu hendak menjadi Raja, tentu sudah **bukan**?
もし　2SG　〜たい　〜になる　王　きっと　すでに　BUKAN

もしあなたが王になりたいなら、きっとなった**よね**?

Muhammad al-Taib.
ムハンマド・アル・タイブ（人の名前）

ムハンマド・アル・タイブ。　　　　　　　　　　　　　(*Saudara* 1934)

(58) B: Biskut　keju, guna keju **kan**?
　　　　ビスケット チーズ 使う チーズ よね

　　　チーズビスケットはチーズを使う**よね**?

　　A: Aaa, guna keju....
　　　　うん 使う チーズ

　　　うん、チーズを使う。

(59) B: Masa kita [solat,　　masa kita sujud. **Kan**?
　　　　時　私達　お祈りする 時　私達 平伏す よね

　　　お祈りする時、平伏す時。**よね**?

　　A:　　　　　[em　em[12].
　　　　　　　　うん うん

　　A: em　em.
　　　　うん うん

　(57)〜(59)では、付加疑問を表す*bukan*および*kan*の日本語に当たる語は、「〜よね」であると考えられる。(57)〜(59)のように、④「確認要求形式」（〜, *bukan*? > 〜, *kan*? > *Kan*?）では、①「否定疑問形式」（*Bukankah*〜?）の持つ「命題の確認要求」の機能からの機能拡張がみられ、より「主観化」した「確認・同意要求」という機能を獲得している。

さらに、④「確認要求形式」から、機能拡張が起こり、次の2方向に分化したと考える。つまり、⑤「共感表示形式」と⑥「傾聴要求形式」への機能拡張が起きたと仮定する。まず、⑤「共感表示形式」への拡張について述べる。この拡張過程において、bukan および kan は、話者が自身の「主張・考え」を、聞き手に「賛同してほしい」という気持ちで述べるという機能を獲得したと推測する（例(60)～(62)）。

(60) …, sedemikian jua   seperti   tanaman-tanaman yang subur
     そのように ～も ～のように 植物-REDUP   REL   実り多い

 tetapi jika diulang-ulangi dengan siraman yang bersih tentu
 しかし もし 繰り返し   ～と一緒 水遣り REL 清潔な 必ず

 bertambah-tambah subur   **bukan**!
 増やす   実り多い BUKAN

 それと同じように、実り多い植物は、もし繰り返して清潔な水をやれば、必ずもっともっと実をつける**よね**！

(Saudara 1930)

(61) A: [Lepas tu, be-benefit dia sangat banyak taw.
       ～後で それ 恩恵がある 3SG とても 多く   STM

    : Kalau diaorang kerja sebagai   RO   ni,
      もし 3SG   働く ～として リサーチ・オフィサー DEM

    : diaorang boleh   ada link   dengan lecturer **kan**.
      3SG   ～できる 持つ つながり ～と   講師   よね

      それから、恩恵がたくさんあるよね。もしこのリサーチ・オフィサーとして働いたら、講師とのつながりができる**よね**。

   B: Haa, tu lah.
      あー それ STM

      あー、そうだよね。

(62) A:　aaa　Ye　lah, kena　　　　　　jaga　　　batas
　　　　うん　はい　STM　〜なければならない　気をつける　限界

　　　　aurat　　　　　　　　　　　kita kan.
　　　　隠さなければならない体の部分　1PL　〜よね

　　　　うん、そうだね。隠さなければならない体の部分に気をつけないと
　　　　いけないよね。

　　B：　***Kan*** ….
　　　　よね

　　　　だ**よね**。

　④「確認要求形式」から、⑤「共感表示形式」へ機能拡張する際に、「賛同するだろうという見通しを持って」確認要求をする「疑問文」から、話し手が自身の意見を述べ、その文末に *kan* をつけることにより、「聞き手は賛同するはずだ」という強い気持ちを表す「肯定文」になっている。

　最後に、④「確認要求形式」から、⑥「傾聴要求形式」(〜*kan*.、〜*kan*、〜.) への意味拡張が起こったと考える。例を(63)に示す。

(63) …kita　pulak　selalu　dah　dapat　idea　　　***kan***,
　　　　1SG　〜も　いつも　既に　得る　アイディア　ね／さ

　　　konon　nak　cari　idea　　　lah.
　　　全部　　だろう　探す　アイディア　STM

　　　（私は）いつもアイディアが出てきて**ね／さ**、もっとアイディアを全部探すよ。

　(63)では、話者はブログに書く内容を考えている時の様子について述べている。(63)の傾聴要求を表す *kan* の日本語に当たる語は、談話標識の助詞「ね」、「さ」(いわゆる「間投助詞」の「ね」、「さ」)であると考えられる。

2.4.2 仮説の妥当性の根拠
2.4.2.1 コーパスによる部分的な通時的妥当性

2.4.1 でみた、「kan の文法的意味の通時的拡張の経路（仮説）」の図 2-2 に、それぞれの形式の MCP コーパスでの初出年を書き加えたもの（四角く囲んだもの）を以下に示す（図 2-3）。

図 2-3 より、①「否定疑問形式」(I) 'Bukankah〜?'、および②「強調形式」(I) 'Bukankah〜./!' は、MCP コーパスの最も古い年代である、1370〜1380 年代には既に出現していたことがわかる。よって、①と②の形式の出現順序は、このコーパスからは読み取ることができない。この順序が妥当であることは、「機能拡張の内的必然性」の観点から、2.5.2.2 において述べる。なお、これらの形式は現在も使用されている。

次に、①「否定疑問形式」の (III) 'Bukan〜?' の初出は 1790 年である。よって、前述の① (I) 'Bukankah〜?'（初出 1371 年）がより古い形式であると仮定したことは、正しいと考える。なお、① (III) の形式は、現在も使用されている。

①の他の内部拡張の形式（(II) 'Bukan ke〜?'、(II') 'Kankah〜?' > (III') 'Kan ke〜?' > (IV') 'Kan〜?'）は、MCP コーパスには出現しないため、kan の形は MCP コーパス以降、つまり、1950 年代以降に出現したと考えられる。よって、これらの形式の機能拡張の過程は通時的に検証することができないが、「機能拡張の内的必然性」の観点から説明できると考える。

次に、③「Yes/No 疑問形式」（〜 atau bukan?）の初出は 1908 年であることから、①、②の形式と比べると、かなり時代を下ってから出現した形式であると考えられ、仮説は妥当だと考える。この形式が現在は使われていないことや、次の段階の、④「確認要求形式」（付加疑問）、⑤「共感表示形式」がそれぞれ 1933 年、1930 年に初めてみられることから考えると、この形式③は④「確認要求形式」つまり、いわゆる「付加疑問文」が現れる前の段階の、「中間形式」であったと推測する。

また③「Yes/No 疑問形式」、④「確認要求形式」、⑤「共感表示形式」、⑥「傾

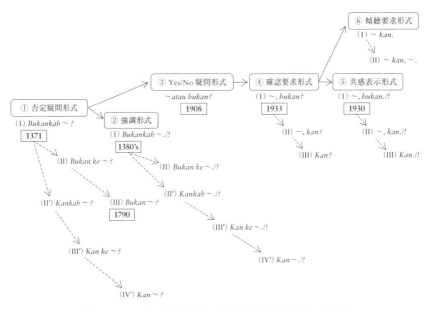

図 2-3 *kan* の文法的意味の通時的拡張の経路（仮説）

聴要求形式」はすべて MCP コーパスには現れないことから、通時的分析はできない。しかし、この形式間の機能拡張経路については、それぞれ以下の観点から正しいことが説明できると考える。つまり、③「Yes/No 疑問形式」から④「確認要求形式」への拡張は「通言語的類似性」の観点から、④「確認要求形式」から⑤「共感表示形式」への拡張は「機能拡張の内的必然性」から、それぞれ説明が可能である。また、⑥「傾聴要求形式」（〜*kan*.、〜*kan*, 〜.）は、1つ前の形式④「確認要求形式」と比べて、文法化過程の「通言語的類似性」である「生起位置の変化」および「意味の抽象化」をみることができ、その出現順序は妥当だと考える。以上、次節で詳しく述べていきたい。

2.4.2.2 仮説の妥当性 —機能拡張の内的必然性の観点から—

本仮説は通言語的に妥当なのか。①「否定疑問形式」、②「強調形式」、③「Yes/No 疑問文形式」、④「確認要求形式」、⑤「共感表示形式」、および⑥「傾

聴要求形式」の間の機能的、語用論的連続性についてみていきたい。

まず、①「否定疑問形式」('Bukankah〜?（〜のではないか?)') と②「強調形式」('Bukankah〜/!（〜ではないか。／!)') 間には、「命題確認の要求」から「知識確認の要求」という意味変化が起こっているとみることができる。この2形式間には意味の連続性を認めることができ、家族的類似性が存在する。また、命題内容の真偽性に対する話者の確信度は、①に比べて②のほうが強くなっており、文法化における通言語的特徴とされている「主観化」(Traugott 1989) の方向と一致する。

さらに、①、②の内部拡張においては、音韻縮約（phonetic erosion）が起こっており、通言語的文法化の特徴と一致する（Heine and Kuteva 2002）。つまり、①では、(I) 'Bukankah〜?' > (II) 'Bukan ke〜?' という拡張過程において、②では、(I) 'Bukankah〜./!' > (II) 'Bukan ke〜./!' において、kah > ke という音韻縮約が起こっている。

次に、①「否定疑問形式」('Bukankah〜?（〜のではないか?)') から③「Yes/No 疑問文形式」('〜atau bukan?（〜ですか、それとも違いますか?)') への変化においては、①の「命題確認の要求」から、「推定を強調する質問」へと機能拡張しており、意味の連続性を認めることができる。また「語用論的強化」(Traugott 1989) および生起位置の変化をみることができる。ここでの「語用論的強化」とは、①の「命題が真であると推測し、その真偽を聞き手に確認する」意味が、③の「命題が真であることを確信し、聞き手に確認する」という、話し手の命題への強い確信を示すように変化したことを意味する。

③「Yes/No 疑問文形式」('〜atau bukan?（〜ですか、それとも違いますか?)') から、④「確認要求形式」('〜, bukan?' > '〜, kan?' > 'Kan?'、〜よね?) への機能拡張においては意味の連続性を認めることができ、「語用論的強化」をみることができる。ここでの「語用論的強化」とは、③の「命題が真であることを確信し、聞き手に確認する」という話し手の命題への強い確信が、④ではさらに強くなったことを意味する。

Harris and Campbell (1995) によると、「多くの言語において、or not と

いう表現は、ある意味で、付加疑問に類似している（The expression *or not* functions in a way similar to tags in many languages.）」という。この主張は、③、④の形式間に連続性があることの傍証になると考える。

最後に、④「確認要求形式」（'〜, bukan?' > '〜, kan?' > 'Kan?'、〜よね？）と⑤「共感表示形式」（'〜, bukan./!' > '〜, kan./!' > 'Kan./!'、〜よね。／！）および⑥「傾聴要求形式」（'〜kan.'、'〜kan, 〜.'、〜ね／さ。、〜ね／さ、〜。）の間には、kan が「連帯構築標識」（solidarity-building activities）（Wouk 1998）という機能を持つという点で似ているといえる。

④「確認要求形式」の kan は、話し手が聞き手に対して、「自分の発話内容は正しいだろうという見通しを持って、それを念のため確認する」という意味を持つ。この際、話し手は「聞き手が発話を承認する」ことを強く期待している。この形式は、話者が新しいトピックを導入する際に使われることが多いが、「お互いがある情報を共有している」ということを確認することで、話し手および聞き手の「連帯」を築くことが可能になるといえる。⑤「共感表示形式」では、話し手は「聞き手は当然、共感・同意する」という確信を持って、主張を述べている。一方、⑥「傾聴要求形式」では、'A kan, B' という発話において、新情報 A に kan を付けることで、それを旧情報に変えたいという話者の気持ちを伝えているといえる（Wouk 1998: 401）。

つまり、④においては、会話参加者の情報が共有されていることを確認することで、⑤においては、聞き手が話し手の情報（主張）に同意・共感してほしいという期待を持って話し手が主張することで、⑥においては、聞き手には新情報であっても、それをあたかも共有されている情報であるかのように扱ってほしいという話し手の気持ちを表すことで、参与者の「連帯を構築する」ことができるといえる。

よって、④よりも⑤は主観化が進んでいるといえる。また、④における「共有された情報を確認する」という意味から、⑥における「実際には共有されていないが、共有された情報として扱ってほしいという気持ちを示す」という意味への拡張という、意味の抽象化がみられる。これは、④＞⑤、④＞⑥の機

能拡張の方向が妥当であることを示しているといえるだろう。

2.4.2.3 他言語との並行的現象からの妥当性

それでは、他言語と比較して本仮説は妥当だろうか。他の言語にみられる似た現象（並行的現象）をみてみよう。

韓国語の（形容詞および動詞の）否定形式 *ci anh-* は、単に命題を否定するが、その縮約形 *canh-* は相互作用的機能である「同意要求（seeking agreement）」の機能を持つという（Kawanishi 1994）。以下の例（64）に *ci anh-* の、（65）、（66）に *canh-* の例を示す。

(64) himtul- ***ci anh***- ayo.
　　 difficult-CI ANH-POL

　　 It is **not** difficult.

　　 それは難しく**ない**。　　　　　　　　　　　　　　　（Kawanishi 1994: 100）

(65) himtul- ***canh***- ayo.
　　 difficult-CANH-POL

　　 It is difficult, **as you know**.

　　 それは難しい**じゃない**。　　　　　　　　　　　　（Kawanishi 1994: 100）

(66) ku… iss-***canh***-ayo.　　sinchenogha-myen…
　　 well　exist-CANH-POL　apply-　　　　 if

　　 Well, ***you know***, if you apply (for new services)…

　　 その、**あのですね**、（新しいサービスに）申し込むと、…

　　　　　　　　　　　　　　　　　　　　　　　　　　（Kawanishi 1994: 108）

(64) *ci anh-* は命題否定、(65)(66) *canh-* は同意要求を意味しているという。また、(66) の iss-***canh***-ayo は、定形表現に近く、会話を始める時や聞き手の

注目を引き付けるための「談話標識」として機能している。Kim（2007）は、*ci anh*-から縮約形 *canh*-への機能拡張は、文法化の通言語的特徴である、「命題的から相互作用的な意味へ」の変化の傾向（「主観化」）と一致すると述べている。

この *ci anh*-の、「命題否定」>「同意要求」>「談話標識」という機能拡張の経路は、*bukan* のそれとの部分的な並行性がみられる。つまり、「否定形式」*bukan*（〜のではない）> ②「強調形式」'Bukankah〜./!'、'Bukan ke〜./!'、'Kankah〜./!'>'Kan ke〜./!'>'Kan〜./!'（「〜ではない（です）か」>「〜じゃない（です）か」>「〜じゃない」>「〜でしょう」）> ⑥「傾聴要求形式」'〜kan.'、'〜kan, 〜.'（〜ね／さ。、〜ね／さ、〜。）という経路との並行性である。

また、先でも述べたように三宅（1997）では、日本語のダロウの「命題確認の要求」から「知識確認の要求」への意味的拡張を認め、その拡張には連続性があることを主張している。この「ダロウ」の「命題確認」から「知識確認」という拡張経路は、マレーシア語の①（IV'）'Kan〜?（〜でしょう？）' から、②（IV'）'Kan〜./!（〜でしょう。/!）' への拡張の方向との並行性がみられる。

2.4.3 *kan* の現在の使用状況およびその要因

本節では、*kan* が現在どのくらい使われているか、またその要因について、マレーシア人会話の分析および、マレーシア人（マレー系マレーシア人）への調査（アンケート）結果から考えてみたい。

アンケートは、マレー系マレーシア人7人（20代〜30代の女性）に対して、日常会話での *bukan*・*kan*（図 2-2（または図 2-3）の①、②、④、⑤）の各形式の使用状況について聞いたものである。

アンケートでは、収集会話の中では使われていなかった、*kan* の①、②、④、⑤の各形式の文[13]をみせ、その文は「存在するか」、また「日常会話で使用するか」を聞いた。その結果、全員が全ての文が存在すると答えた。また、「日常会話で使用するか」については、その結果を表 2-1 に示す。なお、アンケートで使用した文は以下の通りである。

① (Ⅰ) *Bukankah* hari ini hari Sabtu?
　(Ⅱ) *Bukan ke* hari ini hari Sabtu?
　(Ⅲ) *Bukan* hari ini hari Sabtu?
　(Ⅱ′) *Kankah* hari ini hari Sabtu?
　(Ⅲ′) *Kan ke* hari ini hari Sabtu?
　(Ⅳ′) *Kan* hari ini hari Sabtu?
② (Ⅰ) *Bukankah* hari ini hari Sabtu./!
　(Ⅱ) *Bukan ke* hari ini hari Sabtu./!
　(Ⅱ′) *Kankah* hari ini hari Sabtu./!
　(Ⅲ′) *Kan ke* hari ini hari Sabtu./!
　(Ⅳ′) *Kan* hari ini hari Sabtu./!
④ (Ⅰ) Hari ini hari Sabtu, *bukan*?
⑤ (Ⅰ) Hari ini hari Sabtu, *bukan*./!

（番号は図 2-2 の番号と対応する）

まず、表 2-1 より現在のマレーシア語の日常会話では、①、②、④、⑤の中で使用頻度に差があることがわかった。つまり、①「否定疑問形式」では、(Ⅱ) '*Bukan ke*～?'、(Ⅲ′) '*Kan ke*～?'、(Ⅳ′) '*Kan*～?' が、②「強調形式」では、(Ⅱ) '*Bukan ke*～./!'、(Ⅲ′) '*Kan ke*～./!'、(Ⅳ′) '*Kan*～./!' が主に使われている。

つまり、①「否定疑問形式」では、(Ⅲ) '*Bukan*～?' は会話ではほとんど使われていない。

また、②「強調形式」では、'*Bukan*～./!' の形式は存在しない。両形式で *bukan* が使われていないのは、話す際には、「否定形式」（*Bukan*～.）との区別が難しいことが理由であると考えられる。

また、①「否定疑問形式」の (Ⅱ′) '*Kankah*～?'、②「強調形式」の (Ⅱ′) '*Kankah*～/!' は、会話では使われていない。これは、*kan* と *kah* のフォーマリティの差が理由であると考えられる。*kan* は専ら会話において使用される

表 2-1　kan の形式①、②、④、⑤の日常会話での使用状況

形式	文	日常会話での使用の有無	形式	文	日常会話での使用の有無
①	（I）*Bukankah*〜？	×	②	（I）*Bukankah*〜．／！	×
	（II）*Bukan ke*〜？	○		（II）*Bukan ke*〜．／！	○
	（III）*Bukan*〜？	×		（II'）*Kankah*〜．／！	×
	（II'）*Kankah*〜？	×		（III'）*Kan ke*〜．／！	△
	（III'）*Kan ke*〜？	△		（IV'）*Kan*〜．／！	△
	（IV'）*Kan*〜？	△	④	（I）〜, *bukan*？	×
			⑤	（I）〜, *bukan*．／！	×

（注）○ 70％以上が使用、△ 40％以上が使用、× 20％以下が使用

が、*kah* は書き言葉やフォーマルな機会に使われることが多い。よって異なるフォーマリティの語を同時に使うことは避けられるためだと考えられる。

最後に、④「確認要求形式」の（I）'〜, *bukan*？（〜よね？）'、および⑤「共感表示形式」の（I）'〜, *bukan*．／！（〜よね。／！）' はほとんど使われない。これは、その使用場面が非常に限られているからだと考えられる。つまり、これらの形式は、目上の者から目下の者への「詰問」という意味合いを持って発話されることが多いからである。*bukan* から *kan* への音韻縮約によって、*kan* の使われる範囲が広がったため、*bukan* はその使用範囲が小さくなり、限られた意味・機能を持つようになったと考えられる。

2.5　結論

本章では、マレーシア語の *kan* の意味拡張経路に関する仮説を提案し、その証拠として、コーパス、機能拡張の内的必然性、他言語との並行的現象（韓国語、日本語の確認要求の文法化との部分的並行性）の観点から示した。

2.4.3 で述べた、*kan* の現在の使用状況およびその要因は、マレーシア人へ

のアンケートに基づいて考察を行ったが、その被験者数・被験者の年齢層は十分なものではない。今後の課題としたい。

また、会話に出現する kan の形式で、本書で述べることが叶わなかったものには以下の形式（例(67)）がある。

(67) **Kan** dia　draw　group　**kan**....
　　　KAN 彼女　作る　グループ　KAN

　　　彼女はグループを作るじゃない／でしょう。

(67)では、kan が文頭および文末に、2度使用されている。kan を2回使うことで、その意味が強調されるが、その意味を日本語に訳すことは難しい。また、この形式への拡張経路については、本章では扱うことがかなわなかった。今後の課題としたい。

最後に、kan の機能拡張の過程の妥当性について、2.4.2 で述べた。図 2-3 をみると明らかなように、①「否定疑問形式」から②「強調形式」への拡張と、①から③「Yes/No 疑問文」への拡張の間には、「拡張のスムーズ性」とでもいうべき点から、大きな差があるようにみえる。③「Yes/No 疑問文」は、20世紀初頭に突然現れた後、短い期間に機能拡張を遂げたという印象は拭えない。③を①からの機能拡張であると本書では結論づけたが、これに対する反論として、「言語接触」による影響の可能性があることは否めないと考える。Goddard や Yap が述べた lah や punya などのマレーシア語への客家語（中国の一方言）の影響の可能性は、他のマレーシア語にも及んでいる可能性がある。

現在、中国系マレーシア人の話す英語には、'～or not?' という表現が頻繁に使われる。その頻度は、英語母語話者と比べて非常に高い。これが客家語に由来するかどうか、また、客家語との言語接触によって、③「Yes/No 疑問文」が現れた可能性については、より詳しく検討する必要があるだろう。

今後は kan の意味拡張経路をさらに詳しく述べ、その通言語的妥当性をより明らかににに示すことを課題としたい。

注

5 本章で示す例文は、特に断りがない限り、筆者が収集した会話による。なお、具体的には、マレーシア語母語話者（女子大学生の友人同士2人）の対面自由会話（20会話、1会話10分間、計200分）を録音し、文字化を行ったものである。なお、この収集会話は、第3章の収集会話と同一のものである。

6 'kita' は本来「私達」を表す1人称複数形であるが、会話においては「私」（1人称単数）と同義として使用されることがある。(3)もその例の1つである。

7 「マレーシア語・インドネシア語」は、マレー語の一方言とされている（1.2で既述）ため、以下「マレー語」と総称する。

8 NSMでは、複雑な概念を、「意味の原子要素（semantic primitives / semantic primes）」という「単純で普遍的な概念」に分解し、分析を行う。

9 「//」で区切られた箇所が、重複していることを示す。

10 ％は声質が、叫び声（creaking）であることを表す。

11 本節における、これ以降の1300～1940年代の例文の出典は、マレー語コーパス（MCPコーパス）からの引用である。出典の内容は以下の通りである。*Hikayat Bayan Budiman*（優しいオウムの物語）は、サンスクリット語の物語集（*Śukasaptati*（オウムの70の話））で始まる伝説のマレー語版（1371）。*Hikayat Amir Hamzah*（アミールハムザ物語）はマレーの文学作品（1380年代）。*Hikayat Hasanuddin*（ハサヌディン物語）はジャワ語の文学作品のマレー語翻訳版（1790）。*Cerita Jenaka*（面白い話）は、マレー文学シリーズ（1908）用に、*Raja Yahya Haji* によって集められた／書かれた文学作品（5作品）（1908頃）。*Saudara* は、新聞 Saudara の1930～1940年の記事からの抜粋。

12 本研究では、筆者集集会話における、マレーシア語のあいづちのうち、「ウーン」と聞かれるものは、'em' と表記する。マレーシア語話者によると、この表記は一定せず、他に 'um'、'urm'、'uhm'、'ehm'、'erm' 他のように書かれるが、'em' が最適であるとのことである。

13 但し、④の 'Kan?'、および⑤の 'Kan./!' は、会話においてその使用が確認されたため、アンケートの文には含まれていない。

第3章
研究Ⅱ マレーシア語・日本語会話における聞き手の反応の対照分析

3.1 会話の対照分析を行う目的

　日本語の日常会話において、話し手が話している時に、聞き手が黙って聞いているということは経験的にあまりないのではないだろうか。聞き手は、話し手の話を聞きながら、あいづちを打ったり、うなずいたりするのが普通だ。もし聞き手が何の反応も示さないならば、話し手は聞き手が話を理解しているのか、話に関心があるのかについて全くわからないだろうし、このまま話を続けていいのか不安になるに違いない。話し手が話を続けるには、このような聞き手の協力は必須である。聞き手はあいづちを打ったり、うなずいたりすることで、話を聞いていることや、話を理解していること、また話者の意見に賛成であることなどを示すことができる。

　第3章では、「研究Ⅱ マレーシア語・日本語会話における、聞き手の反応（あいづち、うなずき）の対照分析」を、次の2つの観点から行う。

　1つ目は、マレーシア語・日本語会話に頻出する談話小辞 *kan* および「ね」、「さ」が発せられた時の、聞き手の反応（あいづち・うなずき）の質・量的分析である。

　2つ目は、談話小辞 *kan* および「ね」、「さ」周辺以外の環境での、聞き手

の反応（あいづち・うなずき）の質的分析である。

マレーシア語の kan およびそれと似た機能を持つと考えられる日本語の談話小辞「ね」、「さ」が、話者によって発された時に、聞き手はどのくらい、またどのように反応するのか。

分析を通して、談話小辞、kan および「ね」、「さ」の機能を示すこと、および、これらの小辞に対する、聞き手の反応の仕方（あいづち、うなずき）の特徴を質・量的に記すことを目指す。

3.2 本書で用いる会話分析の術語および先行研究

3.2.1 本書で使用する CA の術語

本書では、CA という研究手法をとっている。以下に、CA の分野で使われ、本書の分析で使用する術語を挙げ、解説する。

- **順番（ターン）構成単位**（TCU: turn-constructional unit）
  話し手が1つの順番を組み立てようとするとき様々な単位タイプを用いることができる。英語の場合だと、この単位タイプということで、文として、節として、句として、語として組み立てられる場合が考えられる。

  (Sacks, Schegloff and Jefferson 1974、西阪訳 2010: 24)

とあり、順番（ターン、以降ターンと呼ぶ）を構成する単位（TCU）には、英語の場合、文、節、句、語があることが述べられている。

串田（2005）は、TCU という用語には、「とくに『文』概念が言葉を用いた相互行為の分析単位として有効でないということを強調する狙いが込められている」(p. 187) と述べている。

以下に、例(1)を示し、TCU の種類について述べる[14]。

(1) 1A: ［この前○○○○（大学名）試験しとった …①
    2   (0.8)
    3B: (○○○-) ○○○○（大学名）? …②
    4   (0.4)
    5B: (あ-わ:-) 自動車学校行ったとき:? …③
    6   (0.9)
    7A: >ううん< 学校来る時 …④
    8   (0.6)
    9B: 土曜？サークルん時か°(な)° …⑤

　例(1)は、Aがある大学の入学試験が行われているのをみたことを述べているところである。それぞれのターンにおけるTCUは、①は「文」、②は「語」、③は「節」、④は2つのTCUからなり、「ううん」は「語」、「学校来る時」は「節」である。⑤は2つのTCUからなり、「土曜？」は「語」、「サークルん時か°(な)°」は、「文」である。以上のように、1ターンは、1つまたは複数のTCUからなる。

- **順番の移行に適切な場所** (TRP: transition-relevance place(s))
　話し手の産出する「順番（ターン）構成単位（TCU）」の、完了可能な場所が、「順番（ターン）の移行に適切な場所（TRP）」となる。
　　　　　(Sacks, Schegloff and Jefferson 1974、西阪訳 2010、筆者まとめ)

　つまり、話し手は、ターンにおいて、まず、TCUの中の1つの単位（英語では、文、節、句、語の中の1つ）を産出する。その単位に、「完了可能な場所」（完了しても良い場所）が訪れた時が、ターンの移行に「適切な」場所になる。その単位の「完了可能な場所」は、「完了しても良い」場所であるが、必ず完了するとは限らない。もし、完了しなかった場合は、次のTCUの「完了可能な場所」が、TRP（順番の移行に適切な場所）となる。

以下に例(2)を示し、詳しく述べる。

(2) 1A： やまかわく-やまかわ先生なん↑か:(0.3)ファゴットひいてましたよね=
　　2 ： =ってい-おうと思うんやけどって言ったら:(0.1)でもあの距離で=
　　3 ： =なん↑か:(.)それを顔見（レベル）でやめといたほうがいいみたい=
　　4 ： =>に<言われて:.だかr-[やまかわくんとまだ話せないんやって:.
　　5B:　　　　　　　　　　　　[.hh
　　6 　 (.)
　　7B： まだな:ん？

会話(2)は、Aが同じアルバイトをしている「やまかわ」という人について話しているところである。Aは1～4Aの間、ターンを持っている。そのターン中に現れたTRPは、4Aの「やまかわくんとまだ話せないんやって:」の終わり部分である。6行目の短いポーズの後、7BでBにターンが移行している。つまり、4Aの2つ目のTCUの終わり（＝TRP）で、ターンの移行が行われている。

- **投射可能性／予測可能性（projectability）**

TCU（ターン構成単位）が実際に用いられる時、それにより産出された単位がどのあたりで完了するのかが予測（projection）可能である。その予測可能な性質を、「予測可能性」という。

　　　　　　　（Sacks, et al. 1974、西阪訳 2010:20、筆者一部要約・改変）

また、串田（2005）は、「…言葉には、それが発話されている最中に、どのような統語的形状をたどりそうか、どのような種類の行為が行われそうか、いつどのようにして完了しそうかといったことを予示・予告する働き」（p.187）を「投射（projection）」とし、このような性質を「投射可能性（projectability）」としている。

よって、上でみたように、Sacks, Schegloff and Jefferson（1974）の「予測可能性（projectability）」が、「TCUの単位がいつ完了するか」ということに対する、「予測可能性」を指していたのに対し、串田はこの用語をより広い意味で使用している。本書では、串田と同じく、より広い意味でこの用語を用いる。また、'projectability'の訳語には「予測可能性」や「投射可能性」が使われているが、本書では「投射可能性」を用いる。

● 隣接ペア

「隣接ペア」は、次の特徴を持つ連鎖からなる。
(1) 2つの発話からなり、(2) これを構成する発話は、隣接する位置にあり、(3) 異なる話者がそれぞれの発話を産出する。

(Schegloff and Sacks 1973: 295)

それらの発話タイプは、「第1ペア部分（first pair parts）」と「第2ペア成分（second pair parts）」に分けられる。例えば「質問—返答」、「挨拶—挨拶」、「誘い—受け入れ」といった「ペアタイプ」を構成する。

(Schegloff and Sacks 1973: 296)

● 修復（repairs）

会話において発話産出、聞き取り、理解にかかわる問題が繰り返し現れる。

(Schegloff and Sacks 1977、西阪訳 2010: 157)

とし、この問題に対処するものとして、「修復（repairs）の組織」があるとしている。「修復」には、「自己修復」と「他者修復」があり、修復の対象となるものを「修復されるもの」もしくは「トラブル源」と呼んでいる。

以下に、例を2つ挙げる。

(3) 1A:　　小学校の先生やって［て:,
　　2B:　　　　　　　　　　［あ.＞小学校の先生せ［い＜やってか-
　　3A:　　　　　　　　　　　　　　　　　　　　［やって↑て:］
　　4B:　　＞うんうんうん＜
　　5A:　　さっ-
　　6B:　　さっ-
　　7　　　(0.3)
　　8A:→　書い-夏休みとかに書い↑て:,
　　9B:　　ほ:ん

　例(3)は、ある人が作家になった経緯について、A が説明しているところである。A は「その人が小学校の先生のかたわら、夏休みに小説を書いていた」ということを述べている。8A で、「書い-」と言いかけた後、「自己修復」し、「夏休みとかに書い↑て:」と言い直している。ここでの修復のトラブル源は「書い（て）」である。
　もう1つ例を示す。

(4) 1A:　　スノボ行きたいね:
　　2B:　　行きた:い
　　3　　　(0.5)
　　4A:　　あ、そういえば行った:?
　　5　　　(0.7)
　　6B:→　スノボ:?
　　7A:　　うん

　例(4)では、両話者はスノーボードのサークル（または部活動）に入っている。4A で、A が「あ、そういえば行った:?」（トラブル源）と「質問」をするが、「何に（または）どこに」行ったことを聞かれているのかはっきりわか

らず、Bは6Bで、「スノボ：？」と、「修復要求」を行い、7Aで、Aはその「修復要求」に応えている。

3.2.2 *kan* の意味・機能に関する先行研究

マレーシア語会話を分析する前に先行研究についてみておきたい。

マレーシア語の *kan* についての先行研究は管見の限りあたらないが、インドネシア語の *kan* についての先行研究には、Wouk（1998）がある。既に述べたように、マレーシア語とインドネシア語の文法はほぼ同じであるため、インドネシア語の *kan* についての先行研究の知見は、本研究にも参考となると考える。

3.2.2.1 *kan* の意味・機能 ―Wouk の知見を中心に―

第2章でみたように、*kan* はマレーシア語の談話小辞で、様々な意味を持つ。文頭で用いられた場合、「～のではない？、～でしょう（だろう）？（Kan～?）」という「命題内容の確認要求」機能、「～ではないか。／！（Kan～.／!）」という、「知識確認の要求」機能を持っていた。また、'～, kan?'、'Kan?' のように、文末でまたは1語で使用され、「～よね／ね?」、「よね／ね?」という、「付加疑問」機能を持つ。また、'～, kan./!（～よね。／!）'、'Kan./!（よね。／!）' のように、「共感表示」機能を持つ。さらに、'～kan, ～.' のように会話における発話文途中、または、'～kan.' と発話文末に用いられ、「～ね／さ、～。」「～ね／さ。」という「傾聴要求」機能を持っていた。本章で分析する *kan* は、日本語のいわゆる間投助詞「ね」、「さ」と似た機能を持つと考えられ、「傾聴要求」として使われる *kan* である。

以下で、Wouk（1998）の「談話標識[15] *kan* についての研究」をみていく。

Wouk（1998）は、初対面の2～3人1組のグループ（計19人）にトピックを与えて、人工的な環境で会話をしたもの[16]を録音し、会話に現れる談話標識 *kan* について質・量的分析を行っている。会話に現れた *kan* の意味を、①「付加疑問（確認要求機能）」と②「ヘッジ表現 *you know*」[17]の2つに分け、

その2つに共通した機能について述べている。

　Wouk は、談話標識 *kan* が他言語の類似表現よりも出現頻度が高いとして、スウェーデン語について述べた Nordenstam（1992）およびニュージーランド英語について述べた Holmes（1998）の研究成果と比較しながら、述べている。つまり、20000 語以下のインドネシア語コーパスでは *kan* は 240 例現れているのに対して、48316 語のスウェーデン語コーパスでは、付加疑問が 136 例、ヘッジ表現（hedge tag）が 124 例、さらに、ニュージーランド英語の 45000 語のコーパスでは、付加疑問が 96 例、50000 語のコーパスでは *you know* が 207 例であったと述べている。つまり、談話標識 *kan*（「付加疑問」および「ヘッジ表現 *you know*」の意を持つもの）が、他の言語の似た表現と比べて、非常に多く現れていることが示されている。

　また Wouk は、*kan* を機能別に、出現数、出現位置の点から分析しているが、①「付加疑問」および、②「ヘッジ表現 *you know*」の機能を持つ *kan* は、それぞれ様々な位置に現れることが述べられている。

　次に、Wouk が主張する *kan* の機能についてみていく。

　Wouk は、「談話標識の多機能性」という性質により、*kan* にいくつかの機能があることを主張している。

　kan の基本的な機能は、「共通知識の表示（marking conjoint knowledge）」（または、「(既に)存在する共通の立場を示す（express existing common ground）」）、「以前は共有していなかったことを、共有されたものとして扱うように、聞き手に促すことによって、『共通点を拡大する（expanding common ground）』」としている[18]。そして、この基本的な意味から、「連帯構築（creating solidarity）」、「強調（providing emphasis）」、「主題認知を示す／要求する（marking (or requesting) topic recognition）」、「同意／確認要求（requesting agreement or verification）」の全ての機能が導き出されていると主張する（p. 402）。

　最後に、Wouk は、「*kan* が多くの機能を持つ」と考えると、「なぜ他言語の類義語（例：*you know*）と比べて、*kan* の会話における出現数が突出して

多いのか」を説明することが可能になるとする。そして、インドネシアでは、「連帯」に対する強い志向があり、「連帯関係」にある人々は、同じような世界観を共有することが期待されるとする。また、「社会的調和」が、現代のインドネシアの背景を形作っている伝統文化においては、価値あるものとされているとする。このような文化的価値観が、「様々な手法（例：*kan*）を使用し、「連帯」が明確に示される」会話スタイルをもたらす、と述べている。

以上、Wouk のインドネシア語の談話標識 *kan* についての分析をみることで、マレーシア語の *kan* への知見としたい。

3.2.2.2 Wouk の知見に対する本書の立場

前節でみた Wouk の知見について、(a)「会話収集の手法上および、会話というものの性質上の問題が、*kan* の機能の分析に影響を及ぼしている可能性」、(b)「談話小辞 *kan* の機能の分析結果を支える証拠の有無」、の 2 点から本書の立場を述べる。

会話収集の手法上および、会話というものの性質上の問題点が、*kan* の機能の分析に影響を及ぼしている可能性はあるだろうか。

Wouk は、会話に出現した *kan* の機能を、*kan* の「イントネーションの上昇の程度」、「話し手によるポーズの有無」、「聞き手による反応の有無」の 3 点から判断している。

また、Wouk は、談話標識 *kan* の機能を①「付加疑問（確認要求機能）」と②「ヘッジ *you know*」の 2 つに分けているが、その判定方法として、①「付加疑問」は、「イントネーションが、②『ヘッジ *you know*』の場合より、わずかに多く上昇し（a slightly more pronounced rise）」、「話し手によるポーズがあり（a pause by the speaker）[19]」、「聞き手による反応がある」ものとしている。一方、②「ヘッジ *you know*」については、「①『付加疑問』に比べてやや少ないイントネーションの上昇または下降」、「話し手によるポーズがなく」、「聞き手による反応がない」ものとしている。

しかし、この判定方法の妥当性については、Wouk も述べている通り、「録

音のみの分析」であることの影響は避けがたいと考える。その影響について、以下に具体例を示して説明する。

　Woukは、機能①「付加疑問（確認要求機能）」の例として、以下の(5)の例を挙げている。

(5) 1C：　jadi sekarang sebetulnya tinga berapa
　　　　　so　 now　　really　　 level how much

　　　　　so what grade (in school) are you in now　で、今何年生？

　　2D：　e:h tingkat tiga
　　　　　uh　level　three

　　　　　uh level three　えっと、3年生

　　3C：　tingkat tiga
　　　　　level　three

　　　　　level three　3年生

　　4D：→ udah　　*SKS kalo SKS *kan* cepat
　　　　　already　SKS if　　SKS KAN quick

　　　　　(we are on) the semester credit system now with the credit semester system (it's) fast you know.

　　　　　もう学期単位制になった。学期単位制だと速いじゃない／でしょう？

　　5C：　iya
　　　　　yes　うん

　　6T：　iya
　　　　　yes　うん

＊SKS＝Sistim Kredit Semester＝Semester Credit System 学期単位制　　（p. 389）

　4Dの'udah SKS kalo SKS *kan* cepat（もう学期単位制になった。学期単位

制だと速いじゃない／でしょう?)' が①「付加疑問」であることの妥当性について、Wouk は、この発話の後にポーズがあることや、5C、6T で、聞き手が 'iya（うん）' と言語で反応を示していることから、妥当であると主張する。

しかし、同時に Wouk は「もし、この『聞き手の反応』の有無による判定が、説得力に欠けるとみなされるなら、この例は除外されるべきだ」という主旨のことも述べている。このことは、4D の kan が、②「ヘッジ you know」である可能性を示唆しているといえよう。

一方で、Wouk は、経験的に、「聞き手の言語的反応の有無」（下線は筆者による）、「話し手のポーズ・パターンやイントネーションのわずかな差[20]」から、この2つの機能を区別するのは可能であり、よって、映像（つまり非言語行動）が無いことは、この判別に関しての大勢には影響を与えないと主張している。また、多くの場合は、この2つの機能は明らかに区別できるものであり、この2つの機能の存在を認めることに、何ら影響するものではないとしている[21]。

Wouk は会話を録音し分析を行っており、録画は行っていないため、映像は分析の対象となっていない。よって、会話者による非言語行動（視線、うなずき他）が行われた可能性は否定できず、その非言語行動がもし行われていたとすれば、上述の kan の①、②の機能への判別結果に影響を与える可能性があると考える。

本書の第2章でみたように、kan に Wouk が主張する2つの機能があることは明らかである。しかし、そのどちらの意味であるかを区別するのは、筆者およびマレーシア人協力者の経験からみて、非常に難しい場合がある。その機能の判別は、イントネーションや前後の発話の文脈などを考えても、判別がつきにくい場合がある。

次に、「会話というものの性質上の問題」について述べる。

「会話というものの性質」を考慮に入れずに、kan の「機能を判定」することは不十分であると言わざるをえないだろう。例えば、話し手が①「確認要求」の意味で、kan を発したとして、何らかの要因により、聞き手が反応をしない

場合が、実際の会話では起こる。しかし、研究者がこの現象だけをみる（話し手の意図を知ることは普通不可能であるため）と、「聞き手の言語的反応がない」という基準を使って、この kan の機能を、②「ヘッジ you know」である、としてしまうかもしれない。さらに、Wouk が述べた、他の基準、「話し手のポーズ・パターンやイントネーションのわずかな差」を考えに入れても、なお判定が難しい場合がある。

　日本語の例を挙げれば、もし①、②の機能の次の例（以下の(6)、(7)）の、下線部が、もし同じ語で表される言語があった（kan のように）場合、私達はその発話を聞いて、区別ができるだろうか。

(6) 「私、昨日、映画を見に行ったじゃない？ その映画ね、…」

(7) 「私、昨日映画を見に行ってね、その映画ね、…」

　「私が昨日映画を見に行った」という知識を、聞き手が持っているかどうかは、会話において示される場合もあれば、そうでない場合もある。また、話し手が、「聞き手がその知識を知っている」ということを、「忘れて発話している」場合もある。そうすると、聞き手の「言語的反応」がみられなかった、ということをもって、この kan を機能②「ヘッジ you know」だとするのは、誤りだということになる。

　つまり、kan という談話小辞は、会話という相互行為の中で使用される以上、上で述べたような問題は、常に（録音にしろ、録画にしろ）存在するということになる。

　よって、1つは、「録画映像の欠如」という「会話収集の手法上の問題」、1つは、「会話というものの性質上の問題」により、kan の機能の判定に誤りが出るかもしれない。しかし、「会話収集の手法上の問題」は、録画という手法も取ることによって解決できるので、本書では録音・録画の両方を使い分析する。

次に、(b)「談話小辞 *kan* の機能の分析結果を支える証拠の有無」という観点から、本書の立場を述べる。

Wouk は、*kan* の基本的な機能として、「共通知識の表示」(または、「(既に)存在する共通の立場を示す」)、「以前は共有していなかったことを、共有されたものとして扱うように、聞き手に促すことによって、『共通点を拡大する』」ことだ、としている。そして、この基本的な意味から、「連帯構築」、「強調」、「主題認知を示す／要求する」、「同意／確認要求」の全ての機能が導き出されていると主張していることをみた。しかし、*kan* がこれらの基本的な機能を持つという主張は、何らかの証拠を持ってなされたものではなく、いわば印象的に述べられるに留まっている[22]。

本章では、CA という研究手法をとっている。CA では、「データの『解釈』で終わるのではなく、そのような解釈に行き着いたのはなぜかということを、実際のデータに示されている当事者たちの目に見える動作、発話、タイミング、参加体系等を明らかにしていくことによって証明していくところまでいかねばならない」(森 2004: 190、1.3 で既に述べた) ことから、Wouk による *kan* の機能の記述は、十分ではないと考える。

3.2.3 日本語の「ね」、「さ」の意味・機能に関する先行研究

次に、日本語における「ね」、「さ」の機能の先行研究について述べる。Wouk (1998) が主張する *kan* の機能は、「ね」、「さ」の機能の知見と共通する部分がある。例えば、*kan* の「強調」は「さ」の機能 (「主張」Suzuki 1990、「聞き手に情報を強く提示する」富樫 2011)、*kan* の「共通知識の表示」、「同意／確認要求」は、「ね」の機能 (「共通の立場」Squires 1994)、「同意／確認要求」(Suzuki 1990 他)) を述べる際に、これまでの先行研究で使われてきたものである。

よって、マレーシア語の談話小辞 *kan* と日本語の談話小辞「ね」「さ」は似た意味・機能を持つと考え、本節で、いわゆる間投助詞、終助詞の「ね」および「さ」[23] の相互行為上の機能について述べた先行研究をみる。3.2.3.1 で

「ね」を、3.2.3.2で「さ」の先行研究をみた後、本書の立場を述べる[24]。

3.2.3.1 「ね」の先行研究

終助詞の「ね」の先行研究には、神尾（1990）、佐治（1991）、益岡（1991）、Saigo（2011）他がある。

神尾（1990）は、「情報のなわばり理論」を提唱し、ある情報が「話し手」と「聞き手」のどちらか一方に属するか、あるいは、両者に属するか、またはどちらにも属さないかという4種類に分類する。そして、情報が「話し手と聞き手の両者に」属する場合、および、「聞き手にのみ属する場合」には、文末に「ね」が使用されるとした。

これに関して、Tanaka（2000）は、「聞き手が、『話し手の情報へのアクセスの欠如』を明示するかどうかは、聞き手が『本当に』その情報を保持しないのかどうかということとは、無関係である」としている（p. 1152）。

つまり、例えば、聞き手が「ある情報を知らない」と発話することが、「本当に知らない」ことにはならない。よって、ある情報が、だれに属しているかは、その事実と実現（発話他による）とが一致するとは限らず、判断が不可能であるということである。

佐治（1991）は、終助詞を2つにわけ、「続く文節につき[25]得て他の終助詞の後につき得るもの——「ね・な」、「よ、や、え、い」「さ」——を、第一類とし」（下線は筆者による）（p. 18）ている。第一類は、大略、間投助詞と言われるものに相当すると述べている。「間投用法」があるということは、第一類のものの表す話し手の態度は、「富士山はね、日本一のね、山ですよ」のように、文の途中でも表しうるものであることを示すという。また、「ね、青木さんは立派な人だよ」のような、いわゆる感動詞に属するといわれるものが、元来終助詞と同じものであるとすれば、第一類のものの表す話し手の態度は、文の最初からでも表しうるものであり、聞き手に対する直接的な態度であるとしている（pp. 18-19）。

第一類の終助詞は、話し手が自分の言葉を聞き手に伝える際に、聞き手に呼

びかけることによって、問いかけたり（「ね・な」）、押し付けたり（「よ、や、え、い」）、突き放したりする（「さ」）態度を表すものであるとする（p. 21）。

「ね・な」については、「あれはあなたのお父さんですね。」、「あなたが青木さんですな。」のように、尋ねかける気持ちで使われ、話し手の聞き手に対する「問いかけ、同意を求める」ような気持ちを表すとしている（p. 21）。

「ね・な」は、第一類（聞き手めあて）の終助詞で、「話しかけ問いかける気持ち」を表すとまとめている（p. 24）。

益岡（1991）は、「話し手の知識と聞き手の知識が基本的に一致すると判断される場合には『ね』が用いられ、両者の間にずれがあり、その意味で両者が対立的な関係にあると判断される場合には『よ』が用いられ…」(p. 96) と述べている。田窪・金水（1996）は、益岡が「ね」と「よ」を、「話し手と聞き手の知識が一致するかどうかで使い分ける」ことについて、「ね」と「よ」が複合した「よね」は、もとの意味を保ったまま共起することはできないとして、このような規定は不都合な点があると述べている（p. 69）。

Saigo（2011）は、助詞の語用論的性質は、ゲシュタルト心理学に端を発する 'figure/ground hypothesis[26]（「図と地」仮説）' と深く関連があると仮定し、「ね」を以下のように説明している。

> 「ね」は会話に出現する figure（図）が、既に聞き手に知られているか、既に許容されていると予測する時に、更なる騒ぎなしに、次の命題の ground（地）として扱われるべきだとみなす時に生起する（語用論的性質）。よって、受け手が容認することになる（連続的機能）

つまり、TCU のそれぞれの発言や、TCU それ自体は、話し手によって聞き手に差し出された時、figure（図）である（会話の背景に関して、前景化されたという意味において）。その後、figure（図）は話し手または聞き手により、ある限られた方法によって ground（地）化される（つまり、それぞれの figure は次の発言のための ground（地）になり、次の発言を figure（図）に

交替させる)。日本語の終助詞「ね」、「よ」[27] は、会話に出現する figure（図）がいかに ground（地）化されるか、又は、されるべきかを表示する典型的な言語標識であるとしている。

Saigo は以下の例を挙げ、他の先行研究の妥当性について述べている。

(8) A: 何が食べたい？
　　B: 今日は中華料理が食べたいね。

B が「A が食べたいもの」を知らない可能性は十分あることから、益岡(1991)の仮説では説明できないとする。また、B の希望が、A のなわばりにあるとは考えられないとして、神尾(1990)の仮説では説明できないと述べている。

Saigo の仮説によると、「B は自分の希望が、次の figure のために騒ぎ（異議）なく、ground として扱われ、そうして、A が賛成するように導き、B の主張（中華料理が食べたい）をもとに、A がどこへ食べに行くか提案することを期待する」と説明される。

上でみた先行研究（神尾(1990) の「情報のなわばり理論」および益岡(1991) の仮説）への批判（神尾(1990) の「情報のなわばり理論」に対する、Tanaka (2000)、Saigo (2011) の批判、益岡(1991) に対する、田窪・金水(1996)、Saigo (2011) の批判）は首肯できるものであると考える。また Saigo (2011) の主張は、それを裏付ける証拠が示されていないという点で本書の立場とは異なる。

次に、「ね」の相互行為上の機能の点から述べたものに、Suzuki (1990)、伊豆原 (1992)、Squires (1994)、Tanaka (2000)、Morita (2005, 2012)、森田 (2007) がある。

Suzuki (1990) は、CA の手法を用い、「うわさ話（ゴシップ話）」における「ね」他の助詞を分析している。「ね」は、内容のレベルでは、「話し手が聞き手の発話に対して同意／承認を示す時」、また、「話し手が、自身の発話への聞

き手の「同意」を求める」時に使用される（...**ne** occurs when the speaker shows the agreement with, or acceptance of, what the other speaker says. **Ne** is also used when the speaker seeks the listener's agreement with what he is saying.)」(p. 317) と述べている。また、相互行為のレベルでは、「話し手がフロアを保持していることへの、聞き手の同意を求めるために使用される（... the speaker uses **ne** to seek the listener's agreement on his holding the floor.)」(p. 317、強調は原文による) としている。

伊豆原（1992）は、「ね」のコミュニケーション上の機能を、談話進行上の観点から「持ちかけ」、「共有化」、「同意・確認」[28] の3種類に分け、全てに共通する機能として、「...『ね』とは、聞き手に話し手と同じ気持ち・情報を共有させようとする話し手の働きかけ」であると述べている。

Squires（1994: 23）は、「『ね』は話し手と聞き手の間に、感情的な共通の下地を作り出す。すなわち、助詞『ね』の使用は、たとえ聞き手が話し手と情報を共有していなくても、話し手の気持ちに参加するように誘導している（ne creates an affective common ground between the speaker and the hearer. In other words use of the particle ne invites the hearer to participate in the feelings of the speaker even if the hearer does not share the information with the speaker)」と述べている。

以上のSuzuki（1990）、伊豆原（1992）、Squires（1994）の先行研究においては、「ね」は、相手の注意を引き付けたり、共感を示したり、同意を引き出したりすると分析されているが、森田（2008）は、「ね」は、表面上はそのような様々な行為に現れるが、その基調にあるのが「協調」であるとしている（2008: 46）（以下で詳しく述べる）。

Tanaka（2000）は、これらの先行研究においては、ターン規則への「ね」の関与について触れているものもある（Suzuki 1990）が、主な関心は、「ね」の特徴の記述にあったとしている（p. 1136）。

Tanakaは、「ね」は、「ターン管理」に深く関係しており、その連鎖上の位置によって、様々な語用論的意味を持つとする。つまり、①ターンの初め、

②ターンの途中、③ターンの終わり、④1ターンを形成する位置に出現する、「ね」の機能について、以下のように述べている。

①ターンの初めの「ね」
現在の話者のターンスペースに、または、現在の話者のターンが終了した後に入っていく手段。(… a device for entering into a current speaker's turn space (or after the current speaker has finished) either in competition or collaboration with ongoing talk., p. 1158)

②ターンの途中の「ね」
他の参与者からの承認を要求し、話し手が現在のターンを終えていないことを示す。(… the use of *ne* in turn-internal place is a means to invite acknowledgements from coparticipants, and to display that the speaker has not finished the current turn., p. 1158)

③ターンの終わりの「ね」
「順番（ターン）移行が適切になる可能性がある場所（possible TRP）」を表す。それは次ターンでの協調的な反応を要請することを通して達成される。(… inviting speaker-change and an affiliative or supportive action in the next turn., p. 1171)

④1ターンを形成する位置に出現する「ね」
同意した点について再確認し、トピック移行の適切性を示す。(Reconfirms an agreed point; Displays appropriateness of topic transition., p. 1141)

上記のように、Tanaka (2000) は、それまでの先行研究では包括的に扱われなかった、「ターン管理」という観点から、「ね」を分析した。また、多くの

先行研究が、「ね」に唯一の中心的機能を追及しているのに対し、「ね」の機能は、連鎖上の位置によって決定されるとした点で異なっている。

次に、Morita（2005）は、「ね」はターン内のほとんどどこにでも生起するにもかかわらず、多くの先行研究は、文末に生起する「ね」に集中していると述べている。その結果、主に態度・命題に関係したマーカー（「同意要求」や「確認要求」）や語用論的マーカー（「情報の共有／情報への相対的なアクセス性」）として、理解されてきたとしている（Morita 2005: 95, 2012: 299）。

さらに、先行研究で提案された「ね」の意味や機能は、「ある例を説明できても他の例にあてはまるとは限らない場合が多」く、「これらの諸説を結び付けるような試みはなされておらず、『ね』についての曖昧な印象がますます残されていくように思われる」としている（森田 2008: 43）。

森田（2008）は、自然会話データをもとに、「ね」が会話の秩序にどのように関わっているかを考察している。「ね」が用いられる時、行為連鎖上の「協調」を達成するために使用されると主張する。

森田のいう「協調」とは、心理的な問題（何かに同意したり、協力するという具体的な行動）ではない。遂行しようとする行為の達成の前提として、整っていなければならない態勢（聞き手が聞くことをしているか、目線があっているか、挨拶をしたら挨拶が返ってくること、質問をしたら次に答えが来ることなど）をとることを含んでいる。

よって、「ね」は、表層的には相手の注意を引き付けたり、共感を示したり、同意を引き出したり、といった様々な行為に現れるが、その基調にあるのが、「協調」であるとしている（Morita 2005: 46）。

森田は「文末／ターン末」の「ね」に加えて、「解釈」すべき「命題」や「情報」がない発話の一部についた「ね」（例：「足がね、弱ってんね」の「足がね」についた「ね」、「あの」につく「ね」）や、単独の「ね」（例：「ね:::」）他の、全てに生起する「ね」を、上記の「協調」という考えを使用し、包括的に説明している。また、先行研究で示された様々な「ね」の機能は、すべて「協調」という根本的な働きがあるため、解釈可能になるとしている。

以上では、「ね」の相互行為上の機能の点から記述した先行研究（Suzuki 1990；伊豆原 1992；Squires 1994；Tanaka 2000；Morita 2005, 2012；森田 2007）における、「ね」の機能をみた。これらの先行研究においては、その主張を支える明確な証拠が示されておらず、印象的に述べられているものが多い（Suzuki 1990；伊豆原 1992；Squires 1994）。また、Tanaka (2000) では、「ね」の機能が証拠とともに述べられてはいるが、その機能は「ターン管理」との関連からのみの記述であり、「ね」に共通する機能を認めていない。最後に、Morita (2005, 2012)、森田 (2007) は、それまでの先行研究で「ね」の機能として印象的に述べられていたものを、会話データの「ね」の出現環境を分析し、証拠とともにその機能を示している点で、それまでの研究と一線を画するといえる。本研究では、Morita、森田の知見の是非を精査する姿勢も持ちつつ、分析を行う。

3.2.3.2 「さ」の先行研究

　前節でみた談話小辞「ね」の先行研究は多岐に渡るが、「さ」に関するものは限られている。

　上野 (1972) は、「さは話し手の判断した事項の当然性を意味し、聞き手の前にそれを放り出すような効果を出す」としている。

　佐治 (1991) は、「さ」を、終助詞の「第一類（聞き手めあて）」（3.2.3.1 で述べた）で、「突き放し放り出す気持ち」を示し、「話し手が親切に断定を下してやることをしないで、聞き手にぽんと投げ出し、あとは言わなくてもわかっているはずだという態度を表す」と述べている (p. 21)。

　野田 (2002) は、「『さ』は話し手が責任を持って断定せず、当然のこととして、あるいはとりあえずのこととして提示することを表す」と述べている。

　Suzuki (1990: 315) は、「『さ』は『主張する助詞』であり、話し手は『さ』を使用することにより、自分の主張を、聞き手に納得させようとする (**sa** is an 'insisting' particle, with which the speaker tries to convince the listener of the claim he is making.)」と述べ、また、「さ」が発話途中で使用された時には、

「『さ』は、このように繰り返し使用される時、『次に注意を向け続けよ』ということを示す (sa, the 'insisting' particle, when used repeatedly in this way, signals 'keep paying attention to the following.')」(p. 317、強調は原文による) と述べている。

Squires（1994: 23）は、「さ」を、「ね」と比較して次のように述べている。

> 「ね」は話し手と聞き手の間に、感情的な共通の場を作り出す。すなわち、助詞「ね」の使用は、たとえ聞き手が話し手と情報を共有していなくても話し手の気持ちに参加するように誘導している。しかし、「さ」については、話し手は自身が述べた情報は、話し手のなわばりにあると主張し、それを示す。(ne creates an affective common ground between the speaker and the hearer. In other words use of the particle ne invites the hearer to participate in the feelings of the speaker even if the hearer does not share the information with the speaker. With the particle sa however, the speaker claims that the information expressed is in the speaker's territory and marks it as such.)

富樫（2011）は、会話資料、小説資料、新聞資料に出現する終助詞「さ」を調査し、会話・文章における使用傾向、その意味について述べている。

会話資料においては、全ての「さ」は、「間投用法」として用いられており（44例）、「文末用法」は一例もみられなかったという。一方、「ね」は、全189例中、間投用法は128例、文末用法は61例であり、間投用法に偏っているが、文末用法も一定数確認できるとしている。一方、「さ」の文末用法は、小説・新聞といった文章資料にのみみられ、会話資料にはみられなかったという。そして、「さ」の用法には、「ね」との比較から、「聞き手に情報を強く提示する」という側面があると述べている。

以上の先行研究（上野 1972；佐治 1991；野田 2002；Suzuki 1990；富樫 2011）における、「さ」の機能の記述である、「突き放し放り出す気持ち」、「聞

き手に情報を強く提示する」、「自分の主張を、聞き手に納得させようとする」、「『次に注意を向け続けよ』ということを示す」、「話し手は自身が述べた情報は、話し手のなわばりにあると主張する」他々は、その主張を支える証拠については明確に述べられておらず、印象的に述べられている。

　最後に、Morita（2005）は、「助詞『さ』は…、（聞き手が）新しい連鎖や指示物についての詳述を開始するような行動は、『さ』の話し手の話において投射された軌道を妨げるということを、『この』時点で、話し手が明示的に示すために使用される（The particle *sa* ... is used for the speaker to mark explicitly that at *this* point, such actions as the starting of a new sequence or elaboration on a referent interfere with the trajectory projected in the *sa*-speaker's talk.）」（Morita 2005: 161）ことを、CAの手法を用いて示した。この機能を持つため、「さ」は、「ターン占有」、「話題の転換」、「異なる行為への転換」他に使われるとする。

　以上のMorita（2005）、森田（2007）による「さ」の分析は、会話における「さ」の機能を証拠とともに記述した上で、「さ」の使用によって達成される行為（「ターン占有」、「話題の転換」、「異なる行為への転換」）を述べており、注目に値する。よって、本書では、Morita（2005）、森田（2007）の知見の是非を精査する姿勢も持ちつつ、分析を行う。

　さらに、「ね」と「さ」について、森田（2007）は以下のように述べている。

> 「ね」や「さ」の助詞に共通することは発話の最後に表れるにしろ、途中に現れるにしろ、何かしらの区切りをつけているということである。
>
> （p. 48）

> また、その区切りは、従来考えられてきたような意味的なまとまりというよりは、相互行為において、注目すべき、反応をすることが適切なまとまりである。
>
> （p. 52）

以上より、森田（2007）は「ね」と「さ」を「相互行為助詞」と呼び、「注目すべき、反応をすることが適切な」区切りを示すものとしている。
　森田（2007）の「ね」と「さ」についての記述には、マレーシア語の談話小辞 kan との類似性（様々な統語成分に付加され、聞き手の反応がみられることがある）を認めることができると考える[29]。また、このような性質を持った小辞は、マレーシア語では kan 以外にみあたらない。
　よって、マレーシア語の kan と日本語の「ね」、「さ」は、会話を行う上で、似た役割を果たしていると考え、それに対する聞き手の反応（あいづち、うなずき）を詳しく分析する。
　なお、本書では、kan と「ね」、「さ」の、談話標識としての機能について、詳細な対照分析をすることは目的としない（例：kan は「ね」、「さ」のどちらにより類似しているか）。
　主に会話にのみ出現し、いわゆる間投助詞や終助詞として、発話の様々な位置で、相互行為的な機能を果たしている小辞 kan および日本語の「ね」、「さ」を発することによって、どのような影響を聞き手に与え、また、聞き手はどのような反応をしているのかを、主に CA による質的分析を通してみていくことを主眼とする。
　しかし、その分析過程において、必然の結果として、kan や「ね」、「さ」の機能が明らかになる場合がある。その場合には、それらの知見を CA の分析方法に沿って述べる。

3.2.4　聞き手の「あいづち」、「うなずき」に関する先行研究

3.2.4.1　「あいづち」の定義に関する先行研究および本書における「あいづち」の定義

　先行研究における、日本語の「あいづち」の定義は、「機能」、「出現場所」、「形式」の点からなされている。以下では、それぞれの観点からなされた定義を順にみていく。

まず、「あいづち」を「機能」の点から、定義したものには以下の(a)～(d)がある。

(a)「聞いている」「理解した」という機能を持つものとしているもの
(宮地 1959、黒崎 1987、水谷 1988)
(b) (a)に、「感情の表出」[30] を加えたと考えられるもの
(Clancy et al. 1996[31])
(c) (b)に、「同意」「否定」を加えたもの　　　（堀口 1988, 1997)
(d) (c)に、「間を持たせる」を加えたもの　　　　　　　（松田 1988)

また、メイナード（1993, 2013）は、「機能」について「定義」はしていないが、言及はしている。「続けてというシグナル（continuer[32]）」、「内容理解を示す」、「話し手の判断を支持する」、「相手の意見考えに賛成の意思表示をする」、「感情を強く出す」、「情報の追加、訂正、要求などをする」[33]である。

また、Ward and Tsukahara（2000: 1182）は、「あいづち（Back-channel feedback）」を次のように定義している。「あいづち」は、「他者の発話内容に直接反応し（responds directly to the content of an utterance of the other)」「任意で（is optional)」「他者による承認を必要としない。（does not require acknowledgement by the other.)」。

以上より、機能の点からの定義に共通するのは、「聞いている」「理解した」の2点である。なお、上で述べた先行研究（あいづちを「機能」の観点から定義したもの）に対する本書の立場は以下の通りである。

つまり、注33でも述べたように、メイナード（1993）はあいづちを機能の点から定義することはしていない。それは、それぞれのあいづちの機能は重複することもあり、それは程度の差に過ぎないからである。本書でもメイナードと同じ立場に立ち、あいづちを「機能」の点から定義することはしない。

また、「出現場所」の観点から、あいづちについて述べたものにはメイナード（1993, 2013）、Clancy et al.（1996）がある。メイナード（2013）は「話

し手が発話権を行使している間に」と述べている。また、Clancy et al.（1996：356）は、「反応トークン」（'Reactive Token'、日本語では「あいづち」に当たる）を、「通常、主たる話し手の発話権を侵害せず、フロアを占めない。(Reactive Tokens will normally not disrupt the primary sepeaker's speakership, and do not in themselves claim the floor.)」と述べている。

上述のメイナード（1993, 2013）、Clancy et al.（1996）のいう「話し手が発話権を行使している間」「主たる話し手の発話権を侵害せず、フロアを占めない」の意味は、他の先行研究においては、必ずしも意見は一致していないようにみえる。

Clancy et al.（1996：356）は、「短い発話が、『質問への応答』や『申し出への反応』のような、『隣接ペアの第2部分』(Sacks et al. 1974) として働く場合には、『反応トークン』とはみなさない。(If a short utterance served as the second pair part of an adjacency pair (Sacks et al., 1974), for example as an answer to a question or a response to an offer, it was not considered as a Reactive Token.)」としている。つまり、「隣接ペアの第2部分」の発話者は、発話権（ターン）を有していると考える。よって、以下の下線部の発話は「あいづち」とみなさないといえる（例(9)、(10)の下線は筆者による）。

(9)　1F：　その原因については　あとで　マア　ふたりでですねえ　話すように
　　　　　しましょう。
　　2E：　<u>ええ</u>。　　　　　　　　　　　　　　　　　　　　　（堀口 1997：216）

(10)　1 相談者：　どうもありがとうございますー。
　　　2 回答者：　<u>いいえ</u>。　　　　　　　　　　　　　　　　　（堀口 1997：58）

(9)は、Fの「申し出」に対する、Eの「反応」、(10)は相談者の「お礼」に対する、回答者の「応答」であり、(9)、(10)とも「隣接ペアの第2部分」をなす。

3.2　本書で用いる会話分析の術語および先行研究

また、Schegloff（2007）は、「連鎖を終了させるようにデザインされた、『第2隣接部分』後の付加的ターン（oh, ok, great など）」を 'Sequence-closing third (SCT)' と呼び、1ターンとしている。一方で、SCTに相当するものを、あいづちとしている先行研究もある（例(11)、(12)）。

(11)　1K：　どこでお亡くなりになったんですか。
　　　2T：　松本なんです
　　　3K：→（ア、ソウデスカ（↘））
　　　　　　　　（番号「1〜3」および「→」印は筆者による）（松田 1988：62）

　(11)の1K〜2Tは、「質問・応答」連鎖を成し、2Tは「第2隣接部分」に当たる。その後の3K「ア、ソウデスカ」は、Schegloff（2007）によると、「付加ターン（SCT）」であり、1ターンを成していることになる。

(12)　1A：　一流企業に
　　　2B：　うん
　　　3A：　入って，そういう順調な人生を送ってほしいと思ってて？
　　　4B：　だんなさんに？
　　　5A：　だんなさんがそうやねんけど
　　　　　　HHHHH
　　　6B：→あ：うんうん
　　　7A：　息子にそうゆうふうに,同じように,そういうふうな成⌈功して 欲しい
　　　　　　　　　　　　　　　　　　　　　　　　　　　　　　　　　HHHH
　　　8B：　　　　　　　　　　　　　　　　　　　　　　　　　　　　⌊せいこ うんうんうん

（H：頭のふり1回、⌈ 2人が同時に発話し始める点、＿＿＿（下線）2人の会話が重なっている部分）

　　　　　　　　　　　　　　　　　　（（「→」印は筆者による））（久保田 2001：18）

(12)の4Bで、Bは「だれにそういう順調な人生を送って欲しいと思っているのか」を確認するため、「聞き返し」をする。5AでAが「応答」し、それに対して、6BでBは「『あ:うんうん』と言いながら頭を縦に振ってあいづちを打っている」(久保田 2001: 18)。久保田はこの 4B～5A～6B の連鎖を、「『聞き手の働きかけ―応答―確認のあいづち』パターン」と呼んでいる。この例も、Schegloff (2007) によると、SCT に当たるといえる。

本書においては、CA の手法に沿って分析をするため、Clancy et al. (1996) および Schegloff (2007)[34] の立場をとり、上記の(9)～(12)のような例は「あいづち」とはしない。

また、Clancy et al. (1996) は、「ターン開始点で使用される非語彙要素 (... a type of non-lexical element which is used at turn-initial points.」 (p. 362、筆者訳)[35] を、「あいづち」の1つとしている。メイナード (2013) は、「話し手が発話順番を終えた瞬間、すぐ続けて聞き手が送る反応は話し手の行動の勢力範囲内にあると考えられるため、聞き手が送るあいづちとする。」としている。Clancy et al. (1996) とメイナード (2013) の記述は同様の現象を指しているようにも思えるが、Clancy et al. (1996) で示された例をみると、「隣接ペアの第2部分」の一部を形成するものも含めている[36]ところから、メイナード (2013) とは異なるといえる。本書では、既に述べたように、「隣接ペアの第2部分」は「反応トークン(あいづち)」とはみなさないため、メイナードと同様の立場をとる。

以上では「あいづち」の定義を、「出現場所」の観点からみた。先行研究に対する本書の立場をまとめると、以下の通りである。

本書では、CA の知見を使用してあいづちを定義した、メイナード (2013) を踏襲し、「話し手が発話権を行使している間に」出現したものをあいづちとする。また、「隣接ペアの第2部分」、「付加ターン (SCT)」、「ターン開始点で使用される非語彙要素」に出現するものは、あいづちとはしない (既に述べた)。

次に、「形式」については、先行研究にほぼ共通するのは、「あいづち詞」と

「繰り返し」である。

「あいづち詞」は堀口（1988）が用いた語で、「ええ、はい、そう、ほんと、なるほど」など応答詞、感動詞、副詞と呼ばれているものである。

「繰り返し」は話し手の発話の一部または全部を繰り返すものをいう。

この2つに加えて、水谷（1988）、堀口（1988）は「補強」を、松田（1988）は「補強」と「先取り」を、Clancy et al.（1996）は 'collaborative Finishes（共同終結、松田（1988）の「先取り」にあたると考えられる）' をあいづちとしている。「補強」は「相手の発言の『内容』を自分のことばで再現する」（水谷1984）ものである。また、「先取り」は「話し手が言おうとしていることを予測して先取りして言うもの」（松田 1988）である。

また、言語の「あいづち」に加えて、非言語行動を「あいづち」に含めているのは、黒崎（1987）、杉戸（1989）、メイナード（1993, 2013）である。杉戸（1989）は、「うなずき」を、黒崎（1987）は「笑い」を、メイナード（1993, 2013）は、「頭の動き（はっきりした頭の縦ふりと横ふりのみ）」、「笑い、笑いに似た表現」を「あいづち」の一種だとしている。

「あいづち」の定義の仕方そのものについて、メイナード（2013）では、「あいづちの機能や形式ではなく、会話分析の枠組み、特に話者交替というシステムを基準として」おり、その理由として、

> 会話行為はその前後のコンテキストを考慮に入れて考察する必要があるからである。あいづちの形態、例えば「うん」を基準にすると、相手の疑問に話し手として肯定的に答えるために使われる「うん」と区別がつかなくなる。
>
> あいづちの機能を基準にしようとしても、その機能を明らかにするために、前後の発話、更に大きな単位の談話の特徴を考慮しなければならず、あいづちだけを見ていたのでは十分な理解ができない。ある行為をあいづちと認めるためには、発話のコンテキストを提供してくれる話者交替システムが必要になるのである。　　　　　　　　（メイナード 2013：37）

と述べ、「機能」「形式」によるあいづちの「定義」は行っていない[37]。本書では、CA（会話分析）の知見を生かして分析を行うため、メイナード（2013）の主張を支持する。

以上、日本語の「あいづち」の定義について、「機能」「出現場所」「形式」の3点からみた。

最後に、本書における「あいづち」の定義について述べる。

「あいづち」の定義は、研究者により様々であり、統一見解は出ていないことをみてきた。本書では、CAの知見を生かして分析を行う。よって、CAの知見である「話者交替」の概念をもとにあいづちを定義した、メイナード（2013）にならい、以下のように定義する。

> あいづちとは、話し手が発話権を行使している間に聞き手が送る短い表現（ノンバーバル記号[38]も含む）である。ただ、短い表現のうち、話し手が聞き手に順番を譲ったとみなされる反応を示す場合はあいづちとはしない。「うん」とか「ふーん」とか言って話の間をつなぐのはフィラー[39]の一種であり、あいづちとはしない。ただし、話し手が発話順番を終えた瞬間、すぐ続けて聞き手が送る反応は話し手の行動の勢力範囲内にあると考えられるため、聞き手が送るあいづちとする。[40]　　　（メイナード 2013）

3.2.4.2 「あいづち」の「頻度」についての先行研究

本書では、「あいづち」の量的分析を中心とした分析を行うことはしない。しかし、マレーシア語会話における「あいづち」の量的分析の研究はみられないことから、マレーシア語および日本語会話における「あいづち」の量的分析・考察を一部で行い、あいづちの出現頻度についての大まかな特徴を知ることも試みる。よって、日本語の「あいづち」の量的分析についての先行研究をみておくことは有益であると考える。

日本語のあいづちの量的分析を主目的とした先行研究には、水谷（1984）、黒崎（1987）がある。水谷（1984）は、テレビ番組の座談会（話者4人）お

よび対談（話者2人）、ラジオ番組（テレホン身の上相談、話者2人）の計3つの番組の会話の言語のあいづちを分析している。話者は35〜50歳前後、計33分50秒である。

「話し手が平均24音節言うごとに、聞き手があいづちを入れる」と述べている。水谷自身が、「個人、立場、場面による差がある」としていることからも明らかなように、それらの様々な変数が統制されていないことから、その量的結果にどれほど意味があるかはわからない。

黒崎（1987）は、兵庫県滝野方言談話における、あいづちの「形式」「頻度」「タイミング」について、年齢差・性差との関係を中心に分析している。5段階の話者（小学生、中学生、高校生、壮年、老年）、それぞれ6組ずつ（友人男性同士3組、友人女性同士3組ずつ）の計30組、各5分ずつ抽出、計150分の会話を分析した。

あいづちの「頻度」（あいづち率[41]）を左右する要因として、男性より女性が、また年齢層が高いほど、あいづちが多く、性差、年齢差が関係していることを示した。また、「小学校時代の思い出を気楽に語る」（あいづち率15.0％）のか、「旅行の相談をしているのか」（同2.9％）といった「話題」の違いによって、あいづちの頻度が大きく変わることを述べた。

黒崎（1987）は日本語のあいづちの比較的初期の研究であるが、参与者の変数を統制したことや、全あいづちの平均頻度を出すことにとどまらず、その頻度の差の生じる「要因」として「話題」の違いを挙げ、それをあいづちの量的差をもって示しているという点で、言及に値すると思われる。

次に、日本語と外国語の「あいづち」の量的対照分析には、メイナード（1993）（米英語）、Clancy et al.（1996）（米英語及び中国語）、劉（1987）（中国語）、金（1994）（韓国語）がある。

メイナード（1993）は、日本人およびアメリカ人の友人大学生同士、各20組ずつ（男性同士10組、女性同士10組の20組ずつ）、計120分（1組3分ずつ抽出）の日常会話をデータとし、あいづちの対照分析を行った。あいづちとして分析したのは、「『うん』『ふうん』などの短い表現」、「頭の動き（はっ

きりした頭の縦ふりと横ふりのみ)」、「笑い、笑いに似た表現」である。

その結果、日本人のあいづちの総計は、871回で、そのうち、「短い表現」[42] 614回（総数に対する割合70.49％）、「頭の動きのみ」164回（同18.83％）、「笑い」93回（同10.68％）であったという。アメリカ人のあいづちの総計は428回で、そのうち、「短い表現」215回（総数に対する割合50.23％）、「頭の動きのみ」150回（同35.05％）、「笑い」63回（同14.72％）であったという。日本人会話では、アメリカ人会話の2倍の頻度であいづちを打っており、その差は著しいと述べている。

Clancy et al.（1996）は米英語、日本語、中国語話者の友人同士2～3者間の日常会話を録音し、その聞き手行動（非言語行動は対象外）について分析した。全「話し手の交替」数に対する「RT（Reactive Tokens、あいづち）」数の比率は、個人差が大きいとしながらも、「米英語（37.3％）および日本語（39.5％）＞中国語（10.0％）」であったと述べている。この結果から、「中国語の聞き手に比べ、米英語・日本語の聞き手は、話し手をサポートするという積極的な役割をより担っている」としている。

このClancy et al.（1996）では、日本語と英語話者のあいづちの頻度がほぼ同率である。日・米話者のあいづちの差が著しいとした、メイナード（1993）の結果とは大きく異なるものである。それは「RT数の比率」と言った時に、その基準を「話し手の交替数」に求めていることが大きな要因であるように思われる。つまり、「話し手の交替数」とは、「ターン数」のことであるが、「1ターンの長さ」は考慮されていない。仮に「1ターンにつき、RTが1回発話された」と言った時に、その「1ターン」の長さの長短の差により、RTの頻度の示す意味も変化すると考えられる。また、総会話時間は米英語が44分、日本語・中国語が各23分であるが、生起したRT数を「会話時間」を基準にして求めることはしていない。

また、中国人のあいづちは「頻度が低い」（劉 1987）ことや、韓国人の「あいづちの頻度は日本人と変わらない」（金 1994）ことが報告されている。

以上、あいづちの量的分析についての先行研究をみてきたが、これらの先行

研究で使われている方法については、問題点も指摘されている。森（2004：192）は以下のように述べている。

> 日本語習得や日本語教育関連の論文によく見受けられる、<u>あるタイプの話者交替の仕方、相づちの打ち方などを分類し、その回数をもとに2つのグループ</u>（例えば日本語話者と他国語話者、母語話者と非母語話者、初級者と上級者）<u>の比較をするといった方法論には問題が含まれている</u>ということになる。よほど大量データを使い、よほど緻密な分類を経ての比較でない限り、比較対象となっている二種（またはそれ以上）のデータが本当に比べるに値するものなのかどうかわからないという問題点である。一方のデータでたまたま頻繁に起こっている状況がもう一方ではあまり見られないということもあり、そのような<u>context sensitive な要素を軽視して、状況に依存するような行為の回数を数えることには問題がある</u>。例えば、話者交替の仕方、相づちの打ち方などは、一人の話者が語り手となるような状況が生じたかや参加者たちがある程度知識を共有するような話題を論じているかによって変わってくる。　　　　　　（下線は筆者による）

　先行研究において使われた方法は、当時の様々な状況・情勢から避けることは難しかったと考える。つまり、会話データの収集・文字化に膨大な時間・労力を要するという事情から、データの蓄積を進めるには年月を要すること、一方で、1980年代以降、急速に高まった外国人への日本語教育（会話教育）への要請に対処する必要があったことが考えられる。
　確かに、例えば、「1人の話者が、自身の就職活動での失敗体験を語っているのか」、「両者に共通の友人について話しているのか」、「話者同士が旅行の計画を話し合っているのか」他によって、「あいづち」の量が大きく異なるだろうことは想像できる。
　しかし、そのような様々な要因を同じにし、全く同一の会話場面を作り出すことは不可能である。たとえ、「1人の話者が、自身の就職活動での失敗体験

を語っている」という会話を大量に収集したとしても、そこで行われる会話が完全に一致することは当然のことながら、ない。

しかも、話し手が「失敗体験」を語り、それを聞き手が聞くという会話であっても、その「失敗体験」が「どのように語られるか」(笑い話として語られるのか、慰められるべき悲しい体験として語られるのかなど)、そして、聞き手がどのような「態度でその話を聞くのか」(笑うべきものとして聞くのか、慰めるべきものとして聞くのか、または、批判的な態度で聞くのかなど)によって、その会話の様相は異なることが予想される。

とはいえ、そのような諸要因を最小にする努力は、より正確な分析結果を得るためには不可欠であるということに反対するものはいないだろう。

よって、これまで蓄積されてきた先行研究の知見の妥当性を検証するという姿勢を持ちつつ、対照するべき部分を緻密に選定し、分析を行うことが必要であると考える。

以上のような考えに立ち、本研究では、聞き手の反応(あいづちおよびうなずき)の質的分析を中心に行う。しかし、マレーシア語における聞き手のあいづち・うなずき行動、さらに、日本語とマレーシア語のあいづち・うなずきの対照分析(量的、質的ともに)に関しては研究がみられない。よって、その量的分析を行うことは、マレーシア語のあいづち・うなずき行動についての大まかな情報を得るという観点から、一定の意味があると考え、第3章の一部で分析する。

3.2.4.3 「あいづち」の「出現場所」に関する先行研究

次に、あいづちの打たれる「位置」についての先行研究についてみていく。あいづちの「出現位置」は、話者の構文論的特徴、音声的特徴、ポーズの有無によった、特徴が指摘されている。

まず、「あいづち」の出現位置を、話し手の (1)「構文論的特徴」の点から述べたものには、水谷 (1988)、メイナード (1993, 2013)、Clancy et al. (1996) がある。

水谷（1988）は、接続助詞および、接続助詞＋「ね」の後で、あいづちが入りやすいとしている。

　メイナード（1993, 2013）は、日本語のあいづちは「文末のポーズ付近」（351回, あいづち総数の 51.02％）、「ポーズ前に終助詞、間投助詞が使われた時」（281 回, 同 40.84％）、「付加疑問に似た助動詞の「じゃない」「でしょ（う）」等を伴うポーズ」（54 回, 同 7.85％）に現れるとしている。

　それに対し、米英語では、「文単位の終わりのポーズ付近」が 82.84％ と大部分を占めている。また、「終助詞、間投助詞」は英語にはなく、それに似た機能を持つ「付加疑問」や 'you know' などの使用は 6.97％ と限られていたとしている。

　Clancy et al.（1996）は、'Reactive Token（RT, あいづち）' は、米英語および中国語では、「文法的完結点（points of grammatical completion）」で生起する比率が高い（全 RT の出現位置に占める比率は、米英語 78％、中国語 88％）が、日本語では 36.6％ で低いとしている。これは、メイナード（1993）の結果と、傾向としては一致するが、その比率には開きがある。

　さらに、Clancy et al.（1996）は、日本語の全 RT の中で、「'Intonation Units[43]（IU, イントネーション・ユニット）' の中」で生起する比率（19.6％）や「文法的完結点でない IU の終わり[44]」での生起比率（33.3％）が高く、一方米英語や中国語では「非常に稀」であると述べている。

　次に、「あいづち」を内包するより広い現象を扱っていると考えられるものに西阪（2006）がある。西阪（2006）は、「発話順番として完結していないにもかかわらず、聞き手が反応しても良い場所が用意されている」とし、それを「反応機会場[45]」と呼んでいる。「反応機会場」の特徴として、「『区切り』をマークする標識を語尾に伴う<u>ことがある</u>」（下線は筆者）としている。「区切り」とは、「『さ』『ね』など、一般的に『終助詞』と呼ばれるものだけではなく、『けど』など『接続助詞』と呼ばれるもの、あるいは『は』『が』など『格助詞』と呼ばれるものを含む」としている。

　以上の先行研究は、「あいづち」は「なんらかの『区切り』付近（終助詞、

接続助詞、間投助詞の後、文法的完結点やポーズ時など）」で打たれることを示した。

それ以外の場所で打たれる「あいづち」について述べたものに永田（2004）がある。永田（2004）は、話し手の「発話の途中」で、聞き手によって打たれるあいづちは、それまで体系的に考察されることがなかったと述べている。

また、「発話途中で打たれるあいづち」には、(1)「反復型あいづち」（「うんうん」や「あーあーあー」のように反復して用いられるもの）の出現率が、「ポーズ時のあいづち」に比べて高く、(2)「反復型あいづち」が打たれた後のターン移行率（43.4%）が、「ポーズ時」の「反復型のあいづち」の後（12.4%）に比べて高いと述べている。「反復型のあいづち」が、発話途中により多く現れる理由を、吉田（1989）にもとめ、次のように述べている。つまり、「反復型あいづち」は、「理解や同意を積極的に表明するあいづち」である（吉田1989）。そして、「反復型あいづち」を、相手の発話途中に打つことは、当該の情報が自らの反応を引き出すに十分であることを、ターン移行機会に先立って示しておくことになり、その結果、次のポーズ時におけるターンの獲得を円滑に行うことができる、と述べている。

次に、あいづちの出現場所の(2)「音声的特徴」については、水谷（1984）、杉藤（1989, 1993）、Ward and Tsukahara（2000）がある。水谷（1984）は、「聞き手があいづちを打つ時は、話し手の側に音声的な弱まりの現れる時である」と印象的にではあるが、述べている。

杉藤（1989, 1993）は、「区切りの意図、すなわち、下降イントネーション」の時に、あいづちが打たれると述べている。

杉藤（1993）の観察を発展させたのが Ward and Tsukahara（2000）である。Ward and Tsukahara（2000: 1185）は、日本語と英語において、「話し手が低いピッチ（英語 26th-percentile pitch, 日本語 28 th-percentile pitch）を少なくとも 110 ミリ秒継続すると、聞き手があいづちを打つ（after the speaker produces a region of low pitch lasting 110 miliseconds the listener tends to produce back-channel feedback.）」確率は、ランダムの場合より高いと述べ

ている。

　また、「反応機会場」という観点から述べた、西阪（2006）は、その音韻的特徴として次のように述べている。つまり、「最初の音に強意がつくことで音調が少し上がることがある。その直後に少しだけ下がることもある（発話順番の最後をマークするようには下がらない）。」「語尾の延ばされた音の最後に強意がつくことで音調が少し上がることがある（質問を構成する発話の末尾のようには上がらない）。」としている。

　以上、構文論的特徴、音声的特徴、ポーズの有無という、「あいづち」の「出現場所」に関する先行研究をみた。ここで、注意しておくべきなのは、以上で述べられている特徴は、あくまで特徴であって、その特徴があるときに、「常に」あいづちが打たれるということでもないし、その特徴がなければ、打たれないというものではないということである。

　例えば、上述されたような音韻的特徴を持って発話されても、あいづちが打たれないことはあるだろう。その場合には、打たれなかった原因は、―その原因がもしあるならば―、上述以外の要因に求めなければならないだろう。

　西阪（2006）は「反応機会場」について、「反応機会場は、あくまでも反応の機会として与えられているのであって、反応が適切に、もしくはふさわしくなる場所ではない。聞き手は、その場所で反応をしてもよいし、しなくてもよい。」（下線は筆者）と述べている。

　以下に、上でみた先行研究に対する、本研究の立場について述べる。

　まず、あいづちの出現を、「構文論的特徴」の点から述べた先行研究（水谷（1988）、メイナード（1993, 2013）、Clancy et al.（1996））は、「あいづち」は「なんらかの『区切り』付近（終助詞、接続助詞、間投助詞の後、文法的完結点やポーズ時など）」で打たれることを示している。

　しかし、「なんらかの区切り付近」とは、やや曖昧な記述であるため、本研究では、あいづちの出現位置の記述の精緻化を行い、その記述を基にして、あいづちが出現した要因を分析・考察する。

　また、永田（2004）は、話者の発話途中で打たれる、「反復型あいづち」を「理

解や同意を積極的に表明するあいづち」と考察しているが、その主張の根拠（証拠の提示）は行われていない。その点において、この主張は印象的に述べられているといえる。本研究では、永田（2004）のいう「反復型あいづち」の機能を、データにみられる証拠を示しながら述べる。

　以上をまとめると、本章では、以上の先行研究の知見を精査することも念頭におきながら、CAの手法に沿って、データから得られる証拠に基づき、あいづちが出現する環境を詳細に分析・考察することを目指す。

3.2.4.4　聞き手の反応としての「うなずき」の先行研究

　聞き手の反応としての「うなずき」の先行研究をみていこう。本研究では、聞き手の言語的反応である「あいづち」とともに、非言語的反応である「うなずき」も、同様の機能を果たしていると考え、分析対象とする。

　言語のあいづちに比べて、聞き手の反応としての「うなずき」についての先行研究は多くない。まず、「うなずき」の定義、および、その機能や生起率について述べたものをみる。次に、「あいづちとうなずきの量的分析」、「うなずきの量の対照研究」、「うなずきの機能（日本語以外）」、「うなずきの質的分析」について述べたものをそれぞれみる。

　「うなずき」の定義について、杉戸（1989）は、「頭部（首より上、ないし上体）が前後に傾き1回ないし数回往復する動き」、庵原他（2004）は、「顔の縦方向の運動で、典型的には頭部の下降上昇動作」、細馬・富田（2011）は、「うなずきの上下動を、定位置（レストポジション：rp）から上への振り上げ（準備：P）、振り下ろし（ストローク：S）、定位置への復帰（復帰：R）とした」などとしており、頭の上下運動であるという点で一致している。

　杉戸（1989）は、「身ぶりとしてのあいづち」として「うなずき」を分析している。メイナード（1993）は、頭の動き10種のコンテキストのカテゴリーに分類し、分析をしているが、その中のカテゴリー1に「話し手が発話順番を取っている間、又は、発話順番の直後に、聞き手が使う頭の縦振り。言語表現を伴う場合も、伴わない場合も含む。あいづちとして使われる」（下線は筆

者)と述べている。また、庵原他(2004)は、「うなずき」の機能の1つとして、「あいづち」を挙げている。

以上より、「うなずき」(頭の縦振り)が「あいづち」の一形態であるという認識は一致していると考えられる。

次に、「うなずきのみ」と「言語的あいづち(うなずきと共起するものも含む)」の生起率の関係について述べたものに、杉戸(1989)、半沢(2011)がある。

杉戸(1989)は、4人(老年層の男女2人ずつ)の自由談話(8分2秒分)の「うなずき[46]」の量的分析を行った。(1) あいづち的な発話と、これに共起するうなずきとの共起状況は個人差が小さい(全あいづちの79.1%に、うなずきが伴っていた)、(2) うなずきだけのあいづちの出現は、個人差が大きい、(3) あいづち的な発話の多い人はうなずきも多く、実質的な発話の多い人はうなずきが少ない(筆者一部変更)となった。

半沢(2011)は、日本語母語話者(18～23歳の女性)、14組(各2人ずつ)の初対面会話(「語り」の部分のみ、各組平均115秒)における「あいづち」について述べている。「言語のあいづち(うなずきと共起するものを含む)」と「うなずきのみのあいづち」の生起頻度の関係について、「60秒当たり」「100拍あたり」の場合に、有意な負の相関がみられたという。「負の相関が確認されたということは、相づち(筆者注:「言語のあいづち」の意、以下同様)の頻度が高くなるにつれ、うなずき(筆者注:「うなずきのみのあいづち」の意、以下同様)の頻度が低くなるという関係で、相づちを多く打つ人はうなずきが少ないけれども、相づちが少ない人はうなずきを多く使用するという補足の関係を表している。」(p. 169)と述べている。

日本語会話と外国語会話における「うなずき」の量の対照分析を行ったものには、前述のメイナード(1993)がある。

メイナード(1993)は、日米各20組、計120分の日常会話をデータとして、話し手および聞き手の「頭の動き」の頻度[47]の対照分析を行っている。頭の動きの総数は、日本語会話は1372回、米英語の会話では452回で、頭の動きの

頻度には著しい差があるとしている。

　また、再出になるが、聞き手のあいづち（言語、非言語を含む）の中で、聞き手の頭の動き「のみ」の回数は、日本語164回（全あいづちに占める割合：18.83％）、米英語150回（同：35.05％）であり、米英語では、「頭の動きのみ」をあいづちとして使う割合が高いと述べている。

　両言語の共通点は、「頭の動き」の最も頻度の高いものは、聞き手があいづちを送る時に使われるもの（日本語490回（35.71％）、米英語186回（41.15％））だと述べている。相違点は、日本語では、話し手が文末や発話順番末等の最後のシラブルで頭を動かすケースが多い（458回（33.38％）、米英語37回（8.19％））こと、米英語では、話し手が「音声的にアクセントを伴う語と共起」する場合が多い（71回（15.71％））こと、であると述べている。

　以上より、「うなずき」は、話し手・聞き手の両者によって使用され、その機能は聞き手の「あいづち」、話し手による「あいづち要求」、「強調」など多様であることがわかる。

　以上、「うなずき」の頻度の対照研究についてみたが、「言語的あいづち」の量的分析に対する、森（2004）の批判は「うなずき」の量的分析にもいえることである。しかし、これらの先行研究の知見を再検証し、さらに精緻化することで、その意義を再評価することは重要だと考える。

　次に、日本人以外の聞き手の「うなずき」の機能について述べたものに、Stivers（2008）がある。Stivers（2008）は、CAの手法を用い、米英語会話における、参与者のうなずきを分析した。話者が「語り」をしている時、物語の連鎖において、参与者のあいづち（vocal continuers）は語りの進行を手助けするだけであるが、うなずきは話し手の伝えたスタンスへの支持・賛成を示すと主張している。「言語のあいづち」と「うなずき」には、異なる機能があることを指摘しており示唆に富むが、「うなずき」が「話し手への支持・賛成（affiliation）」として機能しているかをどう判定するかという点において、曖昧な点も残っている。

　また、上で述べた先行研究においては「うなずき」（または頭の振り）は、

ひとくくりに分析されていたが、細馬・富田（2011）は、日本語会話における「言語的あいづち」と共起する「うなずき」のより詳細な分析（「言語のあいづち」の種類によって、うなずきのパターン[48]・開始位置が異なる）を行っている。

近年では、社会学、情報工学分野他の研究者による「うなずき」の研究が生産的に行われている。装置・機器を使用した分析により、参与者の視線の方向や、頭の動きの測定結果の可視化が可能になってきている。これらの研究は、人間と会話することができるロボットの開発（性能の向上）のための基礎研究であることも多く、また、統計的手法を用いた分析方法がとられることも多い。

よって、本研究のとる基本姿勢（質的分析）とは、方法論を異にするが、それらの先行研究の分析結果の妥当性を検証するという意味において、示唆を与えるものであると考える。

3.3　聞き手が話し手の発話に反応するのにかかる時間

榎本（2009）は、「発話潜時」（発話開始合図の提示から発話開始までの時間）は 220 ms〜250 ms だと述べている。榎本（2009 : 88、筆者一部書き換え）は、

> 「右側に行くと酒場ってのがあるのね」の「のね」のような発話末要素が出現すると、聞き手はその初頭で前完結可能点を認識し、発話を開始するが、脳内で発話末要素を認識し、発話開始の信号を声帯に伝えるというタイムラグが入るため、音声が発せられるのは、発話末要素開始からこのタイムラグが経過した後である。

としている。

よって、本研究では、榎本の知見に従い、「発話潜時」を 250 ms と仮定する。3.5.1.1、3.5.1.2 で、聞き手が話し手の発話 *kan* 又は「ね」、「さ」を聞いた後

で反応しているのか、聞く前に反応しているのかをより正確に決定するため、上記の「発話潜時」を考慮に入れて分析する。分析には、音声分析ソフトウェア wave surfer を用いる。

3.4 会話の採録、分析方法

　日本語会話における「あいづち」の「頻度」、「形式」、「出現環境」他は、参与者の年齢、性別、参与者間の親疎関係、会話の内容、会話場面、個人的要因他の様々な変数により、異なった様相をみせることが先行研究で示されている。

　よって、本研究において、マレーシア語、日本語会話の収集にあたっては、聞き手の「あいづち」の諸側面に影響を及ぼす可能性のある、上で述べた要因をできる限り統制した。

　調査対象者および調査・分析方法は下で述べる通りである。

　マレーシア語母語話者および日本語母語話者（各々女子大学生の友人同士2人）の対面自由会話（各20会話、1会話10分間、計400分）をICレコーダーおよびビデオカメラに録音、録画し、分析の対象とした。それぞれの話者の属性の詳細は下の表3-1の通りである。なお、会話の内容は指定せず、友人といつもどおり話すように依頼した。

　会話採録は、マレーシア人女子大学生の場合は、マレーシアにある大学内の部屋の一室で、日本人女子大学生については、大学内の部屋の一室で行った。また、話者同士は隣同士に座るように頼んだ。両話者のうなずきや視線などの非言語行動がみやすいためである。ビデオレコーダーは、両話者の3メートルほど前の場所に設置した。ICレコーダーは、図のように、テーブルの上の両者の真ん中に置いた。会話採録の様子は、下の図3-1の通りである。

　録音したものは音声分析ソフトウェア wave surfer を使い、CA の文字化の基準に沿って、文字化を行った。

表 3-1　マレーシア語母語話者、日本語母語話者の属性の詳細

	マレーシア人	日本人
属性	A 大学の大学生（女性）	B 大学の大学生（女性）
関係	友人同士	
年齢	20～24 歳	18～23 歳

図 3-1　マレーシア人女子大学生同士（左）および日本人女子大学生同士（右）の会話の様子

3.5　分析・考察

3.5.1　分析・考察 1
談話小辞 kan および「ね」、「さ」への聞き手の反応

3.5.1.1　マレーシア語会話における kan 周辺の聞き手の反応分析

　まず、マレーシア語会話の中で、kan 周辺で聞き手がどのような反応を示すかをみていく。kan に前接する要素について確認したあとで出現数、反応数の量的分析を行った。「文 + kan」の場合についても量・質的分析を行い、最後に結論、課題について述べる。

3.5.1.1.1 *kan* に前接する要素の分類および量的分析

　kan は話し手の発話中のどのような位置に現れるのか。*kan* の前に現れる要素の「文法的特徴」によって分類し、その量的分析を行う。

　なお、第2章でみたように、*kan* には、①「～ね／さ、～」、「～ね／さ。」および、②「～よね？／。」、「～ね？」、「～でしょう？／。」の、2つの異なる意味が存在する。ここで分析するのは、①であるが、①と②の意味は判別が困難な場合がある（3.2.2.2で述べた通り）。

　そこで、マレーシア人母語話者（日本語上級者）にその判別の確認を依頼した。マレーシア語母語話者でも、判別が難しい場合がみられたが、その場合は、イントネーション、出現位置他から総合的に判断することにした。

　kan に前接する要素を、文法的特徴によって分類した結果、主なものは、下の(a)～(d)の4種類に分類された。以下にそれぞれの例を示し、説明する。

(a)（文）＋*kan*.

(13) S: Buat　skirt　　dengan　　blouse.　Lepas　tu　belajar　yang
　　　　する スカート 〜と一緒に ブラウス 〜の後で それ 勉強する NMLZ

　　　menyulam　tu　***ka:n***[49].
　　　ビーズをする それ KAN

　　　スカートとブラウスをした。それから、ビーズのを勉強して**ね／さ**。

　これは大学の授業（洋裁）で習ったことを話している。スカートとブラウスを作り、次に服にビーズの刺繍をするのを習ったと述べている。'Lepas tu belajar yang menyulam tu ***ka:n***.' は 'Lepas tu belajar yang menyulam tu.（それから、ビーズのを勉強した。）' という文に *ka:n* を付けることで、「それから、ビーズのを勉強して**ね／さ**。」という意味になる。

(b) (接続語) + (文) + *kan*, 〜.

(14) S: …**kalau** kita *kan* macam lelaki ***kan***, macam selamba
　　　　　もし　1PL　KAN　なんか　男　　　KAN　なんか　苦痛を感じない

　　　　nak　pergi depan-depan.
　　　　〜たい 行く　前へ前へ

　　　もし私がね／さ、なんか、男なら**ね／さ**、なんか苦痛を感じないで、
　　　前へ前へ行く

　Sはテレビ番組で女性カメラマンが、女性と男性のカメラマンの違いについて話していた言葉を引用して述べている。接続節である 'kalau kita *kan* macam lelaki（もし私がね／さ、男なら）' の節末に、*kan* を付け、'**kalau** kita kan macam lelaki ***kan***' とし、「もし私がね／さ、なんか、男ならね／さ」という意味になる。

　(b)「(接続語) + (文) + *kan*」の「接続語」には、上述の kalau（もし）以外に以下の例がみられた。

　　　sebab + (文) + *kan*, 〜.　　　なぜなら〜だからね／さ、…。
　　　bila + (文) + *kan*, 〜.　　　〜時ね／さ、…。
　　　walaupun + (文) + *kan*, 〜.　　たとえ〜でもね／さ、…。
　　　contoh + (文) + *kan*, 〜.　　例えば、〜とね／さ、…。

(c) (主語) + *kan*, 〜.

(15) S: Tapi semua *kan*　macam dah　>tengok, kita ***kan*** [dah dah < =
　　　　でも 全て　　KAN なんか　もう　見た　　1PL KAN　もう もう

　　　　= copy　　copy　　semua *kan*?
　　　　コピーした コピーした 全部　　KAN

　　　でも、(映画・ドラマを) 全部ね／さ、なんか、もう見た- 私達は**ね／さ**、もう全部コピーとかしたよね？

上の例は、ハリラヤ（断食明け後のお祝い）はどうだったかについて、お互いが話している場面である。ハリラヤの時には、テレビで映画がいくつか放送されることが通例であるが、映画は過去に何度も放送されたものであるため、ほとんど全てコピーして（録画して）しまっている。そのことを確認するために、'kita **kan** dah dah < copy, copy semua *kan*?（私達は**ね／さ**、もう全部コピーとかしたよね?）' と述べ、聞き手に「同意要求」をしている。この発話の主語 kita（私達）に *kan* を加えることで、「私達は**ね／さ**」という意味を持つ。

(d)（副詞）+*kan*〜．

(16) S: [Kat sini **kan** internet 　　　　 *kan* susah:, sini **kan** banyak
　　　　　〜で　ここ　KAN　インターネット　KAN　難しい　ここ　KAN　多くの

　　　　kerja, kat rumah takde 　　 kerja *kan*.
　　　　仕事　〜で　家　　　〜がない　仕事　KAN

　　　<u>ここでは**ね／さ**</u>、インターネット（を使うの）は難しいでしょう?、
　　　<u>ここでは**ね／さ**</u>、たくさん仕事がある。家では仕事はないでしょう?

　大学の寮のインターネットの速度が遅いので、それを使うのは難しいと話している場面である。また、授業の準備や宿題で忙しく、寮でゆっくりインターネットを使う時間もないといっている。一方、休みに家に帰った時は、時間があるため、インターネットをすることができると述べている。'Kat sini internet kan susah:（ここではインターネット（を使うの）は難しいでしょう?）' という文の、'kat sini（ここでは）' という副詞に *kan* を後続させることで、'kat sini **kan**' とし、「ここでは**ね／さ**」という意味になる。
　上記(a)〜(d)の分類にしたがって、*kan* が出現する位置をみてみると、以下の表 3-2 のようになる。
　表 3-2 より、*kan* が現れるのは、(a)「文+*kan*」の場合が最も多く（215 回）、全出現数の約 60% を占めることがわかる。
　また、それ以外には、(b)「接続節」（53 回）、(c)「主語」（32 回）、(d)「副

表 3-2 *kan* が出現する位置

	(a) 文	(b) 接続節	(c) 主語	(d) 副詞	その他	計
出現数	215	53	32	26	30	356

詞」(26 回)、およびその他 (30 回) という位置で現れていた。「その他」(30回) の内訳は、「接続語」(11 回)、「主題」(6 回)、「感動詞」(3 回)、「名詞修飾語」(2 回)、「目的語」(2 回)、「補語」(2 回)、「述語」(2 回)、「不明」(2 回) である。

以上より、*kan* が出現する位置は「文＋*kan*」が約 6 割を占めるが、その他の様々な統語要素の後にも現れていることがわかる。

3.5.1.1.2 *kan* の出現数および聞き手の反応数

ここでは、*kan* の出現数、それに対する聞き手の反応数を示す。

まず、「各会話における *kan* の出現数」を以下の表 3-3 に示す。

表 3-3 から、話し手が発した *kan* は 1～56 回であり、会話ごとの差が著しいことがわかる。

次に、話し手が *kan* を発した後の、聞き手の「あいづち」、「うなずき」の有無[50]を次の 3 つのカテゴリーに分けて示す。(a) あいづちのみ、(b) うなずきのみ、(c) あいづちおよびうなずきである。各会話ごとに (a)～(c) を量的に分析し、その結果を示したものが表 3-4 である。

表 3-4 より、全 20 会話中に *kan* は 356 回現れた。そのうち、上で述べた (a)～(c) の聞き手による反応があったのは、68 回である。つまり、助詞 *kan* の後で聞き手のあいづち、うなずきが現れたのは平均約 19%、現れなかったのは同約 81% である。

「ね」、「さ」の発話の後で、「あいづちが出現する」という先行研究の主張は実際には真であるのか、また、同機能を持つ *kan* に対する「聞き手の反応」はあるのか。上の表 3-4 からは話し手の発した *kan* に対する、聞き手の平均反応数は多くなく、*kan* と聞き手の反応との間において量的側面での大きな傾

表 3-3 各会話における *kan* の出現数

会話番号	1	2	3	4	5	6	7	8	9	10
kan の出現数	5	1	1	15	15	56	25	12	22	26
会話番号	11	12	13	14	15	16	17	18	19	20
kan の出現数	31	1	35	5	22	33	6	18	6	21

表 3-4 マレーシア語会話における *kan* に対する聞き手の反応

	会話番号	1	2	3	4	5	6	7	8	9	10
	kan	5	1	1	15	15	56	25	12	22	26
聞き手の反応	(1) あいづちのみ	3	0	0	2	3	6	5	0	0	6
	(2) うなずきのみ	0	0	0	4	2	3	0	0	0	2
	(3) あいづちおよびうなずき	0	0	0	1	0	3	0	0	0	0
	合計	3	0	0	7	5	12	5	0	0	8

	会話番号	11	12	13	14	15	16	17	18	19	20	計
	kan	31	1	35	5	22	33	6	18	6	21	356
聞き手の反応	(1) あいづちのみ	4	0	5	1	2	2	1	4	1	3	48
	(2) うなずきのみ	1	0	0	0	0	0	0	1	0	0	13
	(3) あいづちおよびうなずき	0	0	0	0	0	0	0	3	0	0	7
	合計	5	0	5	1	2	2	1	8	1	3	68

向はつかみにくい。

　本研究では、マレーシア語会話における *kan* の出現数およびそれに対する聞き手の反応について、量的分析を行い、その統計上の有意を示すことは行わないし、その手法は適切ではないと考える。なぜなら、本研究では、*kan* はマレーシア語の友人同士の日常会話であれば、常に出現数は似通ったものになる

という主張をすることを目指していないためである。また、それに対する聞き手の反応率が似通ったものになるという主張をすることも目指していないからである。

ここで目指しているのは、*kan* の出現数ではなく、その「出現環境」といったものである。また、*kan* に対する聞き手の反応率ではなく、それぞれの *kan* の出現する環境を詳しく分析することで、「なぜ、聞き手の反応があるのか」または、「なぜ聞き手の反応はないのか」を記述することを目指している。

3.5.1.1.3 *kan* 周辺の聞き手の反応の量的分析

以上では話し手の *kan* 発話の後に現れた、聞き手の反応の数について分析したが、ここでは、*kan* 周辺での聞き手の反応の量的分析を行う。その結果、聞き手の反応は、以下の(a)〜(h)に分類された。(a)〜(f)は「あいづち」、「うなずき」、(g)はあいづち以外の反応である。

(a) *kan* を聞いた後で（3.5.1.1.2 でも既述）
(b) *kan* の途中まで聞いた後で
(c) *kan* が付加された要素[51]（要素の最後までまたは途中まで）を聞いた後で
(d) *kan* が付加された要素（要素の最後までまたは途中まで）を聞いた後、および *kan* を聞いた後で
(e) その他の位置で
(f) 聞き手が反応した位置が不明なもの
(g) 聞き手があいづち、うなずき以外の反応をしたもの
(h) 聞き手が反応しなかったもの

以下で、(a)〜(h)について、例を示しながら詳しく述べる。

(a) *kan* を聞いた後で（3.5.1.1.2 でも記述）

(17) 1S: …. emm　try　　I　belik tiket　　err　　balik
　　　　　えっと ～てみる 1SG 買う チケット えっと 帰る

　　　　= Teluk Intan　　　　　*kan*, padahal　aku rasa ada
　　　　テロック・インタン（町の名前）KAN　～けれども　私　思う　ある

　　　　= je　tiket　　yang murah sikit　***kan***.
　　　　だけ チケット REL　安い　ちょっと　KAN

2L: → ***em***.
　　　　うん

3S: Tapi dia bagi,　dia bagi　kitaoirang [yang　ni::.
　　　でも 3SG 与える 3SG 与える 1SG　　　　NMLZ　DEM

4L: 　　　　　　　　　　　　　　　　　　[mahal
　　　　　　　　　　　　　　　　　　　　高い

5L: [[aha:.
　　　うん

6S: [[Ticket　yang mahal punya *kan*, tapi best　　　dia ah
　　　チケット NOM 高い　　NOM　KAN でも もっとも良い それ STM,

7 : = serious　cakap.
　　　真面目に 話す

(1S)　…のところに行って聞いた、あの、私はあの、テロック・インタンに
　　　帰るチケットを買おうと思ってね。もう少し安いチケットがあると
　　　思ったんだけど**ね／さ**、

(2L)　**うん**

(3S、6～7S)　でも、（切符売りは）渡した、私にこれを渡した。高いチケッ
　　　　　　トをね。でも、本当にそれ（その席）はすごく良かった。

(4L)　高い

(5L)　うん

長距離バスを使って、帰省するSが、バスのチケットを買おうとしたが欲しい席が売り切れていた。それで、他の席のチケットを買ったら、思ったより高かったが、とても良かったという話をしている。1Sで、'padahal aku rasa ada je tiket yang murah sikit（私はもう少し安いチケットがあると思ったけど）'という接続節に *kan* を付け、'padahal aku rasa ada je tiket yang murah sikit *kan*' とし、「もう少し安いチケットがあると思ったんだけど**ね／さ、**」としている。この発話に対し、2Lで聞き手は 'em.（うん）'というあいづちを打っている。

(b) *kan* の途中まで聞いた後で

(18) 1S:　　Dia maca:m, ah　*kan* facebook　　　*kan* dia ada::,
　　　　　3SG なんか　あの KAN フェイスブック KAN 3SG ある

　　　2 :　　ermm, dia ada macam dia punya tempat untuk　　main
　　　　　えっと 3SG ある なんか 3SG 〜の　場所　〜のための 再生する

　　　　　→　　(L)↓
　　　3 :　　tu **ka:n**, vi-video dia punya player　　tu ***kan***,
　　　　　3SG KAN　ビデオ　3SG 〜の　プレーヤー 3SG KAN

　　　4L:　→ *aha*.
　　　　　　うん

　　　　　　　　（下向き矢印（↓）は、「うなずき」を表す。(L)はそのうなずきが、
　　　　　　　　　　　　　　　　　　　　　Lによってなされたことを示す）

　(1〜3S)　それは、なんか、あの、ほら、フェイスブックはね、それはある、
　　　　　あの、なんか、再生するための場所があって**ね／さ、**そのビ、ビデオプレイヤーが**ね／さ、**

　(4L)　　うん

3Sの2つの *kan* 周辺の、聞き手の反応位置を詳しくみると以下のようになる。

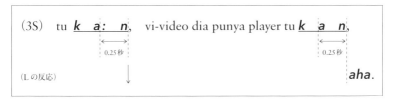

図 3-2　*kan* 周辺の聞き手の反応位置(1)

　図 3-2 は、3S で、1 つ目の *kan* では、少なくとも 'ka-' まで聞いてから、聞き手はうなずいたと考えられることを示す。また、2 つ目の *kan* では、少なくとも 'k-' まで聞いてから、'aha' と発話したと考えられることを示す。つまり、聞き手は *kan* を聞いてから、反応したのではなく、*kan* の途中までを聞いて発話した可能性があると考えられるものである。

(c) *kan* が付加された要素（要素の最後までまたは途中まで）を聞いた後で
(19) 1S:　[aaa,　surau　dekat Abu　　　　　tu　memang selalu =
　　　　　えっと 礼拝所 〜の　アブ（場所の名前）その 本当に　いつも

　　2 :　=guna. Kalau sebelum ni　masuk macam kotor ***kan***, [kita　je
　　　　 使う もし 前　　この 入る　なんか 汚い KAN　1PL　〜だけ

　　3L: →　　　　　　　　　　　　　　　　　　　　　　[*ahaa*.
　　　　　　　　　　　　　　　　　　　　　　　　　　　　うん

　　4S:　=yang　bersih *kan*. …
　　　　　NMLZ きれい KAN

(1S)　えっと、アブの礼拝所は本当にいつも使っている。
(2S)　もしこの前だったら、入ると汚れていて**ね／さ**、[私達が
(3L)　　　　　　　　　　　　　　　　　　　　　　　[うん。
(4S)　きれいにしてね、…

　2S の *kan* 周辺の聞き手の反応位置を詳しく示すと下の図 3-3 のようになる。

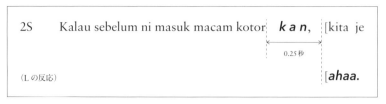

図3-3 *kan*周辺の聞き手の反応位置(2)

　図3-3は、2Sで、聞き手が少なくとも、'Kalau sebelum ni masuk macam kotor' まで聞いてから、'*ahaa.*' とあいづちを打ったと考えられることを示す。つまり、*kan*が付けられた要素（文）を聞いて、聞き手は反応したと考えられる。

　上の例(19)では、「*kan*が付加された要素（文）」を最後まで聞いた後に、あいづちが打たれていることをみたが、「*kan*が付加された要素（文）」の途中まで聞いて、あいづちが打たれたものを例(20)に示す。

(20) 1S:　　aaa, yang tadi: saya belek-belek,　　ada: sepuluh soalan＝
　　　　　　あの　NMLZ　前　　1SG　ざっと目を通す　ある　10　　　問題

　　　→ (L)↓　　　↓
　　2 :　　＝macam　　　tu　***kan***.
　　　　　　〜のような　DEM　KAN

　　3　　(0.4)

　(1S)　あの、前にざっと目を通したら、そんな感じの問題が10あって**ね／さ**。

　例(20)では、1〜2S の 'saya belek-belek, ada: sepuluh soalan macam tu (ざっと目を通したら、そんな感じの問題が10あった)' を最後まで聞かずに、'macam（〜のような）' の発話に重なるようにしてうなずきが開始されている。このようなタイプも、(c)に分類する。

(d) *kan* が付加された要素（要素の最後までまたは途中まで）を聞いた後、および *kan* を聞いた後で

(21) 1S:　　Habis　　macam kita pulak selalu↑: dah　dapat =
　　　　　　それから なんか 1PL 〜も　いつも　既に　得る

　　　　　　　→ (L)　　　　　　↓↓
　　2 :　　=idea　　***kan***, [konon　　　nak cari idea　　　lah.
　　　　　　アイディア KAN 全部の中から FUT 探す アイディア STM

　　3L : →　　　　　　　　[°°*em*°°
　　　　　　　　　　　　　　うん

　　(1〜2S)　それから、いつもアイディアが出てきて**ね／さ**、[もっとアイディア
　　　　　　を全部探すよ

　　(3L)　　　　　　　　　　　　　　　　　　　　　　[うん

　1〜2S で S が、'Habis macam kita pulak selalu: dah dapat idea *kan*（それから、いつもアイディアが出てきて**ね／さ**,）' というと、*kan* の 'n' と重なりながら、B は 2 回うなずいている。つまり、非言語行動による「あいづち」を行ったと考えられる。また、*kan* 発話直後に、3L で L は、"°°*em*°°（うん）' と発話し、言語行動による「あいづち」も行っている。

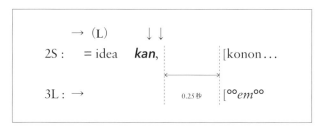

図 3-4　*kan* 周辺の聞き手の反応位置(3)

3.5　分析・考察

(e) その他の位置で

　上で述べた(a)～(d)以外の位置で、あいづちやうなずきが起こった場合である。「kan が付加された要素（文）を聞いた後にあいづち、うなずきを行い、さらに kan の一部を聞いた後に、あいづち、うなずきを行ったもの」がみられた。

(f) 聞き手が反応した位置が不明なもの

　あいづち、うなずきは起こっているが、kan の出現位置との関係（kan の前の文を聞いてからか、kan の一部を聞いてからか、kan を聞いてからか）が、技術的な問題により、明確に特定できないものである。

(g) 聞き手があいづち、うなずき以外の反応をしたもの

　kan 周辺で、聞き手による何らかの反応は起こっているが、あいづち、うなずきではないものである。「ターンを取得したもの」、「笑い」、「重複」がある。(g) の詳細については、次の節 3.5.1.1.4 で述べる。

(h) 聞き手が反応しなかったもの

(22) 1S: → bagi　　　　Kiara　　　　　　kalau solat　　tu　***kan***, >lain =
　　　　　　～にとって　キアラ（Sの名前）もし　お祈り　その　KAN　異なった

　　2 :　　=lah kalau macam solat　　　kat　public tu　yelah ***kan*** < tapi =
　　　　　 LAH もし　なんか　お祈りする　～で　公衆　　その　そう　KAN　でも

　　3 : → =ku- kita kat　bilik orang ***kan***, lepas　　tu:　dia　tu =
　　　　　　 1SG ～で 部屋　人　　KAN　～の後で　その　それ　その

　　4 : → =bukannya　ayah betul　kita ke　apa ***kan***, dia　tu =
　　　　　　 ～ではない　父　　本当の　1SG ～か 何　　KAN　3SG　その

　　5 : → =bukan　　muhrim　kita jugak ***kan***.=
　　　　　　 ～ではない ムフリム　1SG　～も　KAN

キアラにとっては、もし、そのお祈りが**ね／さ**、違うのよ。もしお祈りを公共でしたら、そうだよね、でも、私は人の部屋にいて**ね／さ**、それから、彼は私達の本当の父親かなんかでもなくて**ね／さ**、彼はムフリム（結婚できない相手）でもなくて**ね／さ**。

Sが大学のある男性講師について話しているところである。Sはその講師の部屋でお祈りをした際の経験を話している。そのお祈りは、一般の礼拝所で行うのとは違うと述べている。

*kan*は1、3、4、5行目に各1つずつ発話されている。1行目の'kalau solat tu **kan**（もしそのお祈りが**ね／さ**）'、3行目の'kita kat bilik orang **kan**（私は人の部屋にいて**ね／さ**）'、4行目の'dia tu bukannya ayah betul kita ke apa **kan**（彼は私達の本当の父親かなんかでもなくて**ね／さ**）'、5行目の'dia tu bukan muhrim kita jugak **kan**（彼はムフリム（結婚できない相手）でもなくて**ね／さ**）'である。これらの*kan*周辺では、聞き手のあいづちおよびうなずきは全くみられない。

次に、聞き手の反応数[52]を、上で示した(a)～(h)の生起位置別に分類した結果を、以下の表3-5に示す。

表3-5より、(a)「*kan*を聞いた後で」聞き手が反応したのは、57回である。次に、(b)「*kan*の途中まで聞いた後で」は12回、(c)「*kan*が付加された要素（要素の最後までまたは途中まで）を聞いた後で」は66回、(d)「*kan*が付加された要素（要素の最後まで又は途中まで）を聞いた後、および*kan*を聞いた後で」は15回、(e)「その他の位置で」は1回、(f)「聞き手が反応した位置が不明なもの」は10回である。よって、*kan*（356回）周辺でなされた、聞き手のあいづち、うなずき（(a)～(f)）は、計161回であった。

よって、*kan*周辺でなされた聞き手のあいづちの総数は、161回（約45％）であり、(h)聞き手が反応しなかったもの（158回、約44％）と、ほぼ同数であった。なお、(g)「あいづち、うなずき以外の反応をしたもの」は、37回で、「あいづち、うなずき」((a)～(f))および「あいづち、うなずき以外の

表 3-5　*kan* 周辺の聞き手の反応の生起位置

	(a)	(b)	(c)	(d)	(e)	(f)	(g)	(h)	計
位置	*kan* 後	*kan* の途中	要素	要素および *kan*	その他の位置	位置不明	あいづち、うなずき以外	無反応	
出現数	57	12	66	15	1	10	37	158	356

反応をしたもの」(g) の合計数は、198 回（約 56％）となり、聞き手が *kan* 周辺で何らかの反応を示した率は、無反応（約 44％）よりも多いという結果になった。

　以上の結果から、マレーシア語会話において、日本語の談話小辞「ね」、「さ」に似た機能を持つと考えられる *kan* の周辺において、聞き手の何らかの反応が起こっていることは、偶然ではないと考えられる。また、既にみた表 3-2 で、*kan* は、「文」以外の様々な統語要素の後に付くことをみた。

　この結果に関連する先行研究において、Fox, Hayashi and Jasperson（1996）は、日本語のあいづちが多い要因を、次のように述べている。つまり、日本語の SOV の語順が関係しており、日本語では V が文末に来るため、聞き手が会話の方向を予測することが難しいので、発話途中で「ここまでは理解した」ことを示す必要があるからではないか、としている。

　しかし、マレーシア語は SVO 言語であるが、今みたように、発話途中で「あいづち」、「うなずき」がなされている。この結果は、聞き手のあいづち、うなずきが起こる要因が、言語の統語構造にのみよるものとはいえないことを示しているのではないだろうか。

3.5.1.1.4　「文＋*kan*」の場合の、*kan* 周辺の聞き手の反応

　3.5.1.1.1 の「*kan* に前接する要素の分類および量的分析」でみたように、*kan* が現れるのは、(a)「文＋*kan*」の場合が最も多く（215 回）、全出現数の約 60％ を占めている。また、3.5.1.1.3 の結果より、*kan* の周辺において、聞き手の何らかの反応が起こるのは、半数より多いことをみた。

本節では、前節 3.5.1.1.3 と同じ分析を、(a)「文 + *kan*」のみを対象として行った。つまり、(a)「文 + *kan*」の場合に、*kan* 周辺の聞き手の反応にはどのようなものがあるかを、3.5.1.1.3 で使った分類(a)～(h)（下に再度示す）をもう一度用い、分類した。その結果を表 3-6 に示す。

(a) *kan* を聞いた後で
(b) *kan* の途中まで聞いた後で
(c) *kan* が付加された要素（文）[53]（要素（文）の最後までまたは途中まで）を聞いた後で
(d) *kan* が付加された要素（文）（要素（文）の最後までまたは途中まで）を聞いた後、および *kan* を聞いた後で
(e) その他の位置で
(f) 聞き手が反応した位置が不明なもの
(g) 聞き手があいづち、うなずき以外の反応をしたもの
(h) 聞き手が反応しなかったもの　　　　　　　　　　　　　（再掲、一部改変）

　表 3-6 より、(a)「文 + *kan*」の発話（215 回）において、*kan* 周辺で聞き手から何らかの反応があった発話（表 3-6 の (a)～(g)）は 139（約 65%）、反応がなかった発話（表 3-6 の(h)）は 76（約 35%）である。
　話し手の発話「文 + *kan*」周辺での聞き手の反応には、あいづち、うなずきの他に、(g)「あいづち、うなずき以外の反応」として、「ターンを取得したもの」（質問、意見表明）、「笑い」、「重複」などがみられた。

表 3-6　「文 + *kan*」周辺の聞き手の反応の出現位置

位置	(a) *kan*	(b) *kan* の途中	(c) 要素（文）	(d) 要素（文）および *kan*	(e) その他の位置	(f) 位置不明	(g) あいづち、うなずき以外	(h) 無反応	計
出現数	37	10	47	11	0	6	28	76	215

次に、kan 周辺で聞き手の反応があった場合、その反応の要因は何かについて、その生起位置ごとに分析を行う（下の1～3）。

1　kan が付加された文中に聞き手があいづち／うなずきの発話準備を開始したもの（表 3-6 の(c)および、(d)の中の「kan が付加された文（文の最後までまたは途中まで）を聞いた後」）
2　「kan が付加された文中」、および「kan を聞いた後」の、それぞれの位置で、あいづち／うなずきが生起したもの（表 3-6 の(d)）
3　「文＋kan」の「kan の最後までまたは途中まで」を聞いた後、聞き手の反応が生起したもの（表 3-6 の(a)、(b)）

　まず、1から順にみていく。

1　kan が付加された文中に聞き手があいづち／うなずきの発話準備を開始したもの（表 3-6 の(c)および、(d)の中の「kan が付加された文（文の最後までまたは途中まで）を聞いた後」）
　まず、「うなずき」の出現位置を分析する。上で述べた(a)～(h)の分類に沿って「うなずき」を分類すると、以下の表 3-7 のようになる。
　表 3-7 より、「文＋kan」周辺の聞き手のうなずきは、全 56 回中、(c)「kan が付加された要素（文）（要素（文）の最後までまたは途中まで）」を聞いた後に 35 回、(d)「kan が付加された要素（文）（要素（文）の最後までまたは途中まで）を聞いた後、および kan を聞いた後」の、「kan が付加された要素（文）（要素（文）の最後までまたは途中まで）を聞いた後」に 11 回、起こっていることがわかる。「うなずき」が(c)、(d)の位置で起こる数は 46 回（全 56 回中の約 82％）である。よって、「文＋kan」周辺の、聞き手の「うなずき」の多くは、kan の開始を聞く前に行われていることがわかる。
　以下に、例(23)、(24)を示す。

表 3-7 「文 + kan」周辺の「うなずき」の出現位置

	(a)	(b)	(c)	(d)	(f)	計
	kan	kan の途中	要素（文）	要素（文）およびkan	位置不明	
出現数	4	3	35	11	3	56

(23) 1S:　　Lepas　tu:　nak naik bukit macam emm　masa hari tu:　kena＝
　　　　　　～の後 それ FUT 登る 山　なんか うーん 時　日　それ PASS

　　　→　　　　　　　　　　　　　　　　　　　　　　(L)↑
　　2 :　　=marah jugak dengan JPJ tu:, <nak U-turn　　***(k)a:n***[54], =
　　　　　　怒る　～も　～に　JPJ　その　FUT ユーターンする　KAN

　　3 :　　=pusing tu:,> nak naik nak terus　　pergi jalan *kan*. hh aaa =
　　　　　　回る　それ FUT 登る FUT まっすぐ行く 行く 道　KAN　うーん

　　4 :　　=tiba-tiba terhenti kereta tu　*kan*, terhenti lepas tu:　nak =
　　　　　　突然　止まる　車　その KAN 止まる ～後 それ FUT

　　5 :　　=[hidup　balik.
　　　　　　生きる 帰る

　　6L:　　[Mati:.
　　　　　　死ぬ

(1〜5S)　それから、その日、丘を上がっている時、JPJ（運輸道路省）の人に怒られもした。ユーターンして**ね／さ**、回って、まっすぐ道に出ちゃってね／さ．えっと、突然車が止まってね／さ．止まって、＝＝その後[エンジンがかかった

(6L)　　　　　　　　　　　　　　　[エンストした

例(23)は、Sが自動車教習所での実技試験の様子を語っているところである。教習所内の小高い丘の上でいったん停止するという試験の時の失敗を話している。2Sで 'nak U-turn ***(k)a:n***（ユーターンして**ね／さ**）' の (*k*)*an* の開始

と同時に、聞き手は一度下から上へ、そして、下へと頭を振り、うなずいている。よって、kan が付加された文を聞いて、うなずいたと考えられる。

では、なぜ聞き手はこの位置でうなずきを行ったのだろうか。kan を聞く前にうなずきを開始していることから、このうなずきは kan によって誘発されたものだとただちにはいえない。しかし、話し手の発話、'nak U-turn（ユーターンする）' において、動詞（U-turn）が既に現れていることから、発話の区切りが近づいていることが投射されている。よって、区切りが投射されたことにより、聞き手はうなずきを行ったと考えられるだろう。ただ、「発話の区切りを投射した」ということの意味が、「kan の出現」をも投射した、といえるかどうかを証明することは難しい。

もう1つ会話例を示す（例(24)）。

```
(24)      →                          (L) ↓  ↓   ↓
   1S:  Dia:, ... (0.9) aa    masa aku pergi buat tu,  masa aku:
        それ            えっと 時  私  行く する それ 時   1SG

         →   ↓    ↓
   2 :  darjah enam kan. Err    apa?  aa    Cina tu
        小学校 6    KAN えっと 何    うーん チャイニーズ

   3 :  siap              bagi: tisu       de(h)ka(h)t(h) a(h)ku(h),
        準備ができている  くれる ティシュー ～に                1SG

   4L:  Ye: (ke).
        そう ～か

   5S:  .hhh ((笑い))


   (1～3S)   それ、えっと、それをしに行った時、私、小学校6年生の時でね／
            さ、えっと、何だっけ、うーん、チャイニーズが私にティシューを
            準備してくれていた

   (4L)     そうなの
```

124　第3章　研究Ⅱ　マレーシア語・日本語会話における聞き手の反応の対照分析

ここで、Sは自身のストレートパーマをかけた体験を語っている。この会話の直前で、Sはストレートパーマをかけた時、とても熱くて涙が出るほどだったと述べて、その話を苦痛な体験として語っている。

1～3Sで、Sがまさに語りを継続している最中の 'masa aku pergi buat tu, masa aku: darjah enam **kan**.（それをしに行った時、私、小学校6年生の時でね／さ、）' と発話している時に、Lは 'tu, masa aku: darjah enam' の間、継続的に複数回のうなずきをしている。この継続するうなずきは、kanの前の文を聞いて行われたものである。この「複数回」のうなずきの機能については、3.5.2で詳しく述べる。

次に、kanを聞く前の、聞き手の反応には、「うなずき」の他にどのようなものがあるのかをみる。この位置に起こる聞き手の反応は、話者の発話の「区切り」が投射されたことにより起こったと考えられるが、その反応の種類には上で述べた「うなずき」以外に何があるかを分析する。話し手のkanを聞く前に、聞き手が反応する場合（(c)、および(d)の中の、「kanが付加された要素（文）（要素（文）の最後までまたは途中まで）を聞いた後」に反応する場合）の、あいづち、うなずきの種類を分類すると下の表3-8になる。

表3-8より、(c)、(d)の位置での「あいづち」の生起数は13回（22%）であることから、以下のことがいえそうである。

> 「文＋kan」の「文」中では、聞き手はあいづちを「うなずき」によって行うことのほうが好まれる。

表3-8 kanを聞く前に打たれた聞き手のあいづち、うなずき

	(c)kanが付加された文 （文の最後までまたは途中まで）	(d)の「kanが付加された文（文の最後までまたは途中まで）」を聞いた後	計
あいづち	13	0	13(22%)
うなずき	35	11	46(78%)
		59	

これは、話し手の発話がまさに進行している時に、聞き手が示す反応は「うなずき」という非言語行動が好まれ、一方、話し手の発話に重複する「言語的あいづち」は行わない傾向がある、ということである。マレーシア語会話においては、話し手の発話に音声的に重複する聞き手の反応は、例えそれが短いあいづちであっても、話し手の発話行為を妨げるものとしてみられるのではないだろうか。

　しかし、「あいづち」はゼロではなく、13回起こっていることも事実である。あいづちが、音声的に、話し手の発話のどの部分と重複しているかを表したものが、表3-9である。

　表3-9より、音声的に、(a)「kanと一部／全部重複」しているものは5回、(b)「kanと重複しない」ものは6回、(c)「kanが付加された文と重複」しているものは2回だった。(a)は、話者の「文＋kan」の「文」とは音声上重複しておらず、発話内容への妨害度は低いと考えられる。また、(b)は、音声的にはkanと重複しない（kanの後に聞こえる）ため、妨害度はゼロである。よって、(a)、(b)の聞き手の言語的あいづちは、確かに聞き手がkanを聞く前に発する準備が開始されてはいるが、音声的にはkanへの重複のみ、あるいは「文＋kan」への重複はなし、というのが実態であることがわかった。

　次に、(c)「kanが付加された文と重複」しているものは、'aam'と'ooo'の2例である。これらは「状態変化標識／知識状態変化の標識（change-of-state token）」(Heritage 1984、西阪訳 1997) であり、新情報を得て、知識の状態に変化が起きたことを示す語である。新情報に対する聞き手の反応は、その情報を聞いたら、遅れずにそれを示すことが選好的である（好まれる）と考えられる。

表3-9　kanを聞く前に打たれたあいづちの、話し手の発話と重複する位置

	(a) kanと一部／全部重複	(b) kanと重複しない	(c) kanが付加された文と重複	計
回数	5	6	2	13

以上の「あいづち」の分析結果より、kan が付加された文を聞いて聞き手があいづちを打ったものについては、話し手の発話内容への妨害度は非常に小さいものであることが示された。

　よって、「『文 + kan』の『文』中では、聞き手はあいづちを『うなずき』によって行うことのほうが好まれる」という主張は妥当なものであると考える。

2 「kan が付加された文中」、および「kan を聞いた後」の、それぞれの位置で、あいづち／うなずきが生起したもの

　下に、「kan が付加された文中」、および「kan を聞いた後」の、それぞれの位置で、あいづち／うなずきが生起した」例を示し、説明する。

(25) 1S: 　[Tapi dah, tapi yang diaorang cakap yang interesting yang
　　　　　　　でも 既に でも NMLZ 3PL　　　言う NMLZ 興味深い　NMLZ

　　2 : 　diaorang, diaorang aa　　interview　　　taw, diaorang
　　　　　　3PL　　　3PL　　うーん インタビューする STM 3PL

　　　　→　　　　　　　　　　　　　　↓
　　3 : 　　interview　　　photographer perempuan **kan**.
　　　　　インタビューする　カメラマン　　女性　　　　 KAN

　　4 : 　(0.23)

　　5L : →　°**emm**°.
　　　　　うん

　(1〜3S)　でも、でも、彼らが言ってた興味深いことは、彼らは、彼らは、あー、インタビューしたのよ、彼らは女性のカメラマンにインタビューして**ね／さ**、

　(5L)　　うん。

Sは女性カメラマンにインタビューしたテレビ番組について話している。2行目の終わりから3行目の 'diaorang interview photographer perempuan kan. (彼らは女性のカメラマンにインタビューして**ね／さ**)' の 'prempuan (女性)' と重複して、聞き手はうなずいた後、kan を聞いて °emm° とあいづちを打っている。会話例(25)と同様の例は、11 例みられた。

　聞き手がうなずきとあいづちを、同時に行わず、あえて間を空けて行っていることは、前で述べた「話し手の発話への音声的重複」への非選好（好まれないこと）によるものと推測する。

3　「文＋kan」の「kan の最後までまたは途中まで」を聞いた後、聞き手の反応が生起したもの

　「文＋kan」の「kan の最後までまたは途中まで」を聞いた後に、聞き手が反応を開始した場合、その反応はどのようなものであるかを示したのが以下の表 3-10 である。

　比較のために、「kan を聞く前」に聞き手が行った反応を、以下の表 3-11 に示す（既に述べた通り）。

　表 3-10 より、「文＋kan」を聞いた後になされた、聞き手の反応は「言語のあいづち」が 45 回（約 76％）で最も多く、「あいづち以外の反応（意見・感情、質問）」は 10 回、「うなずき」は 4 回であった。

　また、表 3-11 より、「文＋kan」の kan を聞く前になされた、聞き手の反応の結果は、「うなずき」が 46 回（約 78％）で最も多く、その他の反応は「言語のあいづち」13 回（約 22％）であった。

　上の結果より、以下のことがいえるだろう。

　聞き手は、「文＋kan」を聞いた後には、「言語のあいづち」によって、また、「文＋kan」の kan を聞く前には、「うなずき」によって、反応を示すことが多い。それは、話し手の発話がまさに進行している時に、聞き手が言語的に重複することが好まれないからである、ということが考えられる。

　また、「あいづち以外の反応」が、「文＋kan」を聞いた後にのみ起こること

表3-10 「kanの最後までまたは途中まで」を聞いた後に開始した聞き手の反応

	うなずき	あいづち	あいづち以外の反応		計
			意見・感情	質問	
回数	4	45	2	8	59

表3-11 「文＋kan」のkanを聞く前に開始した聞き手の反応

	うなずき	あいづち	あいづち以外の反応		計
			意見・感情	質問	
回数	46	13	0	0	59

も、この見解を支持するものだと考える。つまり、kanが発話されるのを聞いた後で、聞き手がこれらの反応を始めていることから、マレーシア語の会話では、聞き手が何らかの言語的反応を示すのにふさわしい位置は、発話の文末要素と音声的に重複しない位置であるということがいえそうである。

この場合、聞き手は、kanの機能を、「発話の区切り」であると同時に、「一連の語りのある1まとまり」と捉え、聞き手が何らかの言語的反応を行うことができる位置であると、捉えているといえそうである。kanは、その区切りを際立たせ、聞き手が反応を始めることができる位置であることをはっきり示す機能があると考える。

3.5.1.1.5 「文＋kan」周辺に聞き手の反応がない場合の分析

本節では、「文＋kan」周辺に聞き手の反応がないもの（76例、表3-6の (h)「無反応」に当たる）について分析する。分析の結果、聞き手の反応がない場合の特徴として、2点がみられた。まず1つ目の特徴を持つ例を、以下(26)に示す。

(26) 1S: …emm. Balik sembahyang pun macam terus pergi dapur,
うん 帰る お祈り 〜も なんか すぐ〜する 行く 台所

```
2S:    kemas- kemas.  Biasa  kalau balik raya terus    duduk atas
       片付ける 片付ける いつも もし  帰る ラヤ すぐ～する 座る 上に

3 : → sofa,     makan makan, ambik ambik gambar kan, lepas tu
      ソファー  食べる 食べる 取る   取る   写真   KAN ～後 それ

4 : → dia- diaorang ada  macam diaorang tengok tv    kan, kita balik
      彼-  3PL       いる なんか 3PL       見る   テレビ KAN 1PL 帰る

5 :    je,    takkan  nak pergi tengok tv,   tengok [ah
       ～だけ NEG-FUT FUT 行く  見る   テレビ 見る    STM

6L :                                                [ahaha

7 : → terus      makan semua kan. Pergi dapur, makan kat  dapur ¥jelah
      すぐ～する 食べる 全部  KAN  行く  台所    食べる ～で 台所  ～だけ

8 : → kita kan ¥. °°erm    tak terbiasa    lagi°°. Tapi::, erm.
      1PL  KAN    うーん NEG 慣れている   まだ    でも     うーん

                                              ((erm の間 (1.6)))
```

(1~8S) …うーん。お祈りから帰ってきてもすぐ台所へ行って、片付けて、いつもは家に帰ったら、ソファーのにすぐ座って、食べて、写真を撮って**ね／さ**。それから、彼らがいるときは、彼らはテレビをみて**ね／さ**。私達が家に帰った時、テレビを見るわけにはいかない。それから食べたりして**ね／さ**。台所へ行って、そこで食べるしかなくて、私達は**ね／さ**。うーん、まだ彼らと慣れていない。でも、うーん

(6L)   (笑い)

この会話部分は、Sが断食明けのお祝い時の様子を語っているところである。面識のあまりない男性のいとこが家に滞在していたため、いつもの年ほど楽しくなかったと述べている。しかし、7SのSの発話が、'Pergi dapur, makan kat dapur ¥jelah kita **kan** ¥.(「台所へ行って、そこで食べるしかなくて、私達は**ね／さ**。」)' と笑い声でなされていることから、この話は笑うべきものとして語られていることがわかる。また、6LでLが笑っていることから、

Lも「笑うべきもの」としてこの話を聞いていることがわかる。

Sは3、4、7、8行目で、*kan* を使っているが、それに対する聞き手の反応はない。1~8SにおけるSの発話で特徴的なことは、話すスピードが非常に速く、一気に話されているということである。つまり、Sが *kan* を発した後には、次に続く発話がポーズなく継続し、SがLに「反応を求めている」ようには聞こえない。

ここで、本研究での *kan* の機能についての考えをもう一度確認すると、以下の通りである（3.5.1.1.4で既述）。

> 聞き手は、*kan* の機能を、「発話の区切り」であると同時に、「一連の語りのある1まとまり」ととらえ、聞き手が何らかの言語的反応を行うことができる位置であると、捉えているといえそうである。*kan* は、その<u>区切りを際立たせ、聞き手が反応を始めることができる位置であることをはっきり示す機能</u>があると考える。（下線は加筆）

上で述べた *kan* の機能は、一見、例(26)でみた現象とは矛盾するようにみえる。つまり、例(26)では、Sが *kan* を発した（3、4、7、8行目）後には、後続の発話がポーズなく継続し、SがLに<u>「反応を求めている」ようには聞こえないからである</u>。

しかし、例(26)における、Sの発話に特徴的なことは、「話すスピードが非常に速い」ことである。このことから、以下のように解釈ができる。

普通、話し手が話している時に、聞き手による発話（意見、感想他）を期待しない場合は、どのような話し方をするだろうか。話し手が発話途中にポーズを作ってしまうと、聞き手に発話の機会を与えることになるため、できる限りポーズを作らない話し方をするだろう。また話すスピードも速いほうが、聞き手による発話を抑えることができるだろう。

よって、例(26)では、聞き手に話す機会を与えないために、Sは速いスピードで話していると考えられる。つまり、*kan* は「発話の区切りを際立たせ、聞

き手が反応を始めることができる位置であることをはっきりと示」してしまうがゆえに、Sは速く話すことで、聞き手の反応の機会を最小化しているのではないだろうか。

次に、2点目の特徴をみる。以下の例(27)の会話者の、全会話において、「文+*kan*」は43回生起したが、聞き手の反応がみられなかったのは18回であった。その18回中、14回は同じトピックの語りのもとで起こっている。このトピックの語りにみられる共通点と「聞き手の反応がある」「文+*kan*」の共通点とを比較し、その間に何らかの異なる点があるかを分析した。

その結果、発話内容の特徴は、「聞き手の特に知りたい情報」であることがわかった。以下にその例を挙げる。

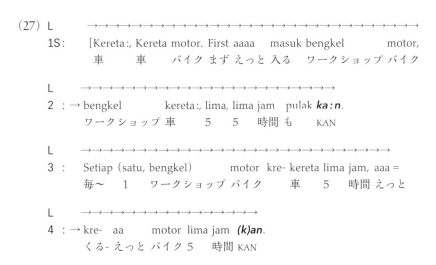

(((「→」は、「注視する」ことを示す))

(S) 車、車とバイク．まず、えっと、バイクのワークショップに行って次に、車、5,5時間ぐらいで**ね／さ**、バイクと車、5時間ずつ。えっと、くる-、えっと、バイクは5時間で**ね／さ**。

(L) バイク、JPJ（運輸道路省）のテストを受けたの？

(27)は、SがS教習所での講義について詳しく語っているところである。Lは今後教習所へ行くことを考えている。そのため、LはSに教習所や免許取得試験について、詳しく質問している。Sが語っている間、LはSのほうを<u>注視している</u>。このLの態度は、他の話題でもみられるかというと、そうではない。他の話題においては、Lは時々うなずいたり、言語的な反応を示しているのである。つまり、(27)におけるLの聞き手としての態度は、他の話題でみられるものとは異なっている。

また、(26)でみたような、「Sの話すスピードが速く、聞き手に反応を求めているようには聞かれない」という現象は、この例では起こっていない（2Sでは、*ka:n* と、長音化している）。

本例では、LはSを注視し、傾聴姿勢を示していると分析できる。しかし、*kan* の長音化（2行目）という現象は、聞き手の反応を強く要求するように聞かれる（3.5.2で詳しく述べる）。そのようなSの要求に対して、Lは全く反応を示していないという点において、例(26)の場合とは、異なる。

このことから、*kan* の機能は「傾聴要求」であると考え、本書では以下のように説明するのが妥当だと考える。

「傾聴要求」とは、「聞き手が、話し手の発話を聞く（または聞いている）姿勢を示すことを要求するもの」である。「聞く姿勢」とは、「話し手へ視線を向ける」、「注視」という非明示的手段によって、あるいは「あいづち」「うなずき」などの明示的手段によって実現される。

例(26)、(27)の分析より得られた、*kan* の機能をまとめると以下のように

なる。

例 (26) では、話し手によって、「傾聴要求」機能を持つ *kan* が発話されたが、話し手の話すスピードの速さによって、聞き手は、話し手を注視することで、「非明示的」に「傾聴」していることを示した。

例 (27) では、話し手によって、「傾聴要求」機能を持つ *kan* が発話されたが、聞き手は話し手の発話を聞くことに集中しており（聞き手が特に知りたい発話内容であったため）、聞き手は、話し手を注視することで、「非明示的」に「傾聴」していることを示した。

以上の例 (26)、(27) では、どちらの聞き手も、*kan* に対する反応として、非明示的な「傾聴表示」を行っていたと考える。

3.5.1.1.6 小結

以上では、マレーシア語会話において、話し手によって発せられた *kan* 周辺における聞き手の反応の量・質的分析を行った。

まず、3.5.1.1.1 では、*kan* は様々な統語要素（主語、述語、連用修飾語、接続語、接続節、文他）の後ろに付くが、特に「文」の後ろに付くものが多い（約60%）ことを示した。

次に、3.5.1.1.2 および 3.5.1.1.3 では、聞き手が *kan* 周辺で何らかの反応を示したのは約56%で、無反応（約44%）よりも多いことが明らかになった。よって、*kan* 周辺において、聞き手の何らかの反応が起こっていることは、偶然ではないことを述べた。また、先行研究において、日本語会話での話し手の発話途中に、聞き手の「あいづち」、「うなずき」が頻繁にみられることについて、言語の統語構造の違い（SOV か SVO か）に要因を求めるものがみられた。しかし、本節の結果から、それ以外の要因の可能性もあることを述べた。

3.5.1.1.4 では、「文＋*kan*」という形式に焦点を絞り、その周辺の聞き手の反応の特徴を分析した結果、聞き手の反応の生起位置によって、その反応の種類が異なっていた。つまり、「文＋*kan*」の「文」（文の最後までまたは途中まで）を聞いてから発される聞き手の反応は、うなずき（非言語行動）でなされ

る一方、「文 + kan」の kan を聞いてなされる反応は、「あいづち」や「あいづち以外の言語的反応」が多数を占めていた。このことから、話し手の発話がまさに進行している時、それへの聞き手による言語的反応は、妨害とみられる可能性を述べた。また、聞き手が「質問」、「意見・感情」などの「あいづち以外の言語的反応」を表す場合は、kan を聞いてから聞き手の反応が始まっていることをみた。このことは、話し手は「文 + kan」というフォーマットを使用することで、話し手自身の発話の「区切り」をはっきりと示し、聞き手が「言語的反応」をすることが可能になったことを明確にする可能性があることを述べた。

最後に、3.5.1.1.5 では、話し手による「文 + kan」の発話後、聞き手の反応がないこともある（約35%）ことをみた。その場合、会話例の質的分析を通して、kan の機能が「傾聴要求」であること、またそれに対する聞き手の反応は、「明示的傾聴表示」（あいづち、うなずき）あるいは「非明示的傾聴表示」（注視）であり、kan が発話される環境や聞き手の話を聞く態度といった変数によって、そのどちらかが選ばれると述べた。

3.5.1.1.7　おわりに

「文 + kan」というフォーマットにおける、聞き手の反応は、「kan が付加された文（文の最後までまたは途中まで）を聞いて」、または、「kan を聞いて」なされることがわかったが、なぜ聞き手がそれぞれの場所で反応をするのか、その違いは何であるのか、ということについては、分析を行うことができなかった。

つまり、「kan が付加された文（文の最後までまたは途中まで）を聞いて」聞き手があいづち、うなずきを行う場合は、kan の前の要素が、その区切りを投射したことによると分析した。この場合と、「kan を聞いて」から、聞き手が反応を行う場合との、違いは何か。その反応の位置が異なることの理由は、より詳しい分析が必要である。

また、「文 + kan」というフォーマットに注目し、「聞き手の反応がない」場

合について、その要因と考えられるものを示したが、その説明が全ての「無反応」の例を説明できるわけではない。そもそも、kanの機能が「傾聴要求」であるという主張が正しいならば、聞き手が「明示的に」聞いていることを示す必要は、必ずしもない。「傾聴」していることを示す（例：話し手のほうを注視する）という、聞き手の態度は、それで必要十分であることになるからである。

また、「文＋kan」以外の、kanの出現環境における、聞き手の「あいづち」、「うなずき」の分析は行うことができなかった。包括的な記述を行うために、他の環境でのkanの機能、およびそれに対する聞き手の反応について分析を行うことは重要である。今後の課題としたい。

3.5.1.2　日本語会話における「ね」、「さ」周辺の聞き手の反応分析
3.5.1.2.1　「ね」、「さ」に前接する要素の分類および量的分析

3.5.1.1でkanについて分析したのと同様に、まず、「ね」、「さ」が話し手の発話中のどのような位置に現れるのかを、「ね」、「さ」に前接する要素の統語的特徴によって分類し、その量的分析を行いたい。その結果、下の(a)～(j)の10種類に分けられた。以下で、それぞれの例を示しながら、「ね」、「さ」を含む発話について示す。

(a) 文＋(接続語)＋「ね」／「さ」、～。
(28) 1S:　　[ahahaha.h ¥なんかでも¥実家にお土産（.）に買って=
　　　2 :→ =行きたいんだけど**さ**:,
　　　3L:　　[うん.
　　　4S:　　[なんか:（.）すごいやっこいじゃん（.）やわい-軟[らかいじゃん.…

(28)では、1～4Sで、Sは在籍している大学が、出身地とは異なる県にあり、その県のお土産（食べ物）を家族に買って行きたいが、それは軟らかそうなので、なかなか買って帰ることができないと語っている。

1〜2S で、S は「…行きたいんだけど**さ**：」と述べ、「文（…行きたいんだ）＋接続語（けど）」に「さ」を付けている。(a) の接続語には、他に「ても」「から」「たら」「ば」「と」「のに」他がある。

(b) (連用修飾語)＋「ね」／「さ」、〜。
(29) 1S: → [なんか英ご：で**さ**：[：,あ：：あ,ちょ-(.) なんか最初の頃しか英語の
　　　2L:　　　　　　　　　　　[¥う：ん¥
　　　3S:　授業受けてないけど [○○○○（学部名）と一緒だった時なんか
　　　4L:　　　　　　　　　　　　　[うん.
　　　5S:　¥いろん¥な(h)年(h)齢(h)¥層いるな：って思っ[てた：¥

S は、大学には色々な年齢の学生がいることについて、以前履修していた「英語」の授業でのことを話している。S は、1S で「なんか英ご：で**さ**：：」と述べ、1S、3S で、「なんか最初の頃しか英語の授業受けてないけど」という挿入句を挟み、「○○○○（学部名）と一緒だった時」と発話している。よって、1S の「英ご：で」は、3S の「○○○○（学部名）と一緒だった」を修飾する、「連用修飾語」である。つまり、3S で、「連用修飾語」（英ご：：で）に「さ」が付いている。

(c) (主語)＋「ね」／「さ」、〜。
(30) 1S: → [私**さ**：お母さんにさ：
　　　2　　(0.6)
　　　3S:　来週は：(.) 月曜↑日,月曜日行って：
　　　4　　(0.7)
　　　5S:　火水木行かんくて：(.) 金曜日行って [：
　　　6L:　　　　　　　　　　　　　　　　　　 [うん.
　　　7S:　とかいっ↑て (.) で今週もさ：(.) 金曜[日はさ：
　　　8L:　　　　　　　　　　　　　　　　　　　[.hh ºうんº

```
 9         (.)
10S:     ひ-あの:4コマだけやん.
11L:    >うんうんうん<
12S:     とかで:いろいろなんか言ったらもうわからんとか言っとって:.hh
```

(30)では、Sは、大学へ行く日を母親に伝えた時の様子を語っている。1Sで、Sは「私**さ**:お母さんにさ:」と発し、主語(「私」)に、「さ」を付けている。

(d)（接続語)＋「ね」/「さ」、〜。

```
(31) 1S:  →ってか さ:金曜日さ:
      2        (.)
     3L:     うん
     4S:    （がちで）ありえんかった.
     5L:    何が?
     6S:    （ふふ）○○○○ライブ.
```

(31)で、Sはアルバイト先で、バンドのライブが行われた時の様子を語っている。S1で、Sは「ってか**さ**:」と述べて語りを開始する。接読語(「ってか(というか)」)に、「さ」を付けている。(d)に分類した接続語には、他に「だけど」、「でも」、「で」などがある。

(e)（フィラー)＋「ね」/「さ」、〜。

```
(32) 1S:  →°だってなあ冬°hh 冬さ:なんかさマフラーとかするから長いほう:
      2  :   がいいんかなとか思っとったけどさ:
     3L:     うん
     4S:    .hh もううっとうしいからもう切った
```

(32)で、Sは、最近髪を切った理由について話している。1Sで、Sは「°だっ

てなあ冬°hh 冬さ:なんかさ…」と、「フィラー」(「なんか」)に、「さ」を付けている。「なんか」のような「フィラー」に、「ね」/「さ」が付加されているものには、他に「あの」、「その」などがある。

(f) (主題)+「ね」/「さ」、〜。
(33) 1S:→ [なんか:.(インタビュー)に::来とるのも**さ**:○○○○(学科名)
　　 2　:　　って**さ**○○○君と○○ちゃんしか
　　 3　　　(0.3)
　　 4S:　　見たこと:.hh
　　 5L:　　まじ[か:.
　　 6S:　　　　[ないけど:.

(33)で、Sはある学科では、就職活動をしている学生はあまりみないと話している。1Sで、Sは「なんか:.(インタビュー)に::来とるのも**さ**:」と、「主題」(「(インタビュー)に::来とるのも」および、「○○○○(学科名)って」)に、「さ」をそれぞれ付けている。

(g) (連体修飾語)+「ね」/「さ」、〜。
(34) 1S:　　＜¥どこ:¥＞huhuhu[hu　　あと道迷った:[って.○○○○○○=
　　 2L:　　　　　　　　　　[hu huhu　　　　　　[ああ::なるほど
　　 3S:→=っていう作家の**さ**:[講演会がさ:1月にさ:ここであったんだが(ん)
　　 4L:　　　　　　　　　　　[＞うんうん＜
　　 5S:　　=○○大[で

(34)で、Sは、ある作家の講演会を友人と聞きに行くため、待ち合わせをしたが、その友人が道に迷ったことを話している。1〜3Sで、Sは「○○○○○○っていう作家の**さ**:」と、「連体修飾語」(「○○○○○○っていう作家の」)に「さ」を付けて発話している。

(h)(文)+「ね」/「さ」。

(35) 1S: →>そうそう< 吹奏楽部↑の::..h定期演奏会に行ったん**さ**:,私と
　　　2 :　　友だち↑で:
　　　3L:　　うん
　　　4S:　　そしたら〇〇〇〇（人名）のとなり↑で:,
　　　5L:　　う:ん
　　　6S:　　>ちょと<かっこいい男の子がなんか:こんな感じのファゴットを
　　　7 :　　ふいとっ↑て:

　(35)で、Sは、吹奏楽部の演奏会で、ファゴットという楽器を演奏していた男子学生について話している。1Sで、Sは「吹奏楽部↑の::..h定期演奏会に行ったん**さ**:,」と、「文」（「定期演奏会に行ったん[55]」）に、「さ」を後接させている。

(i)（目的語）+「ね」/「さ」、〜。

(36) 1S:　　あのさ:あの人さ:
　　　2 　　(0.7)
　　　3S:　　こういう(.)こういう動きない？
　　　4 　　(0.9)
　　　5S: →ふっていう動き(.)こうかかとを**さ**:=
　　　6 :　　=こう上げて(.)ふっ[ていう動き.
　　　7L:　　　　　　　　　　　[ああ::あ:するかも.

　(36)で、Sは大学のある男子学生の身振りの癖について話している。5〜6Sで、Sは「ふっていう動き(.)こうかかとをさ:こう上げて(.)ふっ[ていう動き.」と、「かかとをさ:こう上げて」と、「目的語」（「かかとを」）に「さ」を付加している。

表3-12 「ね」/「さ」に前接する要素

	(a)	(b)	(c)	(d)	(e)	(f)	(g)	(h)	(i)	(j)	計
	文+接続語	連用修飾語	主語	接続語	フィラー	主題	連体修飾語	文	目的語	述語	不明
出現数	190	85	59	46	41	18	21	13	12	2	9	496

(j) 〜(述語/述部)+「ね」/「さ」…。

(37) 1S: → もうなんかさ:やっと聞いとって**さ**:,
　　 2L:　　うん
　　 3S:　　°て°なんかヒ:-ヒーターってか暖房の音めっちゃ[気になって:
　　 4L:　　　　　　　　　　　　　　　　　　　　　　　　[>あそうそうそう<=

(37)で、Sは外国語の聴解試験で、教室内の暖房の音のために、集中できなかったことを話している。1Sで、Sは「もうなんかさ:やっと聞いとって**さ**:」と、述語（「聞いとって」）に「さ」を付加している。

上記の分類にしたがって、「ね」、「さ」の出現位置をみてみると、表3-12のようになる。

表3-12より、「ね」、「さ」が出現するのは、(a)「文+(接続語)+「ね」/「さ」、〜。」の場合が最も多く（190回）、全出現数の約38％を占めることがわかる。

3.5.1.2.2 「ね」、「さ」の出現数および聞き手の反応数

本節では、日本語会話（20会話）での、話し手による「ね」、「さ」の出現数を以下の表に示す。

表3-13より、話し手による「ね」、「さ」の出現数は7〜50回である。マレーシア語会話における*kan*の出現数と同じく、「ね」、「さ」の出現数は、各会話ごとに差が大きいことがわかる。ただ、既に述べたように、本書では、会話間の出現数の量的分析を行うことによって、その違いについて述べることはしない。

表3-13 各会話における「ね」、「さ」の出現数

会話番号	1	2	3	4	5	6	7	8	9	10
「ね」/「さ」の出現数	15	15	25	42	41	16	30	7	39	12
会話番号	11	12	13	14	15	16	17	18	19	20	計
「ね」/「さ」の出現数	50	12	15	49	23	21	29	22	20	13	496

表3-14 日本語会話における「ね」/「さ」に対する聞き手の反応

	会話番号	1	2	3	4	5	6	7	8	9	10
	「ね」、「さ」	15	15	25	42	41	16	30	7	39	12
聞き手の反応	(a) あいづちのみ	1	1	2	9	4	3	5	0	2	0
	(b) うなずきのみ	0	0	0	1	1	1	2	1	1	1
	(c) あいづちおよびうなずき	2	1	1	2	3	0	0	1	2	0
	合計	3	2	3	12	8	4	7	2	5	1
	会話番号	11	12	13	14	15	16	17	18	19	20	計
	「ね」、「さ」	50	12	15	49	23	21	29	22	20	13	496
聞き手の反応	(a) あいづちのみ	4	0	2	0	6	4	2	2	2	1	50
	(b) うなずきのみ	0	0	0	0	0	1	0	1	0	0	10
	(c) あいづちおよびうなずき	0	0	3	1	0	0	0	0	1	1	18
	合計	4	0	5	1	6	5	2	3	3	2	78

 次に、話し手が「ね」、「さ」を発した後の、聞き手の「あいづち」「うなずき」を次の3つのカテゴリーに分けて示す。(a) あいづちのみ、(b) うなずきのみ、(c) あいづちおよびうなずきである。これは、kan について行った分類と同じである。各会話ごとに(a)～(c)を量的に分析し、その結果を示したものが表3-14 である。

 表3-14 より、全20会話中に「ね」、「さ」は496回現れた。そのうち、上で述べた(a)～(c)の聞き手による反応が現れたのは、78回である。つまり、助詞「ね」、「さ」を聞いた後で、聞き手のあいづち、うなずきが現れたのは平均約16%、現れなかったのは同約84%である。

上の表 3-14 からは話し手の発話した「ね」、「さ」に対する、聞き手の反応数は平均して少なく、「ね」、「さ」と聞き手のあいづちに意味のある関係がありそうだといった、積極的な意味は見出せない。これは、kan に対する聞き手のあいづち、うなずきの出現状況との関係の結果と同じである。

3.5.1.2.3 「ね」、「さ」周辺の聞き手の反応の量・質的分析

　「ね」、「さ」についても kan と同様、その周辺での聞き手の反応がどうなっているかをみてみたい。その反応が現れた位置によって分類した後、量・質的分析を行う。

　まず、「ね」、「さ」周辺での聞き手の反応を分析した結果、以下の(a)〜(h)に分類した。

(a)「ね」、「さ」を聞いた後で聞き手が反応したもの
(b)「ね」、「さ」の途中まで聞いた後で聞き手が反応したもの
(c)「ね」、「さ」が付加された要素（最後までまたは要素の途中まで）を聞いた後で聞き手が反応したもの
(d) 位置が不明なもの
(e) あいづち以外の反応
(f) 聞き手の発話と重複するもの
(g) 聞き手の反応がないもの
(h) 判定不能なもの

　以下で、(a)〜(h)について発話例を示し、詳しく述べる。

(a)「ね」、「さ」を聞いた後で聞き手が反応したもの

```
(38) 1S:      <¥どこ:¥>huhuhu [hu      あと道迷った:[って.○○○○○○○=
     2L:                   [hu huhu               [ああ::なるほど
                →                   ↓   ↓
     3S:    =っていう作家のさ:[講演会がさ:1月にさ:ここであったんだが（ん）
     4L: →                   [>うんうん<
     5S:    =○○大[で                                      ((34)の再掲)
```

「いつ携帯電話を使うか」という話が少し前に始まっている。ここでは、S は友人と待ち合わせをしたが、その友人が道に迷ったので、行き方を教えるために携帯電話を使ったが、友人は待ち合わせ場所とはかなり遠い場所に行ってしまっていたという、笑うべき話として語られていく。1～3S で、S は「…○○○○○○○っていう作家の**さ**:」と発話すると、L は 4L で、2 回うなずきながら、同時に「>**うんうん**<」とあいづちを打っている。このあいづちは、話し手の「さ」を聞いて、発話されている。

(b)「ね」、「さ」の途中まで聞いた後で聞き手が反応したもの

```
(39)        →                                ↓
     1S:     なんか:うち (0.3) もう１コの部活のほうでさ:[追いコンが=
     2L: →                                          [うん
     3S:    =あるからさ:,
     4      (.)
     5L:    >うんうんうんうんう:[ん<
     6S:                        [追いコン来れるの?>って聞かれて<.hh=
     7  :   =>ちょっと<わかんないす [っ(h)て(h).
     8L:                           [ehheheh[ehe.
```

S は複数の部活動に参加しており、今後の予定について話している。1S で、

図 3-5 「さ」周辺の聞き手の反応位置(1)

「…部活のほうで**さ**:」と発話すると、2L で、L は一度うなずきながら、同時に「**うん**」とあいづちを打っている。詳しく時間を計測したところ、L は、最も早い場合、「…部活のほうで**さ**:」の「さ」の 's-' までを聞いてあいづち、うなずきをする準備を始めていることがわかった。つまり、話し手の発話の「さ」の途中までを聞いて、あいづちを打つ準備を開始した可能性がある。

1S の「さ」周辺の、聞き手の反応位置を詳しく示すと図 3-5 のようになる。

図 3-5 は、1S で、「さ」では、少なくとも 's-' まで聞いてから、聞き手はあいづちを打ち、かつうなずいたと考えられることを示す。つまり、聞き手は「さ」を聞いてから、反応したのではなく、「さ」の途中までを聞いて発話した可能性があると考えられるものである。

(c)「ね」、「さ」が付加された要素（最後までまたは要素の途中まで）を聞いた後で聞き手が反応したもの

(40) 1S:　¥私¥すっごい疑問なんが**さ** [ずっとさじゃ:って¥流し続けた [らさ¥
　　2L: →　　　　　　　　　　　　　　[うん　　　　　　　　　　　　[う:ん
　　3S:　その前 [日に沸かし(h)た(h)の(h)が(h)な(h)く(h)な(h)る(h)ん(h)=
　　4L:　　　　[なくなるって(h)?]heh he. .hh
　　5S: =[ちゃ(h)う(h)ん(h)と(h)か(h)思(h)う(h)ね(h)ん(h)け(h)ど(h).]
　　6L:　[それ使い切るって　　　　　　　　　　　　　　　　　　　　]こと=
　　7L: =かな:

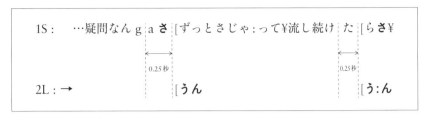

図3-6 「さ」周辺の聞き手の反応位置(2)

　Sが住んでいる大学の寮の部屋の電気は、深夜電力を利用している。1Sは、Lが「深夜電力」の仕組みについて質問し、Sが答え終わった次の発話である。1~3Sで、Sは前日に「深夜電力」で沸かしたお湯を、使い切ってしまった場合、水が出てくるのだろうか、という疑問を述べている。

　1Sの「さ」周辺の、聞き手の反応位置を詳しく示すと以下のようになる。

　図3-6は、2Sで、Sが少なくとも「¥私¥すっごい疑問なんが**さ**」の「が」の'g-'までを聞いて、2Lで、Lは「**うん**」とあいづちを打ったと考えられることを示す。つまり、Sの発話の「さ」が付加された要素を聞いて、Lは反応したと考えられる。さらに、同1Sの「ずっとさじゃ:って¥流し続けたらさ¥」の、「…流し続け」までを聞いて、Lは「**う:ん**」とあいづちを打っており、Sの発話の「さ」が付加された要素を聞いて、Lは反応したと考えられる。

(d) 位置が不明なもの

　あいづち／うなずきは起こっているが、「ね」、「さ」の出現位置との関係（「ね」、「さ」の前の文を聞いてからか、「ね」、「さ」の一部を聞いてからか、「ね」、「さ」を聞いてからか）が、技術的な問題により、はっきりと特定できないものである。

(e) あいづち以外の反応

　「ね」、「さ」周辺で、聞き手の何らかの反応は起こっているが、あいづち、うなずきではないものである。「ターンを取得したもの」、「笑い」、「重複」がある。

(41) 1S: 安直だで.すぐ決めちゃう(°で°)
    2   (0.3)
    3L: う::ん.すぐ決めちゃうでだ [わ.
    4S: [う::ん.ぱって >多分<これとかも:(.) 見=
    5 :   =た瞬間にこう手に持って歩いてたら**さ** [　:　]
    6L: →   [uhuhun]
    7S: >何かもう<レジでお預かりしますね?とか>言って<持ってかれてさ:,
    8 :   =私あも(h)う(h)買(h)わ(h):(h)な(h)=
    9 :   =[あ(h)か(h)ん(h)く(h)な(h)る(h)な(h)han [hahaa] [ha].hh ずっと=
    10L: [ahaha hahaha   ] [huhahu] [.h h]

　Sは最近、ほしいと思った服をすぐ買ってしまうという話をしている。4～5Sで、Sは「見た瞬間にこう手に持って歩いてたらさ:」と述べ、6Lで、Lは5Sの発話に一部重複しながら、笑い始めている。つまり、Sの発話「さ」を聞く前に(「…たらさ:」の「たら」まで聞いて)、「笑う」反応の準備を始めている。このように、あいづち以外の反応がみられたものをここに分類した。

　もう1つ例を挙げる。

(42) 1S: [で:]いっぱい予約したけど:,.hhhh
            ((.hhhh は「す:::」というすすり音))
    2 :   まだ行ってな°っていうね° (((「まだ行ってな°っていう」の間、
            5回指で机を叩く音))
    3L: → .h hh (うちも) 図書館行って調べたら (.) 意外にあるかもしれん=
    4 :   =**本**.
    5S: うん(0.4)あると思う
    6L: >あの< 年内に::行かな(あ)かんていうこの活動のし-できなさ
    7S: > uhuhuh [uhuhuhuhu.<]

3.5　分析・考察

Sは卒業論文の参考図書を探しに、学外の図書館に行った時の話をしている。1〜2Sで、「で:いっぱい予約したけど:, .hhhh まだ行ってない°っていうね°」と述べている。3Lで、Lは「.h hh（うちも）図書館行って調べたら（.）意外にあるかもしれん」と発話し、あいづち以上の発話である、「意見」を述べてターンを取得している。

(f) 聞き手の発話と重複するもの

(43)　1S：　　コレットカレット
　　　 2　　　（0.22）
　　　 3L：　　あ::ある[な:.　　[うん.
　　　 4S：　　　　　　　[とかいう[雑貨屋でさ:買ってんけど↑さ:.hh
　　　 5L：　　あ[::**わかるわかる.**]
　　　 6S：→　　[そこに↑さ:　]パーーッてさ普通にさ:パーって=
　　　 7　：　=並んどる↑s[a:　　　　　]アクセサリーと↑さ:,
　　　 8L：　　　　　　　　[>うんうんうん<]
　　　 9　　　（0.15）
　　　10S：　　なんか:
　　　11　　　（0.4）
　　　12S：　　ショーケースに並んど↑る:,
　　　13　　　（0.3）
　　　14S：　　[アクセサリーあるやん. …
　　　15L：　　[あ, ある

（43）で、Sは、ある雑貨屋で買い物をした時にみたアクセサリーについて話している。1S、4Sで、Sは「コレットカレット[とかいう[雑貨屋でさ:買ってんけど↑さ:」と述べている。4Sの発話後に、吸気（.hh）を行っているため、わずかなポーズが生じた。そこで、5Lで、Lは「あ[::**わかるわかる.**]」と、その雑貨屋を知っていることを、より明確に示している。その5Lの発話とほ

ぼ同時に、Sは6Sの発話を始め、「[そこに↑**さ**:]」と発話している。5Lと6Sの発話が重複しているため、6Sの「そこに**さ**:」という「さ」が後接した発話に対する、Lの反応はされていない。これは、上述のような避け難い要因(SとLの発話の重複)によるものであり、単なる「聞き手の反応がない」場合とは異なると考える。

(g) 聞き手の反応がないもの
(44) 1S:　　でもなんかあの:-前の車の事故のときに:,
　　　2L:　　う:ん
　　　3S:→　そのあと:-痕は一応手も**さあ**↑:あるんだって (0.3) まだ:.
　　　4L:　　えそうな[:ん?

例(44)で、Sは、車の事故の傷跡が、手や足に残っていて、まだ完治していないことを話している。3Sで、Sは「そのあと:-痕は一応手も**さあ**↑:」と述べているが、「さ」周辺に聞き手の反応はみられない[56]。

(h) 判定不能なもの
(45) 1S:　　もしかして看板付け忘れ?とか[>とか<思って
　　　2L:　　　　　　　　　　　　　　　[>うんうんうん[ん<
　　　3S:　　　　　　　　　　　　　　　　　　　　　　[そんなこと=
　　　4S:　　(.)あるか?[とか¥思いつつ]でも¥24時間やと思っとる[から:.hh (.)
　　　5L:　　　　　　　[> uhuhun <　　]　　　　　　　　　　　[う:んうん
　　　6S:→　行ったら**さ**:>なん(か)<コーン立っとっ[て:入ろうと思って=
　　　7L:　　　　　　　　　　　　　　　　　　　　　[う:ん
　　　8S:　　=ブレーキ踏んだのにも1回発進して[さ:,
　　　9L:　　　　　　　　　　　　　　　　　　[う:ん

Sは、夜遅くに24時間営業のはずのファスト・フード店へ車で行ったら、

表3-15 「ね」、「さ」周辺の聞き手の反応の量的分析

	(a)	(b)	(c)	(d)	(e)	(f)	(g)	(h)	計
	「ね」/「さ」	「ね」/「さ」の一部	「ね」/「さ」が付加された文	位置不明	あいづち以外	重複	無反応	判定不能	
出現数	78	8	134	10	63	25	171	7	496

閉まっていたという予想外の出来事が起こった時のことについて話している。6Sで、Sが「…行ったら**さ**：」と発話すると、Lは、うなずきともみえる頭の縦振りをする。しかし、その前後を通して、Lは足を手で掻いているため、体全体が振動していることから、それが確かに「うなずき」だと判断することは困難だった。この例のような、判断が難しいものは、このカテゴリーに分類した。

上記の分類(a)〜(h)にしたがって、聞き手の反応を分析した結果を表3-15に示す。

表3-15より、(a)「ね」、「さ」を聞いた後で聞き手が反応したのは、78回である。次に、(b)「ね」、「さ」の一部を聞いた後は8回、(c)「ね」、「さ」が付加された要素（全部／一部）を聞いた後は134回、(d) 位置不明のものは10回であり、「ね」、「さ」(496回) 周辺の聞き手のあいづち、うなずき((a)〜(d))は、計230回であった。よって、「ね」、「さ」周辺でなされた聞き手のあいづち、うなずきは全体の約46％存在し、(g)無反応（171回、約34％）の約1.3倍であった。

また、(e)「あいづち以外の反応」は63回であるため、「あいづち、うなずき」((a)〜(d))および「あいづち以外の反応」((e))の合計数は、293回（約59％）となり、聞き手が「ね」、「さ」周辺で何らかの反応を示したのは、無反応（約34％）よりも多いという結果になった。上で述べた以外には、(f) 聞き手の発話と重複していたもの（25例）や、(h) 判定不能なもの（7例）がみられた。

以上の結果から、日本語会話において、「ね」、「さ」の出現する周辺では、

聞き手による何らかの反応が生起している（約59%）ことは、偶然ではないと考えられる。

以上では、話し手の発話中の「ね」、「さ」周辺（(a)～(h)）において、聞き手が何らかの反応をしているかどうかについて、量的分析を行った。その聞き手の反応の出現位置（(a)～(h)）の中で、下の1～3の3点から、聞き手のあいづち、うなずきの生起／不生起要因について、主に質的分析（一部量的分析を含む）を行う。

1 「ね」、「さ」が付加された要素（最後までまたは要素の途中まで）を聞いた後で聞き手が反応したもの（上で述べた分類(c)にあたる）
2 「ね」、「さ」（全部／一部）を聞いた後、聞き手の反応が生起したもの（上で述べた分類(a)、(b)にあたる）
3 「ね」、「さ」周辺で、重複したもの、聞き手の反応がないもの（上で述べた分類(f)、(g)の一部にあたる）

まず、「1『ね』、『さ』が付加された要素（最後までまたは要素の途中まで）を聞いた後」では、聞き手があいづち、うなずきを134回（約27%）行っている。下に例を挙げる。

(46)
```
                    ↓
   1S:   あのゼミ越えた:就活ゼミみたいなんが:
             ↓ ↓ ↓
   2L:   >うんうんうんうん<
   3      (.)
                      ↓ ↓ ↓    ↓ ↓
   4S:   あっ (0.6) たらし:い (0.3) くって:. ちゃんと聞いてないけd[o.  ]
   5L:                                                          [うん]
   6S:   でまああの
```

```
 7        (.)
 8S:   ま,○○○先生やから [さ:.h うん (でが:) (.) 今年もやれ:って言うので:
          →                    ↓ ↓
 9L:  →                       [うん.
              ↓↓↓
10L:      °うん (.) うん°
```

((「↓」は、Lによるうなずきを示す))

なぜ聞き手はこの位置であいづち、うなずきを行ったのだろうか。マレーシア語会話の *kan* の周辺でなされる聞き手の反応についての分析でみたのと同じことが、「ね」、「さ」についてもいえると考える。

つまり、「ね」、「さ」を聞く前にうなずきを開始していることから、このあいづち、うなずきは「ね」、「さ」によって誘発されたものだとただちにはいえない。しかし、話し手の発話8S「ま,○○○先生やから**さ:**」において、「ま,○○○先生や」と、述語が既に現れていることから、発話の区切りが近づいていることが投射されている。よって、区切りが投射されたことにより、聞き手はあいづち、うなずきを行ったと考えられるだろう。ただ、「発話の区切りを投射した」ということの意味が、「『ね』、『さ』の出現」も投射した、といえるかどうかを示すのは難しい。

2 「ね」、「さ」を<u>聞いた後</u>、聞き手の反応が生起したもの

```
(47) 1S:    地元好きな人多いね >私の友達< も さ:
     2L: → う:[ん
     3S:       [高校の子だとほとんどが○○○県内の大学で
     4L:    あ:::
     5      (0.2)
     6S:    終わってるから:.
```

(47)では、日本のいくつかの地域の特徴について話している中で、Sの地元の○○○県出身の人達は、他の地域へ進学・就職しに出て行くことが少ないということを述べている。1Sで、Sが「地元好きな人多いね＞私の友達＜も**さ:**」と、「**さ:**」が発話されたのを聞いて、Lは2Lで「**う:ん**」とあいづちを打っている。

ここで、注意したいのは、「さ」が、「**さ:**」と長音化されていることである。この例に限らず、「ね」、「さ」が長音化して発せられることが大多数を占めていた。

よって、例(47)において、聞き手のあいづちが、「さ」によるものか、「長音化した語尾」によるものかの、判定は難しい。

2に当たる、例(47)以外の会話例を、より詳しく分析すると、以下の3つに分かれた。つまり、(a)「さ:」の「さ」までを聞いて聞き手が反応、(b)「さ:」の「さ:」までを聞いて聞き手が反応、(c)「さ:」の後の沈黙後、聞き手が反応した場合である。(a)の場合は、聞き手のあいづちが、「さ」によるものであるという主張は可能であろう。しかし、(b)の場合は、聞き手の反応は、「さ」によるものか、「長音化した語尾」によるものかは、判定が難しい。さらに、(c)の場合には、話し手の沈黙によるものであるといえるだろう。

しかし、少なくとも、(a)の場合は聞き手のあいづちが、「さ」によるものであるということはできると考える。よって、この場合の「ね」、「さ」の機能は、kan について述べた場合（3.5.1.1.5）と同じく、「傾聴要求」であり、それに対する聞き手の反応は「明示的傾聴表示」（あいづち）によってなされていると考えられる。

3　「ね」、「さ」周辺で、聞き手の反応がないもの

ここでは、「ね」、「さ」周辺で、聞き手の反応がみられないものについてみていく。

ここでみる「聞き手の反応がないもの」とは、聞き手による「あいづち」、「ターン取得発話」や「うなずき」、「笑い」がみられないものである。これら

の反応がみられない場合に、聞き手はそれ以外の何らかの行動を取っているのかという点から分析を行った。その結果、下で述べる周辺環境および、聞き手行動があることが明らかになった。ただし、以下の記述は全ての環境・聞き手行動を網羅的に示すものではない。

(a) 話し手の話すスピードが速く、聞き手が反応する機会は与えられていない
(b) 聞き手は話し手を注視している
(c) (それまで下を向くなど、話し手に注目していなかった) 聞き手が顔を話し手に向けるなどの、「注目」行動をとる
(d) 話し手が「なんか」+「ね」/「さ」のフォーマットを使用している

以下で、(a)〜(d)について詳しくみていく。

(a) 話し手の話すスピードが速く、聞き手が反応する機会は与えられていない
(48) 1S:　　あ:それ[でさ:よっしゃ:帰れるっていう気持ちがでかすぎ[て=
　　　2L:　　　　［あ:　　　　　　　　　　　　　　　　　　［あ:
　　　3S:　＝またシフト見んの忘れたって言う:ね .h
　　　4L:　　うわ[:hhh
　　　5S:　　　　[hehehe .hh ((.hh は鼻すすり))
　　　6S:→ぜん,もう [なんかね:2 [かいも 最近ね:店長にね:°シフト°聞いたから:,
　　　7L:　　　　　　[°(は::)°　　[あ:
　　　8L:　　う:ん
　　　9S:　　さすがに店長に電話で（い°わん°もん）

(48)は、Sがアルバイト先での失敗談のクライマックス（次回のアルバイトのシフトを見忘れてしまった）を話し始めたところから始まる。

6Sで、Sは「もう[なんかね:2[かいも 最近ね:店長にね:°シフト°聞いたから:」と、「なんかね:」、「最近ね:」、「店長にね:」と3回「ね」を継続して使っ

ている。7Lで、Lは「[°(は::)°[あ:」と、6Sに部分的に重複している。6Sの話すスピードは速く、この間、聞き手が何らかの発話を差し挟む間は全くないように聞こえる。

　Sは、このように「ね」を何度も連続して使うことによって、自身の発話への「傾聴要求」を、非常に強い形で聞き手に示していると考えられる。

　3.5.1.1.5で、kan周辺で聞き手の反応がみられない場合の質的分析を行ったが、それと似た現象がここでも起こっていると考える。つまり、上の例(48)において、「ね」は区切りを際立たせ、聞き手が反応を始めることができる位置であることをはっきりと示してしまうがゆえに、Sは速く話すことで、聞き手が反応する機会を最小化していると考えられる。

　「聞き手が反応を始めることができる位置であることをはっきりと示す」ことの、ここでの意味は次のようである。「反応可能な場」であるとは、聞き手が何らかの「反応」を示すことが可能になる場である。その「反応」とは、1つは、あいづち、うなずき、笑い、ターン取得といった、明示的な反応である。もう1つは、「注視」「注目行動」（以下で詳しく述べる）といった反応である。「注視」「注目行動」は話し手の発話「内容」への明示的な「反応」（賛成、反対、共感、理解など）ではない。その意味で、1つ目の「反応」とは異なると考える。

　まとめると、話し手は、「ね」「さ」を使用することで、聞き手に何らかの「反応」をすることを要求する。その反応には、発話内容への明示的な反応と非明示的な反応がある。そのどちらの反応が適切であるかは、「ね」「さ」以外の要因（環境）によって決定される。本例では、話し手が「速い発話のスピード」という手法をとることによって、聞き手が「明示的な反応」をすることを抑え、「非明示的な反応」を取ることを可能にした、と解釈できると考える[57]。

　しかし、なぜ語りのこの位置において、Sは非常に強い形で、「傾聴要求」を継続して示したのだろうか。例(48)の直前に語りのクライマックスが来ており、「次回のアルバイトのシフトを見忘れた」と述べられていた。しかし、見忘れたのだとしても、アルバイト先に電話をして聞けば済むことではない

か、という疑念がわく。そう推測するかもしれないLが、その疑念を差し挟む前に、Sは6Sを発話する必要があった。しかもその必要性は差し迫ったものであり、Lが疑念を差し挟む前に、いい終える必要があった。なぜなら、Lの疑念が、6Sよりも先に発されると、語りのオチ（クライマックス）の効力が弱まり、「失敗談」の面白さが低下してしまうからである。「シフトを見忘れた」というだけの失敗談よりも、「そのシフトを非常に聞きにくい状況」という「窮状」にもあることを、滞りなく伝えたほうが、この「失敗談」が語るに足るものであることをより示すことができる。

以上の観察は、「ね」の機能が「傾聴要求」であるという本書の主張を支持するものであると考える。

(b) 聞き手は話し手を注視している

(49)　(L)　→→→→→→→→→→→→→→→→→→→→
　　　1S:　→なんかすごいまじめで↑**さ**:そんな**さ**-なんか親からもらった＝
　　　　(L)　　→→→→→→→
　　　2 :　　-体やのに**さ**(h):(h)　[とかい-いい出し↑て　]:＝
　　　3L:　　　　　　　　　　　　[え:ゆう？そんなこ↑と:]
　　　4S:　＝え(h):(h):(h)っ(h)み(h)た(h)い(h)な(h)
　　　　　　　　　　　　((「→」は、「注視する」ことを示す))

(49)は、ピアスをつけたいといったSに対する、Sの彼氏の反応について話しているところである。1〜2Sで、Sは「なんかすごいまじめで↑**さ**:そんな**さ**-なんか親からもらった体やのに**さ**(h):(h)　[とかい-いい出し↑て]:」と、「まじめで↑**さ**:」、「そんな**さ**-」、「体やのに**さ**(h):(h)」と、「さ」を3度使用しているが、「なんかすごいまじめで↑**さ**:そんな**さ**-」の「さ」の後には、聞き手の反応はない。この間LはSを「注視」している。

話し手の「さ」の使用に対して、聞き手が何らかの反応をすることが多いことは既にみた（約59％）。しかし、既にみたように、「さ」の機能は、「傾聴要

求」(明示的または非明示的)である。つまり、聞き手に何らかの反応を「明示的に示すことを求める」ものだけではないと考える。

よって、話し手によって、「さ」が発せられた時に、求められる聞き手行動は、話し手の発話を「傾聴」し続けることであろう。聞き手が話し手の発話を聞いているという態度を示している限りにおいては、「さ」の要求に対して聞き手は最低限その役割を果たしている(非明示的傾聴表示)といえるだろう。

(c) (それまで下を向くなど、話し手に注目していなかった) 聞き手が顔を話し手に向けるなどの、「注目」行動をとる

```
(50)  1L:   今日だんぼさんの授業はなんだ[った?    [haa aha  ]
      2S:                              [¥今日は[ね::↑え¥]へへ:.hh
      3     (0.3)
                  (L)   →→→→→→
      4S: → や::今日ね9時半に↑ね:[:
      5L:                      [うん
```

(50)は、Lにその日受けた授業について質問されたSが、ある授業の様子を語り始めているところである。

両者は横に並んで座っているが、4Sの発話が開始された時点では、Lは横にいるSに視線を向けておらず、前をみている。4Sで、Sが「や::今日ね」というと、それまで前をみていたLは、その視線をSのほうに向ける。

このLの「話者への視線の移動」は、「傾聴要求機能」を持つ「ね」(「今日ね」に付加された「ね」)によるものだと考えられる。話者の発話時に、聞き手が既に話者に視線を向けていた場合は、その反応は「あいづち」、「うなずき」といった形態をとるかもしれない。しかし、本例においては、話者への視線を向けていないLがとるべき最小限の反応は、Sに視線を向け、注目していることを示すことだといえる。

(d) 話し手が「なんか」+「ね」/「さ」のフォーマットを使用している

　ここでは、「『ね』、『さ』周辺で、聞き手の反応がないもの」の、1分類として、「話し手が『なんか』+『ね』/『さ』のフォーマットを使用している」場合を分析・考察する。

　まず、「なんか」という語に「ね」、「さ」が付加された、「なんかね」、「なんかさ」というフォーマットの、「ターン獲得機能」という観点からの分析を通して、「ね」、「さ」の機能を述べる。その後、「なんかね/さ」に対する聞き手の「明示的な反応」がない点について考察する。

　まず、「なんかね/さ」における、「ね」、「さ」の機能を記述する上で、平本(2011) をみておきたい。

　平本 (2010) は、日本語のターン開始要素「なんか」の、ターンの組織化上の働きに注目し、特定の相互行為上の環境において用いられるターン開始要素「なんか」が行為連鎖や活動の組織化および話題管理の仕事を行う度合が低く、それによって話者性の「弱さ」が示される(「なんか」を発した者が重複に際して脱落する) ことを明らかにし (p.199) ている。

> 　ある相互行為上の環境においてターン冒頭に置かれた「なんか」は、それが発された時点ではどのような行為が後続のTCU本体において行われるかを投射せず、また活動の組織化および話題の管理に関する投射も行わないと考えられるため，それらの仕事の影響を受けにくいことが期待される。
> 　　　　　　　　　　　　　　　　　　　　　　　　（平本 2011: 201）

とし、「特定の次話者が選択されていないという環境において、「なんか」に前置されるターンが他者の発話と同時開始したとき、それ以外のターン開始要素におけるそれ（筆者注：ターン）と比較して、脱落しやすい傾向にある」(p. 202) ことを統計的に証明し、とくにどのような相互行為上の環境下で「なんか」による弱い話者性の提示が利用されるのかを明らかにしている。平本 (2010: 203) の例を以下に挙げる。

(51)　1C:　うん[:.hhh[h 焼きナスと同じような原理→
　　　2B:　　　[ああ::[:
　　　3A:　　　　　　　[°うん°
　　　4C:　=°だもん°　[°それね°
　　　5A:　　　　　　　[そんな感じですね=
　　　6C:　=[うん
　　　7B:　　[へえ:::(.)おいしそう
　　　8　　　(.)
　　　9A:　°めっちゃうまい°(.)うん
　　　10　　(0.7)
　　　11B:→[なんか
　　　12A:　[それ友達にめっちゃうけてん
　　　13B:　ほ::
　　　14　　(.)
　　　15A:　そう(0.2)夜に(0.2)出したやつが

　(51)は、「Aがナスを炒めるアレンジ料理の作り方を披露した直後の場面である。10行目の0.7秒の沈黙の後に、Bによる『なんか』とAによる同時開始が重複し、Bが脱落している」(p. 203)。このように、「特定の次話者が選択されていないという環境」(10行目の0.7秒の沈黙後) で、11行目「なんか」で始まるターンと、それ以外のターン (12行目「それ友達にめっちゃうけてん」) が、同時開始した時、「なんか」で始まるターンは脱落しやすいことが示されている。

　以上を踏まえた上で、本研究の会話より、「なんか」に「さ」が付加された、「なんかさ」を含む例(52)を以下に示し、説明する。

(52) 1A: 　　インフルエンザ::(.)今すごいらしいな.○○県.
　　2　　　(0.5)
　　3B: →やろね:.[**なん**[**かさ**:メーリス(0.4)なんか:[学務のメールからも＝
　　4A: 　　　　　　う:[ん.[**なんか**:.hh((鼻すすり))　　　[うん
　　5B: ＝流れたし.
　　6　　　(0.2)
　　7A: 　　なんか:○○○県と○○県が:(.)おんなじ:(0.6)かず:?(0.2)おるら＝
　　8 : ＝しいんやけど:[.h
　　9B: 　　　　　　　　［°う:ん°.
　　10A: ○○県のほうは圧倒的に人口密度少ないや:ん.(.)＝
　　11 : ＝[¥人口少ないやんな¥?やのに○○○（県名）と一緒って:,＝
　　14B: 　［う:ん.
　　15A: ＝.hh そ::うと:う.(.).h hahaha[ha
　　16B: 　　［感染率が高い(.)(か).[<わ↑::::[:>.
　　17A: 　　　　　　　　　　　　　　　　　　　[.h　h
　　18　　　(0.4)

　(52)では、A、Bが通っている大学がある県で、インフルエンザが非常に流行しているという話をしている。1Aで、Aが「インフルエンザ::(.)今すごいらしいな.○○県.」と、同意要求を行い、3B、5Bで、Bが「やろね:.[**なん**[**かさ**:メーリス(0.4)なんか:[学務のメールからも流れたし.」と発話している。ここでは、Bはまず「同意」（「やろね:.」）を与え、続けて「[**なん**[**かさ**:メーリス(0.4)なんか:[学務のメールからも流れたし.」と「インフルエンザが流行していることを支える証拠」を提示している。

　他方、Aは4Aで「う:[ん.[**なんか**:」と述べ、ターンを取得しようとしているが、3Bの発話（「[**なん**[**かさ**:メーリス」）とオーバーラップした結果、脱落している。続いて、Aは、3Bの「[**なん**[**かさ**:メーリス(0.4)なんか:」に対して、4Aであいづちを打ち（「うん」）、聞き手として振舞っている。

1A の「同意要求」に対する、3B の「同意表示」発話の後の位置における、次話者について以下のことが考えられる。「同意要求−同意表示」という連鎖が閉じた後の位置においては、同意要求を行った A、または同意表示をした B のどちらも次話者になることが可能であると考えられる。これは、平本の例 (51) と同様に、「特定の次話者が選択されていないという環境」であると考える。

　ここで注目したいのは、両者の発話の開始部分において、「なんか」または「なんかさ」が使用されていることである。

　B の 3B「**なんかさ**:」という発話は、A の 4A「**なんか**:」よりもわずかに先に開始されている。「先に話し始めたものが発話権を得る」という規則によって、B のターン (5B) は生き残ったと考えるのが妥当であるかもしれない。先に話し始めたことに加えて、5B「**なんかさ**:」の「**さ**:」の「傾聴要求」機能により、B のターン保持力が更に強化された可能性もあるだろう。

　この「先に話し始めたものが発話権を得る」という規則は、「なんか」という発話の場合にも見られるだろうか。平本の例を以下に挙げる。

(53)　1B:　そんなプレゼンの回数は
　　　2B:　多くなかったんやけど:,
　　　3A:　ん:
　　　4　　(0.4)
　　　5B:　>やっぱなんか<(.)内容を深く(.)
　　　6B:　<し>てくみたいな感じでや(0.2)って:,
　　　7　　(.)
　　　8A:　(°うん°)
　　　9　　(0.2)
　　　10B:　でなんか宿題とかもあった°たしか°
　　　11　　(0.6)
　　　12A:　宿題

13   (.)
14B: うん
15   (1.0)
16B: → なん[か
17A: [宿題はなかったな:
18B: う:ん
19A: レポートぐらいちゃうあっても

　(53)では、「学部2年生のAとBが、1年生時に必修の小集団授業（AとBは別のクラスだった）の授業形式について話している。10行目でBは自分の所属したクラスでは宿題が出たことを述べ、12行目でAが『宿題』と繰り返した後、14行目でBはそれを『うん』と認めている。その後の1秒の沈黙に続いて、16行目でが『なんか』と話し始めるが、この開始はAの発話と重複し、その結果Bが脱落している。」（p.204）12Aの「宿題」は、「聞き取り／理解を語り手であるBに確認する発話」（p.204）であり、それに対してBは14Bで「うん」と返答している。この確認要求が行われた後の位置で、両話者の発話が重複している（16Bと17A）。これは、前掲の(52)と同じように、「次話者が選定されていない」環境で起こった重複である。つまり、(53)の16Bで、Bが「なんか」と先に発話を開始したが、わずかに遅れて開始された、17A「宿題はなかったな:」を発話した、Aのターンが生き延びている。このことから、「なんか」は、先に発話を開始した場合でも、ターンを保持できない場合があることが示されているといえる。
　以上より、例(52)の「なんかさ」は、もし「なんか」と発話された場合、そのターンは脱落する可能性を持っているはずである。しかし、(52)はターンを保持していることから、「なんか」に後接した「さ」に「傾聴要求」機能があるとするのは妥当であると考える。
　では、次に「なんかね／さ」がターン開始部分で使われた場合、それに対する聞き手の反応状況について、量的分析を行った結果を表3-16に示す。また、

表 3-16　ターン開始要素「なんかね／さ」周辺の聞き手の反応

	あり	なし	無関係発話[58]	計	判断不可
回数	5(19%)	19(73%)	2(8%)	26	3

表 3-17　「ね」、「さ」周辺の聞き手の反応

	(a) 文+接続語	(b) 連用修飾語	(c) 主語	(d) 接続語	(e) フィラー	(f) 主題	(g) 連体修飾語	(h) 文	(i) 目的語	(j) 述語	統語要素不明	計
聞き手の反応数	146 (77%)	49 (58%)	34 (58%)	12 (26%)	8 (20%)	4 (22%)	13 (62%)	12 (92%)	7 (58%)	2 (100%)	6 (67%)	293 (59%)
「ね」/「さ」の出現数	190	85	59	46	41	18	21	13	12	2	9	496

　比較のために、「ね」、「さ」が後接する他の要素（前に述べた分類(a)～(j)）周辺での、聞き手の反応数について示したのが、表 3-17 である。

　表 3-16 より、ターン開始部分で使われた「なんかね／さ」に対する聞き手の反応があるのは 19％（26 回中 5 回）である。また、表 3-17 より、他の「ね」、「さ」に付加される要素への聞き手の反応は、20～100％ である。最も低い 20％ のものは、(e)「フィラー」の場合であり、この中には「なんか」も含まれている。よって、ターン開始部分の「なんかね／さ」周辺の聞き手の反応率（19％）は、他の環境で起こる聞き手の反応率と比較して、非常に低いことがわかる。

　「なんか＋ね／さ」に対する聞き手の反応が低い原因は更なる分析が必要だが、少なくとも次のことが指摘できる。つまり、「なんか」はその話者性が弱いが、「なんか」に、「ね」、「さ」を付加して発話することによって、ターン保持力が高まる。この環境においては、聞き手は「非明示的傾聴表示」を行うことが多い。

3.5.1.2.4 　小結

　日本語会話において、話し手によって発せられた「ね」、「さ」周辺で聞き手の反応があるかどうかを分析した。まず、「ね」、「さ」は様々な統語要素（文＋接続語、連用修飾語、主語、フィラー、主題、連体修飾語、文、目的語、述語他）に付くが、特に「文＋接続語」、「連用修飾語」に付くものが多くを占めている。

　話し手による「ね」、「さ」の発話周辺の、聞き手の反応率は、約 59% で、無反応（約 34%）よりも多かった（マレーシア語の kan の発話周辺の、聞き手の反応率は、約 56%（無反応は約 44%）であったことは既に述べた通りである）。

　また、会話例の質的分析を通して、話し手は発話に「ね」、「さ」を付けることで、聞き手の傾聴姿勢を求めている（「傾聴要求」機能）ことを主張した。この機能は、kan のそれと共通している。

　「傾聴要求」とは、「聞き手が、話し手の発話を聞く（または聞いている）姿勢を示すことを要求するもの」である。「聞く姿勢」とは、「話し手へ視線を向ける」、「注視」という非明示的手段によって、あるいは「あいづち」「うなずき」などの明示的手段によって実現されると結論づける。

　このように「ね」、「さ」の機能を記すことで、その出現環境によって、聞き手があいづち、うなずきといった明示的な反応をしない場合（注視、注目行動など）を説明できることを示した。

3.5.2　分析・考察 2
　　　マレーシア語会話と日本語会話における聞き手の反応

　本節では、マレーシア語会話と日本語会話における、あいづちおよび、うなずきの質的分析を行う。全会話の「語り」の部分を、(a)「あいづち」または「うなずき」が多くみられた箇所と、(b)「あいづち」または「うなずき」がほとんどみられなかった（あるいは全くみられなかった）箇所に分類し、分析を行った。

なお、kan および「ね」、「さ」の周辺における聞き手の反応は既に 3.5.1 でみたため、ここでは述べない。

3.5.2.1 「あいづち」、「うなずき」が出現する環境

「あいづち」、「うなずき」はどのような環境で出現するか、という問いに答えることを目的として、マレーシア語会話および日本語会話における「あいづち」、「うなずき」の出現の契機となった要因を分析した結果、下に示す共通した4つの位置であることがわかった。

(a) 話し手の発話の「区切り」付近
(b) 話し手の発話に長音化、イントネーションの上昇がみられた後
(c) 話し手に、言い淀み、ポーズなどの「トラブル源」が発生した後
(d) 話し手の発話内容への「支持」を示す時

上の(a)～(d)について、以下で順に会話の例とともに詳しくみていく。

(a) 話し手の発話の「区切り」付近

まず、マレーシア語の会話をみる。

(54)　　　→　　　　　　　(L)　↓
　　1S:　→ Oooo.　kurang　meriah sikit sebab　　　abang yang dah
　　　　　　あー　より低く　楽しい　少し　なぜなら～から　兄　REL　既に

　　　　　　　→　　　　(L)　↓
　　2 :　　kahwin　kakak yang dah　kahwin　semua beraya kat　rumah mertua
　　　　　結婚する　姉　REL　既に　結婚する　みんな祝う　～で家　義理の親

　　　　(L)→↓　　　　↓
　　3 :　　masing-masi:ng. jadi　yang tin↑ggal　mak ayah aa　saya dengan
　　　　　それぞれ　　だから　NOM 残っている　母　父　えっと私　～と

```
                    → (L)↓↓
    4 :    abang yang belum    kahwin  lagi sorang: jadi   [empat orang
           兄     REL   まだ〜ない 結婚する まだ1人  だから  4    人

    5L:  →                                            [ooo
                                                       おー

    6S:    jelah kat  ru↑mah: mmm  Kurang    meriah sikitlah sebab
           だけ 〜に 家      うーん より少なく 楽しい   少し   なぜなら〜から

                                         (L)↓↓↓↓
    7 :    anak buah yang ramai-ramai takde↑ ka:n. ...
           姪甥    REL   多い       いない  〜ね
```

(1〜7S) あー、あまり楽しくなかった、だって、兄はもう結婚したし、姉ももう結婚したし、みんなそれぞれの義理の両親のところで祝ったから．だから、残っているのは、母、父、えっと、私、独身の兄1人、だから、家には4人だけ．うーん、あまりおもしろくない．だって、姪や甥がここにはいなかったからね。

(54)は、Sが、「ハリラヤ」はどうだったかと聞かれて、答え始めたところである。Sは、1Sで、「あまり楽しくなかった」と述べ、1S〜4S、6S〜7Sで、「兄姉が結婚したのでいなかったことや、姪甥もいなかったこと」を理由に挙げている。その間、5Lの'ooo(あーそう)'以外は、Lはうなずきで反応している。

1Sの'kurang meriah sikit(あまり楽しくなかった)'の'sikit'の途中で、Lは一度うなずいている。ここは、Sの発話が、文として終了しつつあるところである。続けて、Sは'sebab abang yang dah kahwin kakak ya-(だって、兄はもう結婚したし、姉は…)'の後、一度うなずいている。「発話潜時」を考慮すると、'sebab abang yang dah kahwin(だって、兄はもう結婚して)'周辺までを聞いて、Lは反応したと考えられる。この発話は「だって、〜」という理由を表す接続節であり、ある区切りを示しているといえるだろう。

更に、2〜3S で、S が '...kakak yang dah kahwin semua beraya kat rumah mertua masing-masi:ng.(姉も結婚して、みんなそれぞれの義理の両親のところで祝ったから.)' と、理由を述べる発話を終える少し前に、L は 2 度うなずいている。これは、S の発話（接続節）が終わりに近づいていることが、文末に近づいたことによって、投射された結果、その区切りの少し前でうなずいたと考えられる。

同様に、3〜4S で、S が 'jadi yang tin↑ggal mak ayah aa saya dengan abang...（だから、残っているのは、母、父、えっと、私、兄…）' という、1まとまりの位置で、L は 2 回うなずいている。

以上で詳しくみたように、文や節の区切り付近で、L はうなずきを行っているといえる。

繰り返しになるが、以上のような「発話途中」で、あいづち、うなずきが起こっていることは、Fox, Hayashi and Jasperson（1996）の「あいづちの生起要因を日本語の統語構造（SOV）に求める」という記述に対して、それ以外の要因の可能性を示しているといえるだろう。

次に日本語会話の例をみる。

(55)　1S:　　↑で:
　　　2　　（0.2）
　　　3S:　→ なんかもうぎりぎり:3時だったか↑ら:
　　　4L:　→ [[う::ん
　　　5S:　→ [[ぎりぎり5時までやか[ら:　]ぎりぎりじゃったけ↑d[o:.
　　　6L:　→　　　　　　　　　　　[う:ん]　　　　　　　　　　[うん
　　　7　　（0.7）
　　　8S:　→ で乗れ↑て:
　　　9L:　→ うん
　　　10　　（0.9）
　　　11S:　　でなんかもう:夕方から夜にかけてだったか↑ら↑:すごいなんか=

3.5　分析・考察　　167

```
12S: → =もうだんだん真っ暗なっ[てっ↑て:]
13L: →                    [う : : ん]
14S:    ちょっと明かりがつい↑て¥すごい良い=
15 :    =かん[じ¥だ(h)っ(h)た(h)↑よ(h):(h).h]...
16L:       [あ::良いな-::              ]
```

　(55)は、S が九州旅行で、「川下り」をした時のことを語っている。3S で、「なんかもうぎりぎり:3 時だった**か↑ら:**」と、「から:」を用いて、接続節による区切りを示すと、L は、4L で「[[**う::ん**」とあいづちを打っている。次に、S は 5S で、「[[ぎりぎり 5 時までやか[ら:]ぎりぎりじゃった**け↑d[o:.**」と述べ、「か[ら:]」および「**け d[o:**」で接続節による区切りを示している。それらの周辺で、L は「[**う:ん**]」(6L)および、「**うん**」(6L)と、あいづちを打っている。また同じように、8S「で乗れ↑て:」に対して、9L「**うん**」、また、10S「もうだんだん真っ暗なっ[てっ↑て:]」の「[てっ↑て:]」に重複して、11L「[**う::ん**]」と、あいづちが打たれている。

(b) 話し手の発話に長音化、イントネーションの上昇がみられた後

```
(56) 1S: → Ta↑pi↑: (0.5)[ ermm  sebu↑lan,
             でも           えっと 1 か月、

             でも、えっと、1 か月

     2L: → emm em
            うん うん

     3S: → Semasa bulan Ramadhan?,
            〜の間  月    ラマダン

            ラマダンの月の間、

     4L: → emm em em
            うん うん
```

5S:　　　Mak saya: tak berapa sihatlah.
　　　　母　私　　NEG あまり 健康な
　　　　母はあまり健康じゃなかった

6L:　　　Oo [o
　　　　おーー

7S:　　　　　[emm.
　　　　　　 うん

8S:　　　Sebulan, sebelum Ramadhan pun sa↑ma:, jadi　saya yang
　　　　1か月　1か月　　ラマダン　〜も　同じ　だから　私　NOM

9 :　→ kena uruskan keluarga sa↑ya:,
　　　　世話をする　家族　　私の

(8〜9S)　ラマダンの前の1か月も同じだった、だから、私が家族の世話を
　　　　しなければならなくて、

10L:　→ emm.
　　　　うん

11S:　→ Tolo:ng mereka: menguruskan hal: **rumahtan↑gga**:
　　　　手伝う　彼ら　　世話をする　事　家事

　　　　彼らが家事のことをするのを手伝った

12L:　→ emm.
　　　　うん

13S:　　　Penat! [uhuhuhuhu
　　　　つかれた

　(56)は、Sがラマダンはどうだったかと聞かれたのに対し、母親の体調が悪く、自分が家事をしなければならず大変だったことを話している。2、4、10、12行目のLのあいづち、の直前のSの発話末はそれぞれ、1Sの **sebu↑lan**（1か月）、3Sの bulan **Ramadhan?**（ラマダン月）、9Sの **sa↑ya**:（私の）、11S

3.5 分析・考察　　169

のrumahtan↑gga:（家事）である。全ての語末においてイントネーションが上昇している。また、9S、11Sでは最終形態素が長音化（sa↑ya:, rumahtan↑gga:）している。このように、話者は語末のイントネーションの上昇や長音化を利用して、発話の区切りを示し、聞き手にあいづち、うなずきといった反応が可能になったことを示していると考えられる。さらに、これらの発話末はTCU末ではなく、発話の途中である。

次に、日本語会話の例をみる。

(57)　1S:　なんかそのさ:○○○○先生って言うんだけ↑ど↑:[○○○○君って:¿]
　　　2L:　　　　　　　　　　　　　　　　　　　[うん　　　　　]=
　　　3L:　=うん.
　　　4S:→なんか○大の看護↑で↑:で私の友達>に<も○大の看護いる↑の:
　　　5　　(0.3)
　　　6L:→**うん**
　　　7S:　だから聞いたら:
　　　8L:　[うん.
　　　9S:→[○○○○君いるよみたいな感じで↑さ::,
　　　10　 (0.27)
　　　11L:→**うん**

(57)は、Sのアルバイトの勤務先にいる男子大学生が、他大学のSの友人と同じ学部であることがわかったことを話している。4Sで、Sは「なんか○大の看護↑で↑:で私の友達>に<も○大の看護いる↑の:」と、文末の「の」を上昇イントネーションで発話し、その長音末を少し下げて発音することで、まだ続きがあることを示している。0.3秒のポーズ後、6Lで、Lは「**うん**」とあいづちを打っている。また、9Sで、Sは「○○○○君いるよみたいな感じで↑さ::」と、「さ」を上昇イントネーションで発話し、長音化している。0.27秒のポーズ後、11Lで、Lは「**うん**」とあいづちを打っている。Sは5S、10S

の発話末でイントネーションの上昇や長音化を行い、区切りを示し、聞き手にあいづち、うなずきといった反応（6L、11Lのあいづち）が可能になったことを示しているといえる。

3.2.4.3の「『あいづち』の『出現場所』に関する先行研究」でみたように、西阪（2008）は、「日本語の会話において表現形式的にも順番構成的にも未完の場所でありながら、聞き手の反応が体系的に観察できる場所」の特徴は「際立った特徴を持って」おり、「語尾が延ばされることがある」こと、「音調が少し上がることがある」（pp. 87-88）ことを述べている。

日本語会話の(57)の分析結果はそれを追認するものである。

ここで示したいことは、このような日本語のあいづち、うなずきがなされる環境の特徴が、マレーシア語会話においても同様にみられる（(56)）、ということである。

既にみたように、英語会話の先行研究においては、聞き手のあいづちが現れるのは「文単位の終わりのポーズ付近」が大部分（メイナード 1993, 2013）、米英語会話および中国語会話の先行研究では、「文法的完結点（points of grammatical completion）」で生起する比率が高い（Clancy et al. 1996）ことが述べられていた。

つまり、マレーシア語および日本語会話の例においてみられたような、話し手の発話が「文法的に完結していない」場所における聞き手の反応（例(56)の2L、4Lおよび、(57)の3L、8L、11L）は、米英語会話・中国語会話では稀である。

これらの先行研究の結果は、本研究のマレーシア語会話・日本語会話における結果とは大きく異なるものである。先行研究においては、他言語との比較において、日本語のあいづちが異なることを述べるものが多いが、それと同様の特徴を持ったマレーシア語のあいづちについて記すことは、この種のあいづちが他言語でも使われている可能性を示すものだといえよう。

ただ、繰り返しになるが、先行研究でのそれぞれの言語による会話は、その参与者、参与者間の関係、話題など、様々な変数が大きく異なっている。よっ

て、本書でマレーシア語会話における聞き手のあいづち、うなずきの出現環境との比較を行い、その相違を述べることが果たしてどの程度意味があり、また普遍性を持っているかという問題があるだろう。

しかし、現時点において、本書の結果と比較が可能な先行研究は限られているため、その比較には一定の意義があると考える。

(c) 話し手に、言い淀み、ポーズなどの「トラブル源」が発生した後

まずマレーシア語会話の抜粋をみる。

(58) 1S:　　[Jam kredit untuk]　jam kredit untuk　　saya punya::
　　　　　　 時間 単位 〜のための 時間 単位 〜のための 1SG 〜の

　　　　　　単位の時間、単位の時間、私の、

　　　　→　　　　(L) ↓↓　　　↓　　　　↓　　　　　　↓↓
　　　2 :　=emm .h hh subjeklah untuk　　sem ni:, semester ini:, .h hh
　　　　　　えっと　　　科目　〜のための 学期 DEM 学期　　DEM

　　　　　　　　　　　　　　　　　　　　　　　((.h hh の間 0.7 秒))

　　　　　　えっと、今学期の、今学期の科目、

　　　3 :　emm　contohnya: saya ada:: sembilan belas poin lima: kredit hou-,
　　　　　　えっと 例えば　　1SG　ある　19.5　　　　　　　単位　時-

　　　　　　えっと、例えば 19.5 単位時-あの、

　　　4 :　=aa　　jam [kredit saya:.
　　　　　　あの 時間　単位　1SG

　　　　　　単位の時間がある

　　　5L:　　　　　　　[Jam kredit eh?
　　　　　　　　　　　 時間 単位 STM

　　　　　　　　　　　 単位の時間ね

例(59)は、Sが、新学期で大学の履修科目の単位数についての問題を話している語りの最初の部分である。1Sで、Sの発話の冒頭部分 'Jam kredit untuk (〜の単位数)' が、直前のLの発話と重複しているため、再度 'Jam kredit untuk' と繰り返した後、'saya punya::（私のー）' と語末を長音化し、続けて、2S 'emm .h hh（えっと）' と、言い淀みおよび比較的長いポーズ（0.7秒）が生じている。この直後に、Lの継続するうなずきが開始され、Sが 'subjeklah untuk sem ni:, semester ini:（今学期の、今学期の科目）' と発話している間、うなずきが続いている。話者の発話の非スムーズ性（語末の長音化、言い淀み、ポーズ）が現れた時、聞き手はうなずきを行っている。

次に日本語の例をみる。

(59) 1S:　　もともとざ[つ談メールが**あんまり**:**あの**:
　　　2L:　　　　　　　[う:ん.
　　　3　　　（.）
　　　4L:→ >うんうんうん<
　　　5S:　　得意¥じゃなくって[:¥. <あの:>, どうせだったら会えばい(h)い(h)=
　　　6L:　　　　　　　　　　 [あ, そうなの?
　　　7S:　　=じゃ(h)ん(h)っ(h)て(h)=
　　　8L:　　ああ[あ:. もう会って[直接話したほうが早いよ]ね
　　　9S:　　　　=[°話じゃん°.　　[話したほうが早いじゃん]

(60)は、Sには最近同じサークルの男子学生からメールがよく来るが、それは嬉しいかと、Lが質問したのに対し、Sは「なぜ来るのか?」と思っていることを述べた後、その理由を話しているところである。

1Sで、Sは「もともとざ[つ談メールが**あんまり**:**あの**:」と言い淀み、3で短いポーズが生じている。その直後に、4Lで、Lが「>うんうんうん<」とあいづちを打っている。このLのあいづちは、早口で「うん」を3回繰り返す

3.5 分析・考察 173

という、非常に強い形での反応となっている。

1Sを聞いただけでは、まだSの述べたいことはわからない。その証拠に、5Sで、Sが「得意￥じゃなくって:￥」と述べたあたりで、Lは「あ,そうなの?」と発話している。「あ」は知識状態の変化を示すものであり、Lは、ここで初めて話し手の発話内容を理解したことがわかる。よって、4Lでは、LにはSの発話内容はまだ不明であるといえる。また、1Sは「…あんまり:あの:」という、区切りではない位置である。

以上のことから、ここで打たれたあいづちは、話し手の発話の区切りを示す位置でなされたものではなく、他の要因によってなされたものであることがわかる。つまり、言い淀み、ポーズが出現したことを契機とする、あいづちである。

(60)
       ↓↓↓↓
 1S: 言っちゃだめだよ￥[って言った]やんか:[あの:].h 前の会社の悪い=
 2L: [あっうっ-] [うん?]
 3S: =とことか:言ったらあかんみたいな(0.4)なんか-=
  → ↓↓↓↓ ↓↓
 4S: =マ[イナスな-マイナスなことは
 5L: [あ:う::::ん

(60)は、Sが就職活動中に会社の面接を受けた時の失敗に対して、他の友人にされたアドバイスについて述べている場面である。1Sで、Sは「言っちゃだめだよ￥って言ったやんか:」と同意要求を行っている。Sは友人のアドバイスの内容を、Lが知っていると思い、同意要求をしている。しかし、1Sの「言っちゃだめだよ」に対して、Lは、2Lで「あっうっ-」と複数回のうなずきを伴ったあいづちを打ちかけるが、続いて「うん?」という疑念を示す発話をしていることから、実はその内容について知らないことが示される。その後、1~3Sで、Sは「前の会社の悪いとことか:言ったらあかんみたいな」と

説明を続けるが、直後の0.4秒のポーズ、続いて「**なんかー**」というフィラーの挿入によって、発話の進行に非スムーズ性が現れている。その時点で、Lは5Lで、複数回のうなずきとともに「あ：う::::ん」とあいづちを打っている。これはSのポーズ、フィラーという非スムーズ性を契機とするあいづち・うなずきであるといえる。

　日本語の例(60)でみた聞き手の反応については、串田（2009）で述べられている。串田（2009）は、語りを先に進めるように、聴き手が働きかける方法の1つとして「継続支持」があるとし、継続支持のやり方の1つとして、「継続支持標識」の利用を挙げている。「継続支持標識」とは、「語りがまだ続くと見なしうる位置で用いられる「うん」「はい」「ええ」というトークン（発生ヴァリエーションを含む）および頷きのことである」（p.13）としている。

　串田（2009）は「発話が一語一語滑らかに次の統語成分に進んでいく動き（進行性）が滞って」いる時は、「語りへの聴き手の注意を損ないかねない事態である」ため、「聴き手は、語り手が滞りを解消するまで語りへの注意を維持する用意があることや、滞りの解消を受け止めていまや本来の語りの続きに耳を傾ける用意があることを、とくに示す理由がある」（p.15）とし、継続支持標識がこれらの仕事をすると述べている。

　日本語の例(60)は、この指摘を追認するものである。

　本書では、同様の現象がマレーシア語会話においてもみられることが示された。しかし、既に3.5.1.1.4でみたように、マレーシア語会話における聞き手のあいづちは、「話者の発話に最大限重複しない」ように現れる。それは聞き手による言語的発話が、聞き手の語りに重複することへの非選好（好まれないこと）があることを述べた。例(58)においても、同様のことが観察される。

　一方、日本語の(59)、(60)においては、言語的発話（あいづち）のみまたはそれと同期するうなずきによって、聞き手は反応しており、聞き手の「継続支持標識」の形態は異なっている。

(d) 話し手の発話内容への「支持」を示す時（複数回のあいづち・うなずき）

　マレーシア語会話において、聞き手の「継続するうなずき」が出現する環境を分析したところ、その例に共通していた特徴は、話者が「共感されるべき話をしている」時であった。少し長くなるが、下にその例を示す。

　例(61)-1 では、S が最近あったハリラヤに関してちょっとした問題が起こったことについて話している。

(61)-1　1S：　baru　ni　memang memang memang yang raya baru ni memang＝
　　　　　　　新しい この　実は　　実は　　実は　　NOM ラヤ この　実は

　　　2 ：　＝ada　problem sikit
　　　　　　ある 問題　　ちょっと

　　　(1～2S)　最近、実は、実は、実は、このラヤに、ちょっとした問題があった

　　　3L：　ehh
　　　　　　えー

　　　4S：　memang tak　puas hati. Baju: pun　macam baju: entah macam＝
　　　　　　本当に　NEG 満足する　服　〜も　なんか 服　　多分　なんか

　　　5 ：　＝macam dia　oversize.　dia　buat [macam baju tu:　oversize .hh
　　　　　　なんか それ 大きすぎる 彼女 する　なんか 服　その 大きくする

　　　(4～5S)　本当に満足しなかった．服がなんか、多分、なんか、なんか、大きすぎた．仕立て屋は服を大きくし過ぎた

　　　6L：　　　　　　　　　　　　　　　　　　　[aaam
　　　　　　　　　　　　　　　　　　　　　　　　あー

　1～2S で、S は最近のハリラヤの際に問題があったと述べ、語りを開始する。3L で、L は 'ehh（えー）' と発話し、驚きを示している。
　4～5S で、S は「ハリラヤに着るために作った服[59]が大きすぎて、全く満足がいくものではなかった」と発話する。4S で、S の発話は、'macam（なんか）'

が数回繰り返され、滞りがみられるが、5S で 'dia oversize（大きすぎた）' と、「問題点」が明らかになると、6L で、L は 'aaam' と「知識状態の変化」を表す、あいづちを打っている。

例の続きを以下に示す。

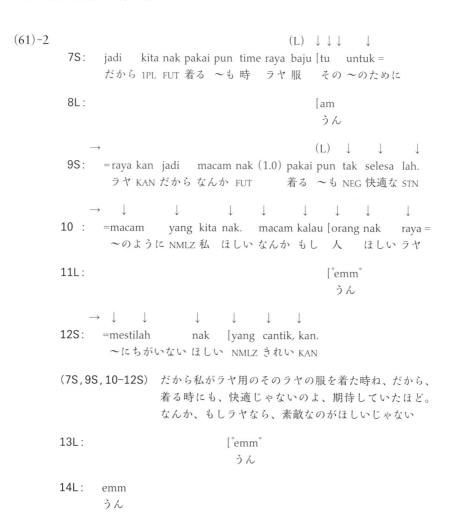

15S:　　tiba-tiba baju: overs:ize.　ada　yang　lengen pendek lah　[ha:: semua:=
　　　　突然　　服　大きすぎる　ある NMLZ 袖　　短い　　　STM　STM みんな

　　　　突然、服が大きすぎるのが来た．そでが短いの（が来たの）よ．

16L:　　　　　　　　　　　　　　　　　　　　　　　　　　　　　　[ºya:º
　　　　　　　　　　　　　　　　　　　　　　　　　　　　　　　　　うん

17S:　　=tapi [tu　lah
　　　　でも　そう STM
　　　　でもそうだったの

　7S, 9S-10S, 12S, 15S, 17S で、S は作った服がいかに快適でなかったかを語っている。9S-10S, 12S の S の語りが進行している時に、L は継続的にうなずき続けている。その継続するうなずきは、話し手の発話 9〜12S の 'tak selesa lah. macam yang kita nak. macam kalau [orang nak raya mestilah nak [yang cantik, kan. （…快適じゃないのよ、期待していたほど。なんか、もしラヤなら、素敵なのがほしいじゃない）' と重なっている。

　この継続するうなずきは、9S の発話、'tak selesa lah（快適じゃないのよ）' 辺りから始まっている。10〜12S では、「もしラヤなら、素敵なのが欲しいじゃない」と、この服が、通常の服ではなく、「ラヤ」という非常に大切な機会に着る服であるため、S の不満は十分理解されるべきものであることを主張しているように聞かれる。

　この間の継続する聞き手のうなずきは、上で述べた出現環境から、話し手への「理解」「共感」「同情」といったものを示している可能性が高いと考える。

　3.2.4.4 の先行研究において、Stivers (2008) は、英語会話において、うなずきは話し手の伝えたスタンスへの支持・賛成を示すと主張していることを述べた。しかし、「うなずき」が「話し手への支持・賛成（'affiliation'）」として機能しているかを、「どう」判定するかという点については問題が残っていた。

　一方、本研究における、聞き手のうなずきは 1〜数回といった、比較的短い

ものではなく、話者の複数のTCUにまたがるものである。

　このように複数のTCUにまたがった聞き手の反応は、他の反応（区切り周辺でうたれるあいづち他）とは、出現環境が大きく異なる。その「出現環境」および「形態」（複数回のうなずき）の相違から、このうなずきは、単に「聞いている」、「理解した」ということを示す以上（あるいは以外）の機能を持つことが、非常に明らかに示されているといえよう。

　上でみた例(61)を含む、「継続する複数回のうなずき」という現象がみられる会話の例全てに共通していたのは、その「語り」が「共感すべきものとして語られている」ということである。

　「共感すべきもの」として語られている話の聞き手に求められている反応は、何であろうか。それは、「共感」を示すことに他ならないだろう。

　それを示すために、マレーシア語会話においては、聞き手の語りに音声的に重複しない「継続した複数回のうなずき」という手法が取られているのではないかと考えられる。話し手の発話がまさに進行している最中に、聞き手がうなずき続けることによって、その話し手が瞬間瞬間に発する発話への共感を示し続けていると考える。

　15S, 17Sで、Sは上の「大きすぎた服への不満」についてより詳しく説明し始めている。'tiba-tiba baju: overs:ize. ada yang lengen pendek lah [ha:: semua: tapi [tu lah（突然、服が大きすぎるのが来た．そでが短いの（が来たの）よ．もう、いろいろ。でもそんな感じ）'と発話し、服の「そで」も短かったことを述べる。15～17Sで、'ha:: semua: tapi [tu lah（もう、いろいろ。でもそんな感じ）'と、「短いそで」の他にもいろいろ問題があったことを述べ、最後に「そんな感じ」と、語りをまとめる発話をしている。ここで、Sの「ハリラヤ用の服への不満」についての語りは、終了したといえる。

　もう1例、(62)をみる。

3.5　分析・考察　　179

(62) 1S:　　Lepas tu　　second, benda tu：sakit, panas.
　　　　　　～後　その第2の　もの　その痛い　熱い

　　　　　　それから、二番目に、そのプロセスは痛めるし、熱い

2L:　　Ye：(ke).
　　　　　　はい　～か

　　　　　　そうなの？

3S:　　Aa, panas sangat. Macam bila kita ke<u>pit</u> kepala tu↑:
　　　　　　うん 熱い とても なんか 時 私 押す 頭　　その

　　　　　　うん、すごく熱い. 頭を押された時

4L:　　Ha↑aa
　　　　　　へー

　　　　　　　　　　　　　　　　　　(L)　↓　↓　↓　　↓
5S:→Ka↑n kita macam, dia　ambik, rambut, satu：[sikat↑kan.
　　　　　　KAN　1PL なんか 彼女 取る　髪　　　1つ　　　KAN

　　　　　　私はなんか、彼女は髪の毛を取るよね？[一束ね／さ。

6L:　　　　　　　　　　　　　　　　　　　　　　　　　　　[aa
　　　　　　　　　　　　　　　　　　　　　　　　　　　　うん

　　　　↓↓　　　↓↓
7S:　　[Dia　kepit gi:tu:.
　　　　　彼女　押す　そのように

　　　　　[このように押す

8L:　　[aa
　　　　　うん

9L:　　aaa
　　　　　うん

(62) で、S は小学生の時ストレートパーマをかけた体験を語っているところである。1～3S で、S はストレートパーマをかけた時、頭を押されて、非常に熱かったと述べている。次に、5S で、頭を押された時の様子を詳しく述べている。5S, 7S 'Ka↑n kita macam, dia ambik, rambut, satu:[sikat↑kan. [Dia kepit gi:tu:.（私はなんか、彼女（美容師）は髪の毛を取るよね？[一束ね／さ。このように押す）' の、'Ka↑n kita macam, dia ambik,（私はなんか、彼女（美容師）は取るよね？)' という発話の途中から、L はうなずきを開始し、S が '…rambut, satu:[sikat↑kan. [Dia kepit gi:tu:.（髪の毛を（…）、一束ね／さ。彼女（美容師）はこのように押す）' と発話中、継続的にうなずいている。また、6L, 8L, 9L で、'[aa [aa、'aaa' とあいづちも同時に打っている。

S の語りは、「ストレートパーマをかけた時の辛かった体験」として語られており、5S では、'Ka↑n kita macam, dia ambik rambut（彼女は髪の毛を取るよね？)' という同意要求に対して、L は 6L で 'aa（うん）' と同意表示する。この L の発話は、S が同意要求発話へのインクリメント（追加）として発話した、'satu:[sikat↑kan（1 束ね／さ）' と重複している。このインクリメントを聞いて、L は 'aa（うん）' とあいづちを打つが、この発話も、S の 'Dia kepit gi:tu:.（このように押す）' と、語尾を長音化した発話と重複している。この 'Dia kepit gi:tu:.' を聞いて、L は 9L で 'aaa' とあいづちを打っている。よって、これらの L による発話は、同意表示、および、S の発話の「区切り後」の言語的あいづちであると考えられる。

一方、この間、継続して生起している、L のうなずきは、複数の TCU にまたがって行われている。この点において、先の例(61)と共通しており、「共感」を表していると考えられる。

次に日本語会話における「複数回の継続するあいづちとそれに同期するうなずき」についてみるが、その前に、日本語の繰り返されるあいづちについての先行研究を少しみる。

先行研究では、日本語の繰り返されるあいづちについて、否定的な効果について述べているものがある。堀口（1997）は、下のように述べている。

> 「はい」「ええ」「うん」「はあ」「そう」「なるほど」「ほんと」などは、「はいはい」「そうそうそうそう」のように2度あるいはそれ以上繰り返して使われることがある。しかし、これは「もうその話は知っている」とか「その話にはあまり興味がない」というような聞き手の反応の表れである場合もある。特に、タイミングやイントネーションによっては、相手の話の流れをさえぎる結果になってしまうこともある。　　　　　　　(p. 63)

と述べている。

　一方、3.2.4.3 の先行研究で既にみたように、永田（2004）は「反復型あいづち」が、ポーズ時よりも、発話途中により多く出現する理由を、「反復型あいづち」は、「理解や同意を積極的に表明するあいづち」である（吉田 1989）ことに求めていた。

　以上の先行研究の主張は、日本語会話における「反復型あいづち」という現象が持つ、2つの異なる機能について述べたものである。

　それらにおいては、「うん」「そう」「ええ」他の異なる機能を持つあいづちの「反復」について、一括りにしてその発話機能を述べている。また、その「反復型あいづち」の「出現環境」についての記述はなく、印象的に述べるにとどまっている。または、「出現位置」の記述がある場合でも、その機能については、「理解や同意を積極的に表明する」としており、何をもって「理解」、「同意」を示しているといえるのか、については明確にされていない。

　以上の理由より、「反復型あいづち」が「理解」、「同意」を表す、といった記述が正しいかどうかはまだ明らかであるとはいえないだろう。

　とはいえ、既に述べたように、あいづちの「機能」を特定することは困難であることが多い。しかし、その機能が明らかになることが全くないわけではない。下にその例を挙げる。

(63) 1S:　　あとは:(0.5) う->その<がつがつしたくない
　　 2　　　(0.3)

```
                              (L) ↓   ↓   ↓
   3L:→ uhu.¥あ::うん>わ(h)¥かるわかる.なんかうんうんうん¥<
```

　(63)は、SらがS最近、S、Lと同じ学部の学生に呼びかけた、就職活動関連の集まりへの、同学部同学科の参加希望者が少なかった理由について、語っているところである。

　1Sで、Sは「がつがつしたくない」と、同学科の学生が「就職活動」にそれほど積極的でないことを理由として述べている。3Lの、うなずきと同期した「**うんうんうん**」は、Sの意見への「支持」「共感」であることがわかる。なぜなら、3Lで「>わ(h)¥かるわかる.」と「意見の支持」を表明した直後に、「**うんうんうん**」が発せられており、この複数回のうなずきを伴った、「**うんうんうん**」という発話は、「支持」を表すと聞かれるからである。

　では、「**うんうんうん**」のような、「うん」の反復型あいづちであれば、どのような環境でも、「支持」を表すのだろうか。次の例を挙げる。

```
(64) 1S:   =.hh 何て言うの.(0.2) <冬服>に
     2L:→>うんうん<
     3S:   短い髪っていうのが好き[(なん.)
     4L:→                         [あ¥そうなんだ¥
```

　2L「>**うんうん**<」というあいづちはSの発話の途中であり、「冬服に短い髪っていうのが好きだ」という内容を理解して発されたものではない。一方で、「あ¥そうなんだ¥」は、Sの「冬服に短い髪っていうのが好きだ」という発話をほぼ聞き終わった位置でなされていることや、「あ」という「知識状態の変化」を示す語が使用されていることから、新情報を得たことで、自身の知識状態に何らかの変化が生じたことを示している。よって、2Lのあいづちの形態は、「うんうん」という複数回の「うん」であるが、それはSの「発話内容（1S）への支持」を表すわけではない。

この例からも明らかなように、「うん」の「反復型あいづち」が、常に「支持」機能を持つわけではない。上の(63)、(64)は「うん」の反復型あいづちの機能が「明らか」な、または、少なくとも「ある機能（「支持」）ではない」、ということが明らかな数少ない例だが、多くの場合、その機能を特定することは難しい。

ここでは、下に、聞き手の「うん」の「反復型あいづち」のうち、話し手の発話内容の「支持」「同意」が明らかな例を挙げる。

(65) 1S:　　え？マックがないとか [思って　　　]:¿（.）なんかう:んって=
　　 2L:　　　　　　　　　　　　 [>うんうんうん<]
　　 3S:　＝いうとさ:もう（.）何？(0.9) ガストが見えてホームランが見えて＝
　　 4 :　＝サイゼなん [>やん<　　 [え:？とか　　]（.）
　　　　　　　　　　　 (L)↓　　 ↓
　　 5L:→　　　　　　 [う:んうんうん [あれ？¥みたいな] ¥ahaha.
　　 6S:　＝思って:.なんで？って思って取りあえず（てんかい）するやん
　　 7L:　　うんうん.

例(65)は、Sが夜遅く車で、24時間営業のはずのマクドナルドへ行ったが、閉まっていたことを話している。1S, 3S で、Sは、マクドナルドがみつからず、そのまま車を運転していると、マクドナルドの先にあるガスト（ファミリーレストラン名）、「ホームラン」（店名）がみえてきたとことを述べている。4S で、Sが「サイゼなん」辺りまで述べると、5L で L は、「[**う:んうんうん** [あれ？¥みたいな]」とあいづちを打っている。L は、「あれ？¥みたいな」という発話によって、「サイゼリアやホームランの手前にあるべきマクドナルドがないことへのSの疑念」を、代弁している。その直前に L は「**う:んうんうん**」と発していることから、このあいづちは S の発話内容への「支持」を表すものと聞かれる。

上の例(65)において、聞き手のあいづち（「うん」の反復型あいづち）は、

184　第3章　研究Ⅱ　マレーシア語・日本語会話における聞き手の反応の対照分析

話し手への「支持」「同意」を示す時に使われる、ことが示された。またそのあいづちは複数回のうなずきと同期していた。

以上より、マレーシア語・日本語両会話において、聞き手が話し手への「支持」「同意」を示す際に、あいづち、うなずきが利用されることが示された。しかもそれらは、話し手の発話が継続しているまさにその最中になされている。しかし、その形態は異なっており、マレーシア語会話においては、専ら継続した複数回のうなずきによって、日本語会話では反復型あいづち（「うん」）とそれに同期するうなずきによって、行われるという相違点があることが示された。「支持」、「同意」を表す他のあいづち、うなずきの形態については今後の課題としたい。

3.5.2.2 「あいづち」、「うなずき」が出現しない環境

聞き手の反応が起こりそうな環境で、あいづち、うなずきなどの反応がみられない場合はいつなのか。なお、*kan* および「ね」、「さ」周辺で、聞き手の反応がみられなかった場合については、すでに 3.5.1 で詳しくみた。よって、ここで繰り返し述べることはしない。

まず、マレーシア語の例をみる。

```
(66)-1   1L:    Tapi kalau dari:  diri: sendir↑i:, suka   belajar   sorang-sorang =
                でも もし ～から 自身 1人        好きだ 勉強する 1人

         2 :   =↑ke ↑: ke   kum ↑ pulan.
                ～か ～か グループ

      (1～2L)   でももし、1人だったら、1人で勉強するのがいい？それとも、
                グループで？

         3S:   [emm
                うーん
```

```
4L  :     [Sorang-sorang lah  ↑kan
           1人            STM   KAN

           1人だよね？

5S  :     Sorang-sorang
           1人で

6         (0.3)
7(L):     hh   ((鼻息))
8L  :     (aa)
9S  : →   em  sebab (0.3) macam     jeni:s  aaa  Ba'yah, .h hh (0.3)   bila
          うん ～だから    ～のようだ タイプ えっと バヤ((友人の名前))  ～時
10  : → =dengar, (0.2) sambil belajar   ↑ tu:, bila  tengah  study:=
         聞く            ～間  勉強する   それ ～時 ～途中だ 勉強する
11  : → =dia   dengar lagu:. huhu
         彼女  聞く   歌
(9～11S)  うん、えっと、バヤのようなタイプだから、聞いている時、
          (0.2)  勉強しながら、勉強している時、彼女は音楽を聞く
12        (0.5)
13L : →   [Camne camne?]
           何、    何？
14S :     [Jenis          ]Ba'yah.
           タイプ           バヤ((友人の名前))

           バヤ・タイプ
```

　(66)-1は、1～2Lで、Lは「勉強は1人でするのが好きか、グループですするのが好きか」と質問し、4Lで、「1人(のほうが好き)だよね？」と確認要求を行っている。5Sで、Sは「1人で(するほうが好きだ)」と答えた後、9～11Sで、その理由を説明する。つまり、Sは「(私は)バヤ(友人の名前)

のようなタイプだから。彼女は勉強する時、音楽を聞く」という意味の発話をする。

　この間、Lの反応は全くみられない。9〜11Sの、Sの発話には、0.2秒、0.3秒の沈黙や、9Sの 'aaa（えっと）'、'bila dengar, (0.2) sambil belajar ↑tu:, bila tengah study:（聞いている時、(0.2) 勉強しながら、勉強している時）' の、'bila dengar（聞いている時）'、'sambil belajar ↑tu（勉強しながら）'、'bila tengah study（勉強している時）' と複数回の言い直し、といった進行の非スムーズ性が現れている。

　12で0.5秒のポーズの後、Lは、13Lで 'Camne camne?（何、何?）' と発話し、Sの発話内容を理解するのに問題があることを示している（修復要求）。
　9〜11SのSの発話中、LはSの顔を注視しているが、「あいづち」や「うなずき」による反応をしてはいない。これは、LがSの発話内容を理解できないため、聞くことに集中していることを示していると考える。その結果、Lの聞き手としての反応を示すことが不可能であったといえる。
　続きの会話を以下の例 (66)-2 でみる。

(66)-2（1〜2行目は再掲）

1L: → [Camne camne?]
　　　　何、　　何?

2S:　　[Jenis　　　　] Ba'yah.
　　　　バヤ・タイプ

3L:　　Kalau belajar
　　　　もし勉強するなら、
　　　　　　　　　　　　　　(L) ↓↓
4S:　　aa　 tengah　 bila tengah ulangkaji↑:, tengah　 ulangkaji: ↑tu↑:,=
　　　　うん 〜途中で 〜時 〜途中 復習する 　〜途中で 復習する　　その
　　　　　↓↓
5 :　　=kena　　　　　(a)de, kena　　　　　ada: .hhh (0.4) aa =
　　　　〜なければならない ある 〜なければならない ある　　　　　えっと

```
 6 :       =dengar apa-apa:. Dia tak  boleh     senya:p je.,=
            聞く  何か        3SG NEG 〜できる 静かな    〜だけ

 7 :       =dia kurang   sikitlah¿
            3SG より低い 少し

(2S, 4〜7S)  うん、途中の時、復習している時、復習しながら、ないといけない。
            (0.4) えっと、何か聞かないといけない。彼女は静かではだめ。彼
            女はちょっとできない

            ↓↓↓↓
 8L :       [emm.
             うん

 9S :       [Kalau Ba'yah, jenis   Ba'yah lah. Tak boleh    orang, .h hh (0.4)=
             もし  バヤ    タイプ バヤ       STM NEG 〜できる 人

            もしバヤなら、バヤ・タイプなら. できない、すごく静かなら.

10 :        =macam sunyi  san[gat aa
             なんか 静かな とても うん

                              ↓↓↓↓
11L :                         [aaa
                               あー

12     (0.7)
```

Lの修復要求（1L:'Camne camne?「何、何?」'）に対して、Sは4〜7S、9〜10Sで、「勉強中は何かを聞きながらしないとできない。静かな中では勉強できない」と説明し、修復を解決しようとしている。それに対し、Lは、8Lで'[emm.' およびそれに同期した複数回のうなずき、11Lで、'[aaa' およびそれに同期した複数回のうなずきを行っている。

(66)-1 で、Lは、1〜2L「1人で勉強するのが好きか、グループで勉強するのが好きか」と質問した。これに対して、Sは、(66)-1 で、5S「1人で」と答え、その後、理由を述べている。その理由は、「勉強中は何かを聞きながら

しないとできない。静かな中では勉強できないから」だった。この発話は、「1人で勉強するほうが好き」ということの理由として、一見矛盾があるように聞こえる。なぜなら、「静かな中では勉強できない」と述べているからである。しかし、Sの主旨は、「静かな中では勉強ができない」ので、「音楽を聞きながら勉強する」。よって、「グループで友達を話しながら、勉強はできない」ということだと考えられる。

(66)-2で、初めてLがあいづち、うなずきを示したことからも、(66)-1のSの発話内容が理解できなかったことが、それらの反応が無かった要因だったと考える。

次に日本語の会話例をみる。

(67) 1A: →ん:なんか(0.5) 忙しいんじゃない? み-なんか:水曜び:, あっわから=
2 : →=んけど. >忙しいって言うかなん[なんやろう<(.) あわん:のかな:.み-
3B: [.h h
4 (0.2)
5B: あんね:ええと:(0.8) あっ-あたしが:
6A: うん.
7B: こ, いろいろ聞いて:¿
8A: うん.
9 (0.5)
10B: 印しょ:うはねまず:(0.7) ○○○○っとやるっていうのは ¥敷¥居=
11 : =が高い.

((10B「○○○○」は同学部の他の学科名))

(67)は、Aらが最近、A、Bと同じ学部の学生に呼びかけた、就職活動関連の集まりへの、同学部同学科の参加希望者が少なかった理由について、語っているところである。1～2AでAは、その理由として、「忙しい」「あわない」といったことを挙げている。

その間、Bのあいづち、うなずきなどの聞き手としての反応はみられない。4で0.2秒のポーズが生じ、5Bで、Bは「あんね:」と傾聴要求表示「ね」を使用し、発話を開始している。5～11Bで、Bは自身の考える「理由」を述べ始める。5、7Bで、「あたしが:(A:うん)こ、いろいろ聞いて:」と、今から述べるBの考える「理由」が、(他の学生に)いろいろ聞いた結果得た、「信頼に足る」理由である、ということを前置きとして述べている。

　Bが考える理由とは、10～11Bで述べられたように、「〇〇〇〇(他の学科名)と一緒にするのは敷居が高い」ことである。さらに、例(67)に続く会話のBの発話より、もう1つの理由(「がつがつしたくない」)が述べられる。以上より、Bは、1～2AでAが述べた「理由」(「忙しい」「あわない」)には、不賛成であったことがわかる。

　これより、1～2Aを聞いている時に、Bの聞き手行動が全くみられないことの要因として、BがAの発話内容に同意していないことがあると考えられる。

　もう1つ会話例をみる。

(68)　1S：　長文のさ:
　　　2L：　う[ん
　　　3S：　　[最ご↑:
　　　4　　(.)
　　　5S：→[まことす-まことくんていうのがさ:主人公で:テンション上がった=
　　　6L：　[うん
　　　7S：→=てか私長文ね:全問あってたんだって.すごくない？.hhh
　　　8　　(1.3)
　　　9S：→え¥すごくないすか:?¥
　　　10　 (0.25)
　　　11L：　やだって:ぼ(く)現に落ちてるしね:
　　　12S：　は:そうか:.

```
13L:    落ちてるしね:
14      (0.4)
15L:    デリケートな問題やでこれ
16S:    huhu [.h hhh
17L:         [まじで:.  ((やや smily))
```

例(68)は、両話者が最近受験した試験について、Sが話しているところである。1, 3, 5Sで、Sは試験の長文問題で、「まこと」という名前の人物が出てきたので、テンションが上がったと述べ、7Sで、「長文問題が全問正解だった」ことを述べ、「すごくない?」とLに同意要求を行っている。しかし、1.3秒という長いポーズがあり、Lからの返答はない。9Sで、Sは「え¥すごくないすか:?¥」と、再度同意要求を行うと、0.25秒のポーズ後に、11Lで、Lは「やだって:ぼ(く)現に落ちてるしね:」と発話し、Sが話しているトピックは、Lにとっては話題にしたくないものであることを示している。

以上より、Lの聞き手行動がないのは、Sの語りを「トピックとして扱うことへの不同意」が要因として挙げられる。

以上のマレーシア語・日本語会話における、聞き手の反応行動がみられない箇所についての分析の結果、マレーシア語会話においては、「理解に問題がある」場合、日本語会話においては、「意見への不同意」、「トピックとして扱うことへの不同意」が示された。

これらの結果は、「聞き手行動不在」の、他の要因の存在を排除するものではもちろんない。

3.5.2.3 結論

マレーシア語と日本語会話において、聞き手の反応（あいづち、うなずき）が起こる環境と起こらない環境を量・質的に分析した。

その結果、両言語話者の聞き手としての反応が起こる環境は、(a) 話し手の発話の「区切り」付近、(b) 話し手の発話に長音化、イントネーションの

上昇がみられた後、(c) 話し手に、言い淀み、ポーズなどの「トラブル源」が発生した後、(d) 話し手の発話内容への「支持」を示す時があることが示された。

　日本語会話における「聞き手の反応」の出現環境(a)〜(c)は、先行研究において（印象的にであれ）述べられている。(d)については、先行研究の主張に対して、本研究では、会話に現れる「証拠」を示し、主張した。

　更に、(a)〜(d)の聞き手の反応の生起環境は、マレーシア語会話においても同じくみられることを示した。

　また、(d)については、マレーシア語・日本語両会話において、聞き手が話し手への「支持」、「同意」を示す時に、話し手の発話が継続しているまさにその最中にあいづち、うなずきが起こっていることを述べた。

　しかし、その形態は異なっていて、マレーシア語会話においては、専ら継続した複数回のうなずきによって、日本語会話では反復型あいづち（「うん」）とそれに同期するうなずきによって、実現されるという相違点があることが示された。その相違の要因は、3.5.1.1.4で既に述べたように、「話し手の発話に、聞き手の発話が音声的に重複する」ことへの志向の差による、と考えられる。

　次に、聞き手の反応が生起しない環境は、マレーシア語会話においては、「理解に問題がある」場合、日本語会話においては、「意見への不同意」「トピックとして扱うことへの不同意」の場合であった。

　日本語のあいづちの先行研究においては、あいづちという現象の起こる場所に興味の中心があった。本節では、それらの先行研究に従えば、あいづちが起こるはずの位置で、あいづちが現れない環境を質的に分析した。

3.6　各会話分析から得られたあいづち教育への示唆

　3.5.1の分析・考察1の結果より、マレーシア語の談話小辞 *kan* と日本語の談話小辞「ね」、「さ」はともに「傾聴要求」機能を持っていて、その周辺では

聞き手の反応（明示的および非明示的反応）がみられることが明らかになった。よって、談話小辞 *kan*、「ね」「さ」の機能は非常に似たものであると結論づけた。

また、3.5.2 の分析・考察 2 の結果からは、聞き手が反応する環境は、(a) 話し手の発話の区切り付近、(b) 話し手の発話に長音化、イントネーションの上昇がみられた後、(c) 話し手に言い淀み、ポーズなどの「トラブル源」が発生した後、(d) 話し手の発話内容への「支持」を示す時であり、両言語話者に共通していた。

これらの結果から、日本語接触場面会話において、マレーシア人日本語学習者の聞き手行動には正の母語転移がみられるかもしれない。

一方で、聞き手の反応の出現形態には大きな違いがみられたため、マレーシア人日本語学習者の日本語会話における聞き手行動上の問題点となる可能性がある。

つまり、マレーシア語会話においては、話し手の発話がまさに進行している時、それへの聞き手による言語的反応は妨害とみられる可能性がある。そのため、発話進行中は、聞き手は専らうなずきによって傾聴行動を行う。一方、日本語会話においては、言語的あいづち（またはそれに同期するうなずき）によって、聞き手の反応を示すため、両言語話者の聞き手行動には顕著な違いがみられた。

マレーシア人日本語学習者が、仮に母国語の聞き手行動を日本語会話時に持ち込んだ場合、それは日本人のそれとは異なることから、違和感を抱かせる可能性がある[60]。具体的には、うなずきの回数が多い、言語的あいづちの代わりにうなずきのみを行うといった聞き手行動を取る可能性が考えられる。

よって、以上のような聞き手行動の相違に注目させ、日本語会話における聞き手行動への気づきを促す、会話教育・教材の開発が重要であると考える。

注

14 第 3 章で示す会話の例は、特に示されていない限り、全て筆者収集会話（3.4 で詳述）のものである。例中の、固有名詞（人名、大学名、場所名他）は、全て別名或いは匿名である。また、「○」は、1 つが平仮名 1 文字に相当する。

15 Wouk (1998) にならい、ここでは *kan* を「談話標識（discourse marker）」と呼ぶ。以下、Wouk の知見を紹介する際には、この表現を使用する。

16 基本的には「初対面」であるが、そのうちの 1 組は親友同士（3 人）で、他の多くは、ある大学に何らかの関係のある人達であった。数週間にわたり、同じグループによる会話を数回録音し、最後の会話時までには、かなりの個人的な質問・返答がなされた。与えられたトピックは、実際に話された場合もあるし、そうでない場合もあった（p. 383、筆者要約）。

17 ①「付加疑問（確認要求機能）」は、本研究の第 2 章の④「確認要求形式」、⑤「共感表示形式」、②「ヘッジ *you know*」は、同⑥「傾聴要求形式」に当たると考えられる。

18 Wouk の *kan* の機能についての主張の一部は、既に 2.4.2.2 で述べた。

19 「話し手によるポーズ」とは、「話し手が *kan* を発話した後に、ポーズをおく」という意味である（Wouk が挙げた「付加疑問」の意味を持つ *kan* の例より）。

20 「話し手のポーズ・パターンやイントネーションのわずかな差」とは、3.2.2.2 で述べた、「イントネーションの上昇の程度」、「話し手によるポーズの有無」を意味する。

21 しかし一方で、「ビデオ録画がされていないため、非言語行動が生起していた可能性には言及できない」ことが、注として述べられており、①「付加疑問」の場合に、「非言語行動が生起する可能性」を完全に否定したものではないといえる。

22 本書の第 2 章では、Wouk の *kan* の機能についての主張を紹介し、その主張を *kan* の文法化に付随する語用論的強化、意味の抽象化という観点から検証し、妥当であると結論づけている。しかし、その主張を CA の観点から検証した場合、「データに現れる証拠」を提示していないという点で十分でないと考えられる。

23 発話途中において使用される助詞「ね」、「さ」の呼称として、「間投助詞」を使用することに対する疑念が、森田（2007）で述べられている。本研究でも、同機能を持つ「ね」、「さ」が終助詞として用いられることを考慮に入れ、これ以降、「間投助詞」という用語は用いない。

24 本章で取っている理論的立場である CA では、ある「解釈」を記述する際には、会話データに示された様々な現象をもとに、それを証明することが求められる。よって、先行研究に対する本書の立場は、それぞれの先行研究における主張・

解釈が、証拠を伴って示されているか、という観点から記述されることになる。

25 佐治（1991）では、「続く文節につき得る」とは、「太郎が……」の「……」の部分につくことができる終助詞のことを指し、この終助詞の用法を「間投用法」と呼んでいる。
26 私達は、無意識のうちにあるもの(a)を他のもの(b)よりも突出したものとしてみているとし、(a)を figure（図）、(b)を ground（(背景となる)地）だとする。Saigo は、'When I fly, I try to avoid British Airways.' と聞いた時に、普通われわれの焦点は「主節」にあるとし、従属節（'When I fly'）を 'ground'、主節（'I try to avoid British Airways.'）を 'figure' だと説明している。
27 Saigo（2011）は終助詞「ね」と「よ」について詳細に分析したものである。
28 「持ちかけ」とは「話し手が談話を展開していくとき、話し手の始めた話題を聞き手に持ちかけ、聞き手をその話題に引き込む」、「共有化」とは「話し手が聞き手の発話を受け、話題・情報を共有しようとしていることを表し、聞き手への一体化を図ろうとする」、「同意・確認」は「話題や情報がすでに話し手と聞き手の間で共有されているとき、同意や確認をしたり、同意や確認を求める」(p.162) ことだと述べている。
29 マレーシア人日本語学習者（日本の国立大学に在籍）は、kan に相当するものとして、「さ」を挙げることが多い。
30 「感情の表出」は堀口（1997）で使用された用語であるが、他の日本語のあいづち研究ではこの用語が踏襲されていることから、Clancy et al.（1996: 359-360）の「バックチャンネル（backchannels）」タイプの中の「興味の表示（display of interest）」を示すもの、および、「反応表現（reactive expressions）」タイプも、このカテゴリーに分類した。Clancy et al.（1996）では、「興味の表示」と考えられる日本語の例として、「ほう」「へー」が、「反応表現」の例として、「すごい」「本当」「そう」「あ、そう（か）」「いいな」「はい」が挙げられている。
31 米英語、日本語、中国語のあいづちを分析している。
32 'continuer' は Schegloff（1982）で使用された言葉である。'continuer' とは、「話者が話を継続している際に、（聞き手が）ターンを取る機会をパスすることで、（話し手は）話し続けるべきだということを示すもの（'Uh huh' など）」（筆者要約）としている。
33 メイナード（1993: 160）は、「これらの機能は一つのあいづちがお互いに全く別々の機能を一つ持っていると考えるのではなく、重なることもあるので、どんな機能を果たしているかを探るのは程度の差によるしかない」と述べている。
34 Schegloff, Emanuel は CA の創始者の1人である。
35 Clancy et al.（1996）は、これを 'Resumptive Openers'（「再開子」、筆者訳）と呼んでいる。
36 次の会話例の下線部 'Oh' をあいづちに含めている。

A: Ho = w are you doing with the house.
B: Oh, got it all uh…primed, just about, except two sides [of it].
A: [Oh you shoot] a primer stuff.　(p. 363、下線は筆者による)

37　ただし、「機能」「形式」に言及してはいる。
38　「ノンバーバル記号」は、本書においては主にうなずきを扱う。
39　メイナードによる「フィラー」の定義はなされていないが、「間発話順番状況」（話し手が発話順番を終了し、聞き手が話し手として発話順番を開始するまでの状況）にみられるあいづちのような短い表現は、会話参加者の一種の「いいよどみ」の中の「埋め込み表現」（filler）と考え、（あいづちの：筆者加筆）分析の対象としない」（メイナード 1993: 58）とあり、「フィラー」を「言い淀み」の一種と捉えていることがわかる。
40　メイナード（2013）では、明確に記述されてはいないが、本書では、「隣接ペアの第 2 部分」（例：「確認要求」／「同意要求」を表す付加疑問文への返答）、「連鎖を終了させるようにデザインされた、『第 2 隣接部分』後の付加的ターン」（SCT: 'Sequence-closing third'）にあたる反応は、あいづちとはしない（既述）。
41　「あいづち率」を「総発話文数に占めるあいづち文の割合」としている。
42　「短い表現」のうち、「頭の動き」が伴ったものは、日本人 386 回、アメリカ人 109 回だったとしている。
43　'Intonation Units' とは、「1 つの一貫したイントネーション曲線で発話される一続きの発言（a stretch of speech uttered under a single coherent intonation contour, Du Bois et al., 1993）」である。
44　「文法的完結点でない IU の終わり」の例としては、「節の終わり」、「語用論的助詞『ね』の後」が示されている。
45　「反応機会場」で聞き手によってなされた反応として、「傾聴表示」「修復」が挙げられている。「傾聴表示」はターンを構成しないが、「修復」はターンを構成する。また、Tanaka（2000）は、発話途中の「ね」について、西阪の「反応機会場」と類似した特徴づけを行い、それを「可能承認関連場所（possible 'acknowledgement-relevance place'」（p. 1155）と呼ぶことについて述べている。
46　「うなずき」の「ほとんどの場合が、頭部（首より上、ないし上体）が前後に傾き 1 回ないし数回往復する動きである。動きの大小や遅速は無視し、連続した動きをどこで区切り 1 回と数えるかなどで、基準が揺れている可能性がある」（p. 51）とある。
47　言語表現を伴うもの、伴わないもの両方を含む。
48　うなずきの上下動を、定位置（レストポジション：rp）から上への振り上げ（準備：P）、振り下ろし（ストローク：S）、定位置への復帰（復帰：R）とした上で、「うなずき」を、(1) P 型（準備のフェーズがあるもの）と (2) 非 P 型（準備のフェーズがないもの）とに分類し、さらに、(1) を①「準備・ストローク・復帰」

が揃っているもの（PSR）、②復帰がなく、「準備・ストローク」のもの（PS）に、(2)を①「ストローク・復帰」（SR）、②「ストロークのみ」（S）に分けている。

49 スクリプトのゴチック体の文字は、「分析において特に焦点を当てる箇所」であることを示す（vページの「トランスクリプト（転写）に用いる記号」より）。また、本節に限り、破線は「分析上、注目すべき箇所」を示す。

50 *kan* が発された後に、出現した「あいづち」・「うなずき」の回数は、1回の *kan* に対して複数回（例：'em em em' や↓↓（矢印はうなずきを示す）など）であっても、それぞれ1回とみなす。

51 (3)および(4)の「要素」は全て「文」であった。

52 *kan* が発された後に、出現した「聞き手の反応」の回数は、1回の *kan* に対して複数回（例：'em em em'や↓↓（矢印はうなずきを示す）など）であっても、それぞれ1回とみなす。

53 ここでは、「文＋kan」の場合を分析するため、3.5.1.1.3で使用した分類(a)〜(h)の(c)(d)の「要素」を「要素(文)」と書き換えてある。

54 *(k)a:n* は語頭の *k* は聞こえず、*a:n* と聞こえる。

55 「定期演奏会に行ったん」の「行ったん」は、「行ったの（です）」を意味する近畿方言である。

56 3S「痕は一応手もさあ↑:」の発話中、Sは手を触っており、Lはその手を注視している。

57 *kan* についても、同様の主張を3.5.1.1.5で述べた。

58 例(52)における「なんかさ」周辺の聞き手の反応は「無関係発話」に分類される。

59 ハリラヤ（断食明けの大祭）は、マレー系マレーシア人にとって、一年で最大の祝日であり、日本の「正月」に相当すると考えられる。ハリラヤ期間中は、親戚が集まり、飲食を共にする。また、親戚・友人のオープンハウスに行ったり、自身が開催したり、といった関連行事が約1か月程続く。このハリラヤへの事前準備は、数か月前から始まり、その1つとして、新しく服を仕立ててもらうことはごく一般的に行われている。

60 4.6.2.2.2において、日本語接触場面会話において、マレーシア人日本語学習者に、マレーシア語会話からの母語転移が起こっている可能性について述べる。

第4章

研究Ⅲ マレーシア人日本語学習者と日本人の接触場面会話の分析

4.1 接触場面会話研究の流れと本書の目的

　2017年までの10年間で、日本における外国人登録者数は約1.5倍の215万人（過去最高）となり[61]日本人と外国人の接触場面は確実に増加している。接触場面の増加は、異文化との接触場面の増加であり、様々な問題が発生しうる。「様々な」といった時に、それは単に外国人の日本語力不足から生じるものだけではないことは、多くの接触場面研究（ファン 1998, 1999, 2006; 村岡 2006; 加藤 2010 他）で述べられてきている通りである。
　これまでの接触場面研究においては、「初対面場面」に関するものが多くなされているが、「友人間の接触場面」についてのものはほとんどみあたらない。
　本章では、これまでにあまり研究されてこなかった、日本人と外国人（マレーシア人）の「友人同士」の接触場面会話を扱うことにより、ある一定期間の日本人との接触を経ても気づくことが困難な「規範」の違いを示したい。また、「日本人が持つあいづちの規範」からの、マレーシア人による「逸脱」という現象は、マレーシア人が気づかず（「留意」せず）、また日本人によって「評価」もされなかったために、「調整」が行われなかったことを示す。
　接触場面における外国人の「あいづち」の研究は多くあるが、外国人の「あ

いづち」使用の背後にある心理について述べたものはみあたらない。また、「あいづち」は日本人間の会話では頻繁にみられるが、他の言語においてはそれほどみられないため、これまで提唱されてきている接触場面研究の枠組みである「言語管理理論」（Neustupný 1985；ネウストプニー 1995a, 1995b, 1997, 1999 他）の中では、あまり研究の対象とはなってこなかった印象を受ける。

　本章では、マレーシア人留学生とその友人の日本人大学生との接触場面会話およびフォローアップインタビューの分析を通して、以下の3点を明らかにしたい。

- 日本人大学生が抱いたマレーシア人留学生への「違和感」（「語彙、文法、イントネーション、発音」などの間違いは除く）
- マレーシア人留学生・日本人大学生の「規範」およびマレーシア人留学生の「調整」の不実施の要因
- マレーシア人に対する会話教育への示唆

　ここでは、マレーシア人留学生の「語彙」「文法」などの言語知識に関する逸脱をみることはしない。もちろん、言語知識上の逸脱を調査することは重要なことだが、本調査のマレーシア人留学生は、日本語能力が中上級・上級で、言語知識上のみですせない逸脱というよりはむしろ、それ以外の逸脱を調査することがより重要だと思われるからである。

　その逸脱は日本語力にそれほど問題がなくなった段階でも続いて起きている逸脱で、それまで見過ごされてきたという事実から、留学生に改善の機会が与えられなかったものであることを意味する。そのような逸脱は、今後も見過ごされる可能性が高く、それを調査することは喫緊の課題だと考えるからである。

4.2　マレーシア人留学生コミュニティの歴史

　日本で学ぶ外国人留学生数の推移をみると、アジアからの留学生が増加傾向にあることがわかる。マレーシア国籍の在日留学生数（2017年5月現在）は第10位である[62]。

　日本に滞在する、文部科学省の奨学生であるマレーシア人留学生は、大学・高等専門学校生（マレーシアの東方政策により1982年に派遣開始）、大学院留学生（2000年に派遣開始）、大学研究生、日本語・日本文化研修生などからなる。この中でも多くを占めるのは、日本の国立大学・高等専門学校への国費留学生であり、現在は理系学部への留学生のみからなる。その他にも、日本人の配偶者、永住権を得た者や日本国内の企業で働く者など、その種類は多岐にわたる[63]。これらの日本在住のマレーシア人の中で、永住者の次に多く、大きなコミュニティを形成しているのは、前述の国立大学・高等専門学校への国費留学生（19歳～23歳）である。彼らは日本全国の国立大学・高等専門学校へ入学することから、全国に点在している。しかし、国レベルでも、個々のマレーシア人留学生レベルでも、様々な行事や交流が行われている。特に、近隣県に在住するマレーシア人留学生は個人的にも、様々な宗教行事を通しても、強い結びつきを保っている。同大学に在籍するマレーシア人留学生は、1つのアパートを数人でシェアしている場合も少なくない[64]。

4.3　マレーシア人留学生の言語生活[65,66]

　マレーシア人留学生の言語生活上の問題点は、マレーシア人同士で固まって行動するため、日本人学生の友人が作れず、その結果、日本語を使用する機会がかなり限られてしまうことである。マレーシア人留学生へのアンケートにおいても、「日本人の友人を作ることに困難を感じている」学生は少なくない。この問題の根本的な原因は、マレーシア人留学生の意識にあると同時に、グ

ループを作りがちな日本人学生側の問題も指摘されている。

　以上のようなマレーシア人留学生の言語生活から、大学での勉学に様々な支障が出ることも報告されている。まず、日本人の友人がいない、又は少ないことから、大学の講義での疑問点を聞く相手が限られてしまい、授業についていけないということが起こる。

　また、非漢字圏のマレーシア人留学生にとっては教科書を1ページ読むことでさえかなりの時間がかかったり、授業中の教師の板書が（手書きゆえに）読めなかったりするということが日常的に起きる。このような現象は、特に大学1年生時に顕著にみられる。そのような時に、助けを求められる日本人の友人がいるかどうかは、マレーシア人留学生の学業の進捗に大きな影響を与える。

　マレーシア人元留学生の中には「日本人社会に溶け込んで日本人と交流しないと、日本で生活したという実感が乏しくなる」と、特に日本人の友人を作ることの重要性を挙げる者が多いという。また、「マレーシア人同士で固まらずに、日本人に混じって自立した生活を送ることで、自立心や精神的な強さを身につけることができる」という意見も多い。

　もちろん、1人で日本人学生や他の日本人と積極的に交流する者もいる。しかし、多くの場合、授業および授業後の実験時以外には、日本語を使う場面があまりなく、マレーシア人同士で行動し、マレーシア語を使用する場面のほうが多いと推測される。

4.4　先行研究

4.4.1　接触場面に関する先行研究

　ネウストプニー（1995b 他）の提唱する「言語管理理論」は大場（2006）では次のように定義されている。

言語管理理論は談話上に現れた問題の記述だけではなく、その問題の発生から管理までを１つのプロセスとしてとらえて分析する。つまり、問題に対し、どのように意識し、なぜその表現を使用し、なぜその言語行動をとったのか、というプロセスをみるものである。そして、このような参加者の問題の管理を、規範からの逸脱、留意、評価、調整計画、調整の実施という言語管理プロセスから分析するものである。　　　（大場 2006：37）

　ネウストプニーの言語管理理論の枠組みを使った接触場面研究は盛んに行われてきており、本章もその１つとして位置づけられる。
　上の「言語管理理論」の「規範」について、加藤（2010）は、「コミュニーション、あるいはインターアクションというプロセスの背景に、参加者が内在化した種々の『行動規定』がある」というネウストプニー（1999：8）を引用し、この「行動規定」を「規範」と捉えている。そして、加藤（2010）は、「規範」を「日本語母語話者（母語話者）」および「非日本語母語話者（非母語話者）」などが持つものとして扱っている。一方、ネウストプニーの言語管理理論では、「規範」とは「目標言語話者の持つ規範」であり、加藤（2010）の概念とは異なっている。本書では、非日本語母語話者の持つ「規範」を明らかにすることも目的としているため、加藤の概念を用いる。
　言語管理理論では、接触場面会話を収集し、その後フォローアップインタビューを行う（ファン 1999；加藤 2010 他）。加藤（2010）は会話収集後、会話を文字化し、それに身体的行動、表情などの記述を加えた後、フォローアップインタビューのための事前分析を行っている。事前分析の際には、参加者に問題が起きていると思われる点をチェックするという。またフォローアップインタビューにおいては、3分程度を目安に会話映像を区切って、被調査者にみせ、気づいたことを述べるよう指示している。それに加えて、研究者が「会話の文字化後に分析をし、事前に準備した」質問も行う（加藤 2010）という。
　また、「管理プロセスにおける調整行動」についての研究は多くなされてきているが、管理プロセスの出発点である規範の全体像については、まだ不明な

点が多い（加藤 2010）という。

　加藤（2010）は、「調整行動」を母語話者および非母語話者の双方が行うものとして扱っている。一方、ネウストプニー（1997）では、「調整の遂行」とは、習得過程で学習者が行うものとして扱われている。よって、ネウストプニーと加藤の「調整」の概念には相違がある。本書では、会話参加者の相互作用的な視点を取り入れて分析を行うため、加藤の「調整」の概念を用いる。

　加藤（2010）は、初対面場面会話から合計 3 回の接触場面会話の収録およびフォローアップインタビューを行い、「社会文化的規範」「社会言語的規範」「言語的規範」の点から詳しく述べている。

　多言語社会のマレーシア人の言語選択の「規範」については、石田（2009）がある。詳細は本章の 4.4.6 で述べるが、マレーシア人の規範を知るために有益であると考える。

4.4.2　第二外国語学習者のあいづち行動に関する先行研究

　ここでは、外国語学習者（日本語学習者、英語学習者など）の聞き手行動としての「あいづち」を分析した先行研究をみる。

　日本語学習者のあいづちは学習が進むにつれ、その種類が増加し（宮永 2013 他）、また、上級学習者はあいづちを何種類か使い分けるといわれている（堀口 1990 他）。一方、上級日本語学習者のあいづち量は、日本人と比較すると 5 分の 1 程度である（堀口 1997）とするものもある。

　あいづちの母語転移の可能性について述べたものに、第 2 言語（外国語）教育への応用を目的に分析した、White（1989）、Maynard（1990）、Cutrone（2005）、半沢（2011）がある。

　White（1989）、Maynard（1990）は、日本人英語学習者は、米英語話者との英語会話においても、あいづちを多く打つが、英語母語話者に悪い印象は持たれていないと述べている。

　一方、Cutrone（2005）は、日本人英語学習者の英語会話における、日本語のあいづちの負の転移について述べ、それが異文化間コミュニケーションにお

ける誤解の発生につながる可能性を指摘している。

　イギリス人と日本人英語学習者[67]（男女各 4 人ずつ、年齢は 20～44 歳）、計 16 人 8 組の、英語接触会話（各組は、同性、同年代の 2 人話題自由、各 3 分を抽出）における、「あいづち（backchannels）」行動を分析した。

　「話し手が何語発するごとに一度、聞き手はあいづちを打つか」について、日本人英語学習者は、7.1 語、イギリス人は 8.1 語で、先行研究（White 1989, Maynard 1990）の結果と比べると、両言語者間の差は小さかったとしている。その要因として、(1) 英語能力が劣る日本人学習者を助けるために、イギリス人があいづちを多く打った、(2) 日本人学習者は、発話することを避けるために、あいづちを通常より多く打った可能性（フォローアップインタビューの結果より）を指摘している。

　また、日本人英語学習者は、あいづちを様々な位置で打つが、イギリス人は、文法終結点（特に、ポーズと共起する場合）で打つと述べている。

　また、あいづちの「形式」について、日本人学習者による「うなずきと共起する言語のあいづち」を頻繁に打つこと（日本人学習者の全あいづちの約 40％ を占める）は、イギリス人に「苛立ちやすい（impatient）」、「邪魔をされている（interrupted）」といった誤解を与える可能性があると述べている。

　半沢（2011）は、アメリカ人日本語学習者の日本語会話および英語会話（母語会話）における聞き手の「あいづち」を分析し、両会話において量的な並行性がみられたことから、日本語学習者の日本語会話におけるあいづち行動は、母語転移の可能性があると述べている。また、学習者は全あいづちの中で、「ターン終結部」であいづちを打つ割合の占有率が、日本人よりも高く、日本人のあいづちの「出現場所」の分布とは異なるとしている。

　上の先行研究ではいずれも、接触場面会話における、学習者の「あいづち」行動の母語の負の転移の可能性が述べられているといえる。

　以上より、接触場面における学習者の「あいづち」の特徴が、母語の干渉によるものなのか、接触場面という場面の特殊性によるものなのかは、慎重に吟味されるべきだといえる。

4.5 接触場面会話の調査と分析

4.5.1 調査方法

　同性で友人関係にあるマレーシア人留学生[68]と日本人大学生2組にテーマを与え、20分ほど日本語で会話をするよう指示し、それを録音・録画した。
　調査場所は1組目は市施設内の小会議室、2組目は大学の小教室である。
　与えたテーマは（a）研究室やサークルのこと（共通知識のあるテーマ）、（b）最近驚いたこと（1人だけが情報を持っているテーマ）の2つである。それぞれのテーマについて10分ずつ話すように指示した。
　テーマ（a）では、常に一方が聞き手になることはなく、両者間で意見や情報の交換が活発に起こると考えられる。またテーマ（b）では、一方だけが情報を持っているため、もう一方は主に聞き手となり、どのような聞き手行動をとるのかをみることができる。（a）、（b）の2つの話題を与えることにより、両者は聞くことまたは話すことだけに偏ることがなく、「話し手」または「聞き手」としてどのようにふるまうのかを観察することができる。
　会話終了後、個別にフォローアップインタビューを行った。まず、直前に行った会話のビデオを日本人にみせながら、「会話中にマレーシア人留学生が取った行動の中で違和感を感じた」箇所があれば、そこでビデオを止めさせ、「違和感」および「それを抱いた理由」を述べるよう指示した。
　本書では、会話の当事者である日本人が「マレーシア人が会話中に取ったあらゆる行動を、どのように捉えているか」ということを重視した。そのため、筆者が「参加者に問題点が生じていると思われる部分を書き出す」ことはせずに、会話終了後すぐにフォローアップインタビューを行った。それは、友人同士である日本人とマレーシア人の関係性の中で、日本人が「違和感」を感じている点は問題であるが、感じていないのであれば、たとえ研究者の目には問題点のように感じられたとしても、会話上の問題点はなかったと考えるからである。
　次に、マレーシア人留学生にも同じようにビデオをみせて、会話中に取って

いた自身の行動の中で「あまり良くなかったと感じた」箇所があれば、そこでビデオを止めさせ、「良くなかった点」および「その理由」について話すよう指示した。これにより、「マレーシア人がどの程度自身の行動を意識し、分析できているか」を知ることができる。

日本人が抱いた違和感にマレーシア人留学生が気づいていなかった場合は、日本人の違和感をマレーシア人留学生に伝え、その時の心情を話すよう指示した。各々のフォローアップインタビューは1時間～1時間半程であった。

4.5.2 調査対象者

調査対象者は、同性で友人関係にあるマレーシア人留学生と日本人大学生[69]（表4-1参照）である。マレーシア人留学生はマレーシアにおいて2年間、「日本語」および日本の高校程度の「数学」、「物理」、「化学」等を学び、その後日本の国立大学で学んでいる（会話収録時点）。

以下に会話時の様子を示す。

表 4-1　調査対象者の属性

	性別	年齢	国籍	所属	関係	日本滞在期間	日本語能力
1組目	男性（J1）	21	日本	大学4年生	同学部の友人（1年ほど）	—	—
	男性（M1）	22	マレーシア	大学4年生		3年半	上級
2組目	女性（J2）	21	日本	大学3年生	同サークルの友人同士（1年ほど）	—	—
	女性（M2）	22	マレーシア	大学3年生		4年半	中上級

図 4-1　会話時の様子（1組目）

図 4-2　会話時の様子（2組目）

4.5.3 分析方法（SCAT）について

　フォローアップインタビュー・データの分析方法である SCAT（Steps for Coding and Theorization）について述べる。

　日本人大学生およびマレーシア人留学生から得たフォローアップインタビューのデータは SCAT の手法で分析した。SCAT とは考案者の大谷（2007）によると、

> 質的データ分析のための手法で、観察記録や面接記録などの言語データをセグメント化（切断化）し、そのそれぞれに、〈1〉データの中の着目すべき語句、〈2〉それを言い換えるためのデータ外の語句、〈3〉それを説明するための語句、〈4〉そこから浮き上がるテーマ・構成概念の順にコードを考案して付していく4ステップのコーディングとそのテーマや構成概念を紡いでストーリー・ラインと理論を記述する手続きとからなる分析方法である。この手法は、一つだけのケースのデータやアンケートの自由記述欄などの比較的小さな質的データの分析にも有効である。
> 　　　　　　　　　　　　　　　　　　　　　　　　（大谷　2007：27）

ということである。本研究は、事例2つという「比較的小さな質的データ」を主に扱うため、SCAT という手法が最もふさわしいと考えた。

　本書での SCAT の例を以下に示し、説明する。

　「あいづちが日本人のものより長いということに気づいていたか」という、調査者の質問に対する答えをマレーシア人留学生（女性）M2 が述べた部分（データ）とその分析〈1〉～〈4〉を下に示す。

（データ）
　気づかなかった。今言われて初めてわかった。マレー語で、もう、なんか、慣れていた。それでよかったから、それで多分一緒の反応をしている。

〈1〉データの中の注目すべき語句

　　気づかなかった／(マレー語のあいづちで) よかった／一緒の反応をする
〈2〉それを言い換えるためのデータ外の語句

　　違いに気がつかなかった要因／自分の言語行動の異言語会話への持ち込み
〈3〉それを説明するための語句

　　日本人から指摘されるという経験の欠如？／母語話者の言語行動への観察の無さ
〈4〉そこから浮き上がるテーマ・構成概念

　　自分の言語行動への気づきの欠如・無関心／自国文化・習慣の他文化への持ち込み

　以上の〈1〉～〈4〉を、全てのインタビュー結果について記した後、「ストーリー・ライン」「理論記述」を行う。「ストーリー・ライン」とは、「データに記述されている出来事に潜在する意味や意義を、主に〈4〉に記述したテーマを紡ぎ合わせて書き表したもの」(大谷 2007:32) である。また、「理論記述」は、そのストーリー・ラインから重要な部分を抜き出して行うことができる (大谷 2007:32)。例として、M2の「ストーリー・ライン」および、「理論記述」を下に示す。

(ストーリー・ライン)

　　自分から会話のトピックを出して、会話を始めようという意思はあるが、常に最終的には相手に依存する傾向がある。自分の言語・非言語行動分析への無関心および気づきの無さがみられる。異質の文化を持つ相手の行動の特徴は理解しているが、それを自ら実行しようという意思は感じられない。

(理論記述)

　　伝えたい内容を伝達するという機能面においては、致命的な障害とならない。しかし内容を伝えるために、必要な単語を並べただけでは、円滑なコ

ミュニケーションとはならない。金城他（2007）は、円滑なコミュニケーション遂行に、「メタ言語表現」の使用と「意識的配慮」が大きく関わり、それらが日本語母語話者の日本語学習者への印象の良し悪しを決めると述べている。

4.6 接触場面会話の量的・質的分析

4.6.1 日本人大学生が違和感を抱いたマレーシア人留学生のあいづちの量的分析

本節ではフォローアップインタビューで行った「日本人大学生はマレーシア人留学生との会話において違和感を抱いたか。抱いた場合、それはどのようなものか」の調査結果の量的分析を示す。

日本人大学生が抱いた違和感は、「あいづち」および「ジェスチャー」の2点だった。本節では「あいづち」のみを分析し、「ジェスチャー」は分析の対象としない。

なお、日本人大学生が抱いた「違和感」の妥当性は、次のように検証した。関東および関西出身の各々20代、30代の男女1人ずつ、合計関東4人、関西4人の日本人に会話映像をみせて、「違和感」を抱いたところを指摘するよう依頼し、その結果をSCATを用いて分析した。その結果、出身地域、男女、世代の差による顕著な違いは確認されず、J1、J2の違和感は妥当なものだと考えた（以下の表4-2より）。

SCATの分析結果の1例を挙げると、関西出身の20代男性が、M1について抱いた違和感の1部をSCATで分析した結果は以下の通りである。

（データ）

専門的な話なので、自分もよく理解しているかどうかわからないが…。日本人は「努力すれば結果はついてくる」を少なくとも3回は言っている。後半3

表 4-2　出身地域の差、世代差、男女差別の「違和感」を持った人数（日本人 8 人）

	M1	M2
関東出身	2/4　（50%）	3/4　（75%）
関西出身	3/4　（75%）	4/4　（100%）
20 代	3/4　（75%）	4/4　（100%）
30 代	2/4　（50%）	3/4　（75%）
男	1/4　（25%）	3/4　（75%）
女	4/4　（100%）	4/4　（100%）

分になったら、マレー人はほとんど話していない。飽きてきているような気がする。言葉数が明らかに減っているから。前半と後半の 3 分で、マレー人の態度は確実に変わっている。最初のほうはマレー人は質問をどんどんして、すごいなと思った。聞き手としても違和感は無い。聞き手としての態度（あごひげをいじっていたり、あいづちが合わなくなってきている）は、聞いていなかったのか、あいづちのパターンを間違ったのか、なんとなく聞いていたのか。

〈1〉データの中の注目すべき語句

　　日本人／「努力すれば結果はついてくる」× 3)／後半 3 分、マレー人は発話ほとんどなし／飽きてきているのか／前半の 3 分、マレー人はどんどん質問をして、すごい。聞き手としても違和感は無い／後半、あごひげをいじる、あいづちが合わない／聞いていなかったのか、なんとなく聞いていたのか、あいづちのパターンを間違ったのか？

〈2〉それを言い換えるためのデータ外の語句

　　日本人の発話の前半では、マレーシア人はどんどん質問していてすごい、また、聞き手としてもよい。後半は、飽きていたのか、ほとんど発話がなく、聞き手としての態度も、あごひげをいじったり、あいづちが合ってなかったりと、聞いていなかったのか？

〈3〉それを説明するための語句
　マレーシア人は興味のあることにはどんどん質問もし、聞き手としての反応もよいが、関心がなくなってくると、発話がなくなり、ちゃんと聞いているのかわからないが、聞き手行動も破綻している部分がある。

〈4〉そこから浮き上がるテーマ・構成概念
　相手の話への興味の有り無しは、話し手行動としても、聞き手行動としても、現れる。関心がなくなると、それは発話の急激な減少、場違いなあいづちに現れる。関心がある場合、質問などの発話の増加、適切な聞き手行動があるはずだ。

　以上の分析の部分は、J1 の M1 への違和感の 1 つである、「J1 が話している時に、M1 が聞き手としての反応が少ない箇所があり、理解しているのか不安になった」（後述）と一致するものであると判断した。

　日本人が違和感を抱いたマレーシア人留学生のあいづちについての量的分析を示す前に、まず、M1、M2 の全あいづちを形式の面から分類したものを以下の表 4-3 に示す。本書では、形式の面から「あいづち」を定義することはしていない。しかし、「M のあいづち」についてのおおよそのイメージを明らかにするために以下に示す。
　次に、以下の表 4-4 に「日本人が違和感を抱いたマレーシア人留学生のあいづち数」の結果を示す。
　表 4-4 より、M1 の全あいづち数 93 回のうち 27％（25 回）に、J1 は違和感を持ち、M2 の全あいづち数 64 回のうち 70％（45 回）に、J2 は違和感を持っていることがわかる。
　J1 が抱いた「M1 のあいづちへの違和感」は、「聞き手としての反応が少ない（あいづちだけを打っている）」ことである（4.6.2.1.1 で詳しく述べる）。
　J2 が抱いた「M2 のあいづちへの違和感」は 2 種類に分かれる。すなわち、

表 4-3 マレーシア人留学生のあいづち（形式面からの分類）[70]

M1		M2	
形式	数	形式	数
1 うん系	29	1 うーん系	21
2 あー系	17	2 あー系	14
3 うーん系	16	3 ふーん系	9
4 そう系	9	4 うん系	7
5 はー系	7	その他	13
6 ほー系	5		
その他	10		
計 93		計 64	

表 4-4 日本人が違和感を抱いたマレーシア人留学生のあいづち数

	M1	M2
日本人が違和感を持ったマレーシア人留学生のあいづち数／マレーシア人留学生の全あいづち数	25/93 (27%)	45/64 (70%)

1) あいづちの長さが長い
2) M2から質問してくれるかと思った時に、M2はあいづちを打つだけで終わってしまう

である（4.6.2.2.1 で詳しく述べる）。

表 4-4 の J2 が違和感を持った M2 のあいづち数は、上記の 1) および 2) の合計であるため、より詳しい結果を表 4-5 に示す。

表 4-5 より、「J2 が違和感を持った M2 のあいづちの回数」は、a. が 40 回、b. が 23 回である。a. と b. の両性質を持つもの（表の c.）が 18 回あるため、その重なり数を減じる（a. + b. − c.）と、合計 45 回となる。

表 4-5　J2 が違和感を抱いた M2 のあいづちの回数

J2 が違和感を抱いた M2 のあいづちの種類	回数
a. あいづちの長さが長いもの	40
b. M2 から質問してくれるかと思った時に、M2 はあいづちを打つだけで終わってしまうもの	23
c. a. と b. の両性質を持つ M2 のあいづち数	18
J2 が違和感を抱いた M2 のあいづち数《 1)＋2)－3)＝45 》	45/64 (70%)

4.6.2　フォローアップインタビューの質的分析

4.6.2.1 では、J1 と M1 について、4.6.2.2 では、J2 と M2 についてのフォローアップインタビュー（以下 FI と略す）の質的分析結果について詳しく述べる。

4.6.2.1　J1 と M1 への FI の質的分析
4.6.2.1.1　J1 が抱いた違和感

J1 への FI より、J1 が「M1 の行動の中で違和感を抱いた」のは、「J1 が話している時に、M1 が聞き手としての反応が少ない箇所があり、理解しているのか不安になった」部分であり、それは会話中に感じたものである。以下に J1 が「違和感」を抱いた会話部分の例(1)および分析を示す。

(1) 　1 M1：　＞え じゃ：そのなんか＜ 今やってる実験の：なんていう？＝
　　　2 　　：　＝締切ていうかいつ：？
　　　3 J1：　＝グリセリンのやつはま（.）一応９月まつ：？とか 10 月？＝
　　　4 　　：　＝までにはやらないけん.で：, でもポンプ::を購入するから：,
　　　5 M1：　ポンプ？
　　　6 J1：　う：ん.ポンプ買うとなったら：見積もりだして::, 発注して：＝

7 :   =一か月かかるんやんか↑な:
  8 M1: → そう.
  9 J1:   う:ん.じゃけ:ちょっとポンプのやつはむりかな:と思って:.=
 10 :   =長時間（　　　）を撮影するやつはむりなんやけど:短時間なら:,
 11 M1: → うん.
 12 J1:   いけるから:(1.0)ま:グラフを見てる限りあんまり溶けて=
 13 :   =ない（　　　　）.
 14 M1: → そう.
 15 J1:   うん.何かけっこうあれ5秒くらいしか撮影してないんよ.
 16 :   ほんとはなんかずっとポンプ使うんやつやったら何秒ぐらい=
 17 :   =いけるんかな:? 200秒300秒ぐらいいけるんよ.
 18 M1:   ほ::（　　　）やね.
 19 J1:   うん.それやったらけっこう解けてるのが見えるんやけど:.
 20   (1.2)
 21 J1:   ただねポンプ時間かかるけんね.
 22 M1: → う:ん.

　例(1)では、J1が現在行っているポンプを使った実験について語っている。

　上の会話から、J1が話を続けている間、M1はほとんどあいづちのみを発しており、そのあいづちは8, 14行目の「そう」や11, 22行目の「うん」「う:ん」に限られていることがわかる。

　先行研究によれば、学習者のあいづちは学習が進むにつれ、その種類が増え（宮永 2013 他）、また、上級学習者はあいづちを何種類か使い分けるといわれている（堀口 1990 他）。

　上の会話部分では、M1は上級日本語学習者で日本語能力が非常に高いにもかかわらず（J1および会話ビデオをみた8人の日本人（4.6.1参照）からも非常に高い評価を得ている）、「そう」「うん」「う:ん」というあいづちのみを用いている。

M1から「積極的な反応」がなかったために、「M1は自分（J1）の話していることを理解しているのか」と、J1は不安になったという。つまり、主に、限られた種類のあいづちの繰り返し、および、あいづちによる反応が少ないと、J1は思ったということであり、M1は「あいづちの不適切な使用」をしていたといえる。

4.6.2.1.2　J1の違和感へのM1の「留意」

J1が抱いた違和感の「M1が聞き手としての反応が少ない箇所があり、理解しているのか不安になったこと」（例(1)）を、M1に伝えた時、M1はそのことに「気づいていなかった（「留意」していなかった）」と答えた。また、M1は「もし私が理解しているかどうか不安や心配が本当に（J1に）あったら、その次に来る話をもっとわかり易くしただろうが、それはなかったため、不安はなかったと思う」と答えている。

M1の発言からわかることは、「例(1)で、『J1はM1が理解しているのかどうか心配していない』と、M1は感じている」ということである。では、なぜ例(1)で、M1はあいづちの反応が少ないのだろうか。

M1へのFIで、「会話中の自分の言語行動で、あまりよくなかったと感じた点」を聞いたところ、J1が「違和感」を抱いた例1と同じ部分を含む、計3箇所を挙げた。例(1)で、M1は「話し手の発話に対して『面白い』と思い、何か反応しようと思っているが、それに合うような言葉や言葉のつながりを考えているため、沈黙して下を向いてしまった」と述べ、会話中にそう感じたという。

J1とM1が述べた会話の箇所は同じ（例(1)）であるが、その理由は全く異なる。J1は「M1の聞き手としての反応が少なく、理解しているのか不安」になり、M1は「（理解はしていて）自分は何か反応をしたかったが、それをどのように表現するか考えていたため沈黙し、下を向いてしまった」ことに注目している。

4.6.2.1.3　M1の「調整」の不実施の要因

以下では、4.6.2.1.1、4.6.2.1.2および例(1)より得られた、J1とM1の「規範」の違いおよび、M1が「調整」を行わなかった要因について述べる。

まず、例(1)において、おそらくJ1は「M1はわからないなら質問するはずだ」という「規範」を持っていたのではないか。なぜなら、M1は例(1)で、「自分の発話の明確化（自分の発話をよりわかりやすい表現を使い、いい直すこと）」や「聞き手への理解度確認（自分のいっていることを聞き手が理解しているか直接尋ねること）」などを行っていない。つまり、「自分の発話を理解していないかもしれない」M1に対して、何の「調整」も行っていないからである。

一方、J1が違和感を感じた会話部分をM1に伝えた時、M1はどのように考えたのだろうか。M1へのFIの結果から、SCATの分析を通してまとめたものを下に示す。

- **相手の規範の解釈よりも、自分の規範に基づいて相手の反応の意味を解釈し、ある言語行動を行うまたは行わないことを選択する**

この概念について以下で詳しく述べる。

まず、「相手の規範の解釈よりも、自分の規範に基づいて相手の反応の意味を解釈し」というのは、

> M1は、J1の規範がどのようなものであるかは考えないで、M1の規範を使い、「例1でJ1が話を続けたこと」＝「『自分（M1）がJ1の話を理解している』と、J1は思っていた」と解釈した。

ということである。

ここで、「M1の規範」（後で詳しく述べる）とは、「もし話し手に、『聞き手が理解しているのだろうか』という不安や心配があったら、話し手はその次に来る話をもっとわかり易くするべきだ」というものである。

次に、「ある言語行動を行うはまたは行わないことを選択する」というのは、

> M1は、「『自分（M1）はJ1の話を理解している』と、J1は思っている」と解釈したために、「自分（M1）はJ1の話を理解していたのだから、何もいう（例えば、J1に対して「明確化要求」をするなど）必要はなかった」と考えた。

ということである。

M1の「規範」は、石田（2009）で述べられていることに大きく関連すると考えられる。石田（2009）は、「マレーシアにおける多言語使用者に共通する言語選択の規範」について次のように述べている。

> コミュニケーションを取る時は相手に自分をわかってもらいたいこと。自分の言語能力が貧しくても、何か相手の言語で話すことによって相手はうれしい気持ちになり、リラックスすること。まず友達になって関係を良くするために相手の土俵（言語）に立つこと。言語能力の高い低いがコミュニケーション言語を選ぶ最優先の基準ではなく、「相手が得意な、もしくは民族の言語」と予測される言語が最優先される規準であること。…これらは程度の差はあっても調査協力者の多くに共通する態度であり、マレーシアにおける多言語使用者に共通する言語選択の規範であると思われる。
>
> （石田 2009: 28-29）

同じく石田（2009）によれば、マレーシアのタクシー運転手（マレー系マレーシア人）に対して、乗客である中華系マレーシア人が選ぶ言語は「マレーシア語」であり、それは、運転手が得意である（と「中華系マレーシア人」が考える）言語は、「マレーシア語」だからである。話の途中で、込み入った内容になると、マレーシア語でうまく表現できなくなる中華系マレーシア人に対して、マレーシア人運転手は「調整」を行い、使用言語を「英語」にスイッチ

するという。

　このマレーシア人の「言語選択」から、「相手がコミュニケーションに困っていると思った時には、相手から求められなくても、相手のより得意な言語に切り替える」ことが日常的に行われていることがわかる。

　このような「言語選択の規範」は、現在も日本国内のマレーシア人留学生コミュニティ内でも共有されている可能性が高い。なぜなら、4.2 および 4.3 で述べたように、日本国内の留学生はつながりが強く、マレーシアの言語・社会習慣を維持したまま、日本で生活している可能性が高いと考えるからである。

　ここで、M1 の規範に立ち戻ってみると、M1 が日本人との「接触場面」で、日本人に期待する行動は何だろうか。「相手が困っているようであれば、相手によりわかりやすい言語に切り替える」ということは、M1 が日本人に望む「調整行動」ではないだろう。なぜなら日本人とマレーシア人の共通言語は「日本語」しかないからである[71]。それならば、次にマレーシア人が日本人に期待する「調整行動」は何だろうか。おそらく「外国人が理解していなさそうだと思った時には、日本人が再びよりわかりやすく言い直す」といったような、「困っている M1 に対し、J1 が何らかの調整を行う」ことだろう。M1 も FI の中で、「もし本当に私が理解しているかどうか、(J1 に) 不安や心配があったら、その次に来る話をもっとわかり易くしただろうが、それはなかったため、J1 には不安がないと思った」と述べていた（既に述べた通りである）。

　以上より、例(1)が行われていた時、J1 は「M1 は自分の話をわかっているだろうか。でも、わからないなら質問するだろう」、M1 は「J1 の話は面白いから、何とか反応したいが、どのようにいうかに集中していて下を向いてしまっているなぁ」といったことを思っていたと考えられる。

　「私（M1）が理解していないかもしれないと思ったら、J1 は何らかの調整行動をとるはずだ」という規範を持っている M1 には、J1 の「心配」は予想できないことだったといえる。

　ここまでで、J1 と M1 への FI および例(1)より、両者の「会話時に取るべき調整行動」についての「規範」には異なる側面が存在することが明らかに

4.6　接触場面会話の量的・質的分析　　219

なった。

　以上の結果をまとめると、M1の「あいづちのみの反応」という「あいづちの不適切な使用」は、J1に「M1は話を理解しているのか」と思わせた。しかし、J1は「もしM1がわかっていなければ質問するだろう」と考え、何の「評価」も行わなかった。一方で、M1のほうは「話し手が、聞き手が理解しているか不安なら、何らかの『調整』を行うはずだ」という「規範」を持っていた。結果として、M1はJ1の心配には気がつかず（「留意」せず）、M1による「調整」はなされなかったといえる。

4.6.2.2　J2とM2へのFIの質的分析
4.6.2.2.1　J2が抱いた違和感

　J2へのFIより、「マレーシア人留学生（女性）M2の行動に対して違和感を抱いた」点は2点ある。まず1つ目は「J2が話している時、M2のあいづちの長さが長く、頻度が高いため、『M2は本当に自分の話を理解しているのか』と思った」という点であり、その違和感は、会話中に感じたものである。

　2つ目は「M2から質問してくれるかと思った時に、M2はあいづちを打つだけで話が終わってしまった」という点であり、それは会話中に感じたものである。

　J2が会話の中で「違和感」を感じた箇所は例(2)を含む11箇所である。以下にJ2が2点の「違和感」を抱いた会話の例（例(2)）及び分析を示す。

(2)　1 J2：　来週の水曜日は参加する？お昼休み:.
　　　2 M2：　うん多分できる:.
　　　3 J2：　できる:
　　　4 M2：　J2さんも来る:？
　　　5 J2：　そう　悩んでて:, でも行きたいなと思って:. う:::ん.
　　　6 M2：→あ::::.
　　　7 J2：　焼き鳥の焼き方？

```
 8 M2: → あ:::.
 9 J2:     とかもちゃんと教えてもらえるから:.
10 M2: → う:::ん.
11     → (0.3)
12 J2: → そう何か:う::ん.そうだね:
13 M2:     もう最近-最きん:もう- あんまり- たりない [みたい:.
14 J2:                                          [あ:そうなの?
```

　例(2)では、4行目でM2が、J2に、両者が所属する共通のサークルに、来週参加するかどうか質問し、J2が返答している。

　J2が話を続けている間、M2はあいづち「あ:::」(06, 08行目)や「う:::ん」(10行目)を発しているが、そのあいづちは非常に長い(各々1.5秒程度)。M2のあいづちが日本人より長く発話されることに、J2は違和感を抱いていた。また、その「あ:::」や「う:::ん」などの長めのあいづちがくり返しなされると、「M2が本当に自分の話を理解しているのか」と不安になると述べている。

　例(2)でJ1が抱いた違和感の2つ目を次に詳しく述べる。10行目でM2が「う:::ん」とあいづちを打った後、11行目で3秒という長い沈黙が生じた。この沈黙はM2に起因するものである。なぜなら、10行目は「J2が5、7、9行目の一連の発話を終えた(J2が自分のターンを終えた)次の位置」であり、M2が何らかの反応をするべき場所だからである。しかし、10行目のM2のあいづち「う:::ん」は、「聞いている」サインとしてしか、J2には聞かれず、話し手への積極的な反応とはいえないだろう。相手からの積極的な反応が得られなかったことで会話がストップしてしまっている。

　その後、12行目でJ2が「そう何か:う::ん.そうだね:」と発話を開始することで沈黙を破り、間を埋めようとしている様子がうかがえる。その後、13行目で、M2が「もう最近- 最きん:もう- あんまり- たりないみたい:」と新たな話題を導入している。

4.6　接触場面会話の量的・質的分析

以上より、例(2)の10行目が、「『M2から質問してくれるかと思った時に、M2はあいづちを打つだけで話が終わ』った、と J2 が思った」箇所であるといえる。

では、M2 はどのような反応をすればよかったのだろうか。J2 は 5 行目で「そう 悩んでて:、でも行きたいなと思って:. う:::ん.」と述べていることから、「行きたいが、行けない理由があるらしく、悩んでいる」ことがわかる。その場合、聞き手は「その日都合悪いの？」といったことを聞いても良いように思われる。そのような質問をすることで、聞き手は「話し手への関心」を表すことができ、また会話を広げていくことが可能になる。

4.6.2.2.2　J2 の違和感への M2 の「留意」

J2 が感じた違和感の 1 つ目である「M2 のあいづちの長さが長く、頻度が高いので、M2 が本当に自分の話を理解しているのか不安になる」という点について、M2 はそのことに「気づいていなかった」と答えた。「マレーシア語ではそのようにあいづちをしていたので、それと同じあいづちを使っていた」ためであるという。

M2 はマレーシア語での「あいづち」をそのまま日本人との会話の中に持ち込んでいたために、J2 には「逸脱」と捉えられたことを下で述べる。

マレーシア語会話において、'aaaa（あ:::)' や 'emm（発音は「う:::ん」に近い)' は、第 2、3 章でみたように、マレーシア語会話において、聞き手のあいづちとしてよく使われている。

よって、例(2)の 6、8 行目の「あ:::」というあいづちは、「マレーシア語のあいづちをそのまま、接触場面でも使っていた」といえるだろう。

また、「う:::ん」というあいづちは、日本語の「うん」とよく似ていることから、M2 は日本語のあいづちを打っていたかのように聞こえるかもしれないが、実際は、マレーシア語の 'emm' を用いていたと考えられる。

4.4.2 の先行研究でみたように、接触場面においては、学習者の「あいづちの母語転移の可能性」が指摘されている。本書はその指摘を支持するものと

なった。

また、FI で、J2 と M2 の接触場面会話のビデオを視聴した日本人（8人）のうち 3 人は、M2 の「うなずき」への違和感を述べている。つまり、「うなずきの回数が多い」、「（言語の）あいづちの役割を、うなずきで行っている」、「うなずきが少し長く、小刻みに震えるようなうなずきをしている。あまりみないうなずきである。」他の指摘があった。

第 3 章でみたように、話し手の語りを聞いている時の、マレーシア人の聞き手行動の特徴として、話し手の発話中には、「うなずきのみ」によることが多かった。それに対して、日本人は、話し手の発話に重複しながら、「（言語的）あいづち（およびそれに同期するうなずき）」を行うことが多くみられた。

この結果から、接触場面会話での、マレーシア人の「うなずき」への違和感の指摘は、母語転移の可能性を示唆するものであると考える。

また、2つ目の違和感である、「M2 から質問してくれるかと思った時に、M2 はあいづちを打つだけで話が終わってしまった」という点については、M2 は気づいていたことがわかる。

なぜなら、M2 への FI の中で、「会話の中で、自分があまりよくなかったと思う」点を聞いた時に、例 2 の 11 行目で、「自分（M2）から新しいトピックを出すべきだったが、何を聞いてよいかわからず、（13 行目で）J2 が発話してくれたのでよかったと思った」と述べているからである。

4.6.2.2.3　M2 の「調整」の不実施の要因

以下では、4.6.2.2.1 と 4.6.2.2 および例(2)より得られた、J2 と M2 の「規範」の違いおよび M2 に「調整が起こらなかった要因」について述べる。

J2 が違和感を感じた会話場面では、M2 はどのように考えていたのだろうか。M2 への FI の結果から、SCAT の分析を通してまとめたものを下に示す。

- 積極的に会話を進行調整する「言語ホスト」と消極的に会話に参加する「言語ゲスト」の存在の容認

この概念について、以下に詳しく述べる。

まず、「積極的に会話を進行調整する『言語ホスト』と消極的に会話に参加する『言語ゲスト』の存在の容認」の中の「言語ホスト」「言語ゲスト」という概念は、ファン（1998, 2006）が述べたものである。このファンの概念を用いると、M2の規範を説明できるため、ここで用いる。

ファン（1998, 2006）によると、母語話者と非母語話者の接触場面においては、それぞれ「言語ホスト」と「言語ゲスト」という役割分担があり、「言語ホスト」の参加調整行動は「会話を維持する」ことを目的としており、母語話者がその役割を担う。これに対して、「言語ゲスト」の参加調整行動は「会話においてその場をしのぐ」という目的を持つものであり、非母語話者がその役割を担うとしている。

J2が違和感を感じている時、M2は「その場をしのぐ」ことを目的とする調整行動、つまり、「言語ゲスト」の役割を担っていたことがわかった。M2の「その場をしのぐ行動」とは次のようなものである。

- 自分の言語行動への無関心および気づきのなさ
- 他者依存

1つ目は、J2が「M2があいづちの長さが長く、頻度が高いので、M2が本当に自分の話を理解しているのか不安になる」と違和感を述べたのに対し、M2は「気づいていなかった」と答えた。その理由は「マレーシア語ではそのようにあいづちをしていたので、それと同じあいづちを使っていた」からだという。

つまり、M2は「日本人のものよりも、自分のあいづちが長く、頻度が高い」ということに気づいていなかった。よって、上で述べた「自分の言語行動（＝あいづちの長さ）に気づかず、無関心である」という「言語ゲスト」の立場をとっていたといえる。

2つ目「他者依存」については、M2へのFIのSCATの結果より、「新しい話題を出さなければならないという意思はあるが、常に最後には相手に依存する傾向がある」ことがわかった。よって、M2には「他者依存」という特徴があるといえる。
　以上のM2とJ2へのFIおよび例(2)より、M2には「自分の言語行動への無関心および気づきのなさ」と「他者依存」という「『言語ゲスト』であることの是認」を示す「規範」が存在することが明らかになった。これがM2に「あいづちの不適切な使用」という「逸脱」を生じさせた要因であると考える。さらに、この「逸脱」はJ2により「評価」されなかったために、M2は気づかず（「留意」せず）、何の「調整」も行われなかったといえる。

4.7　接触場面会話から得られたあいづち教育への示唆

　J1とM1の会話例（例(1)）では、M1は8、14行目の「そう」や11、22行目の「うん」「う:ん」といった限られた種類のあいづちのみを打ち、また、あいづちによる反応が少ないため、J1からは「自分（J1）の話を理解しているのだろうか」と捉えられていた。このような会話場面は、M1とJ1の会話では例(1)を含む3箇所でみられた。
　J2とM2の会話例（例(2)）では、M2は6、8行目の「あ:::」や10行目の「う:::ん」といった、日本人とは異なる、長いあいづちのみを打っていた。この時、J2からは、「自分（J2）の話を理解しているのだろうか」と思われていた。特に、10行目のM2の「う:::ん」というあいづちは、M2がJ2へ質問などの積極的な反応をすべき位置であり、「あいづち」という「聞いているということの表示」だけでは不十分だった。例(2)のような場面は、会話全体を通じて散見された（11箇所）。
　以上より、M1、M2が「あいづちの不適切な使用」という言語行動を取っている時に、友人の日本人大学生J1、J2より「違和感」を抱かれていたとい

える。

　よって、マレーシア人中上級・上級日本語学習者であるM1、M2に対しては、「あいづちの不適切な使用」という現象に目を向ける必要性が強く示唆されたといえよう。

　現在の「あいづち」指導においては、「あいづちの種類を使い分ける」他の「あいづちの種類を増やす」ことを注目したものが多い。もちろん、それは、「外国人日本語学習者のあいづちの不使用」という現象が多くみられるからであろう。しかしながら、「あいづちの不使用」は比較的日本語能力が低い初級・中級レベルで最もよくみられる現象である。

　今回のマレーシア人の行動の中で、友人の日本人大学生が「違和感」を抱いた点は、「聞き手であるマレーシア人からの積極的な反応の欠如」である。その「反応の欠如」は、「聞き手としての反応を示すべき時点で、その反応を回避する手段として使用された『あいづち』」という形で現れていた。

　よって、今後は、日本語学習者の「あいづちの不適切な使用」により起こる負の側面に注目した、会話教育への取り組みも必要であると考える。

4.8　結論

　本章の調査より、以下のことが明らかになった。

　まず、「日本人大学生が抱いたマレーシア人留学生への違和感」は、「聞き手としての反応の欠如（あいづち反応の少なさ）」および「あいづちの長さが長い」という「あいづちの不適切な使用」にあった。

　次に、マレーシア人留学生の「規範」には、「相手の言語規範の解釈よりも、相手の反応の意味を自分の言語規範に基づいて解釈し、ある言語行動を行うまたは行わないことを選択する」や、「積極的に会話を進行調整する言語ホストと消極的に会話に参加する言語ゲストの存在の容認」（自分の言語行動への無関心および気づきのなさ、他者依存）があることが示された。これらの規範は、

あいづちの規範からの逸脱の要因となっていたり、あるいは、「逸脱」への「留意」・「調整」の不実施の要因の1つとなっていたりした。

次に、マレーシア人留学生の「逸脱」に対して、日本人大学生は「評価」を行わず、そのため、マレーシア人留学生は、その「逸脱」には気がつかず（「留意」せず）、「調整」を行わなかったことを示した。

最後に、中上級・上級レベルのマレーシア人に対する会話教育への示唆として、「あいづちの不適切な使用」という現象に目を向ける必要性を述べた。

これらは、ある程度の期間、友人関係にある日本人との会話でもみられる現象であるため、今後も自然に解消されていくことは期待しにくいと予想される。

これらの結果を日本人、マレーシア人の双方が知識として持っておくことは、双方が「違和感」を抱かない、よりスムーズな会話を行うために役に立つものと考える。

本調査の結果は2組のマレーシア人留学生とその日本の友人との会話およびそのフォローアップインタビューから得られたものである。これがマレーシア人日本語学習者の傾向であるかどうかは、同様の調査を継続して行い、検証する必要がある。

注

61 〈http://www.soumu.go.jp/main_sosiki/jichi_gyousei/c-gyousei/zairyu_1/pdf/080630_1_si1.pdf〉（2018年8月6日閲覧）より。

62 「平成29年度外国人留学生在籍状況調査結果」（独立行政法人日本学生支援機構）〈https://www.jasso.go.jp/about/statistics/intl_student_e/2017/index.html〉（2018年8月6日閲覧）より。

63 以上は、「外務省　各国地域情勢　マレーシア〈http://www.mofa.go.jp/mofaj/area/malaysia/data.html#06〉（2013年8月11日）」より。

64 マレーシア人留学生への聞き取りより。

65 マレーシア東方政策プログラムに関する調査（財）国際開発高等教育機構（FASID）平成19年3月〈http://www.fasid.or.jp/-files/publication/Malaysia_report.pdf〉（2013年11月6日）およびマレーシア人留学生への聞き取りより。

66 在マレーシア日本国大使館 Scholarship Information 〈http://www.my.emb-japan.go.jp/English/JIS/education/scholarship/scholarship.htm#A〉（2013年11月6日閲覧）より。

67 英語能力については、「英語母語話者との英語での会話を快適に継続できる（…be able to comfortably maintain a conversation in English with a native speaker of English.)」（p.250）とあり、より詳細な英語能力の記述はない。

68 筆者は2人のマレーシア人とは面識があった。男子留学生には日本語を教えていたことがあり、それ以来、4年間時折親交があった（調査時点）。女子留学生とは、週に1度会うことがあり、1年ほどが経過していた（調査時点）。

69 以下では、マレーシア人留学生の男性をM1、女性をM2、また日本人大学生の男性をJ1、女性をJ2と略す。

70 マレーシア人留学生のあいづちの種類は次のように分類した。「うん系」は、「うん」「うんうん」「うんうんうん」など「うん」を含むもの。「あー系」は、「あーあー」「あーあーあー」など「あー」を含むもの。「うーん系」は、「うーん」「うーーん」など、「『う』の長音＋ん」のもの、「そう系」は「そう」、「はー系」は「はーはー」「はーはーはー」など「はー」を含むもの、「ほー系」は、「ほーほー」「ほーほーほー」など「ほー」を含むもの、「ふーん系」は、「ふーん」「ふーーん」など、「『ふ』の長音＋ん」のもの。

71 M1は英語も流暢であるが、J1は込み入った専門の話題を英語で話せる程度の英語力はない（J1へのFIより）。

第 5 章

むすびに

5.1 本書から明らかになったこと

　マレーシア語のインフォーマルな会話場面において、話し手の相互行為的（間主観的）な態度（スタンス）を示すスタンス・マーカーの 1 つである談話小辞 kan の周辺では、聞き手の反応がみられることがある。この経験的な観察の妥当性を調査することが、本研究の出発点であった。

　そこで、まず、kan が多義性を持つことに注目し、その多義性を獲得する、意味拡張経路の仮説を記すことで、kan の発話周辺での、聞き手の反応が起こる要因と考えられる機能を明らかにすることを目指した（第 2 章　研究Ⅰ）。すなわち、①「否定疑問形式」の 'Bukankah～?（～の（ん）ではないか?）' が、まず、②および③の 2 方向に機能拡張したと仮定した。つまり、②「強調形式（～じゃないか。／!）」を獲得した方向と、③「Yes/No 疑問形式（～ですか、それとも違いますか?）」、④「確認要求形式（～よね?／ね?）」を獲得した方向である。次に、④「確認要求方式（～よね?）」から、2 方向に機能拡張したと仮定した。つまり、⑤「共感表示形式（～よね。）」を獲得した方向と⑥「傾聴要求形式（～ね／さ、～、～ね／さ。）」を獲得した方向である。

　さらに、①～⑥のそれぞれの形式の内部で生起位置の変化、形態的縮約など

の変化が起こったと推定した。

以上の仮説の妥当性の根拠として、コーパスによる部分的な通時的妥当性、機能拡張の内的必然性の観点からの妥当性、他言語との並行的現象からの妥当性について示した。

次に、第3章では、「研究Ⅱ マレーシア語・日本語会話における、聞き手の反応（あいづち、うなずき）の対照分析」を行った。「分析・考察1」では、マレーシア語の小辞 kan、および、似た意味・機能を持つと考えられる、日本語の談話小辞（いわゆる間投助詞）「ね」、「さ」の発話周辺で、聞き手の反応が起きるのかどうかを分析した。

マレーシア語および日本語の女子大学生の友人2者間会話における、聞き手の反応の生起頻度、生起環境の質・量的な分析を行い、これらの小辞の周辺で聞き手の反応（あいづち、うなずき他）が起こる（または起きない）位置、要因、および2言語間の聞き手行動の形態上の相違点を、明らかにした。さらに、これらの分析を通して得られた、談話小辞の機能についての知見を述べた。

すなわち、まず、マレーシア語会話において、話し手によって発せられた kan 周辺で、聞き手の反応があるかどうかを分析した。まず、kan は様々な統語要素（主語、述語、連用修飾語、接続語、接続節、文他）の後ろに付くが、特に「文」に付くものが高い割合（約60％）を占めていた。

そこで、「文＋kan」という形式に焦点を絞り、その周辺の聞き手の反応の特徴を分析した結果、聞き手の反応はそれが起こる位置によって、反応の種類が異なっていた。つまり、「文＋kan」の「文」（文の最後までまたは途中まで）を聞いてから発される聞き手の反応は、うなずき（非言語行動）でなされる一方、「文＋kan」の kan を聞いてなされる反応は、「あいづち」や「あいづち以外の言語的反応」が多くを占めていた。このことから、話し手の発話がまさに進行している時、それへの聞き手による言語的反応は、妨害とみられる可能性を述べた。

聞き手が「質問」、「意見・感情」などの「あいづち以外の言語的反応」を表

す場合は、kanを聞いてから聞き手の反応が始まっていることをみた。このことは、話し手は「文+kan」というフォーマットを使用することで、話し手自身の発話の「区切り」を明示し、聞き手が何らかの反応をすることが可能になったことを示している可能性があることを述べた。

一方、話し手による「文+kan」の発話後、聞き手の反応がないこともあった（約35％）。その場合、会話例の質的分析を通して、kanの機能が「傾聴要求」であること、またそれに対する聞き手の反応は、「明示的傾聴表示（あいづち、うなずき）」あるいは「非明示的傾聴表示（注視）」であり、kanの発話環境や聞き手の話を聞く態度といった変数によって、そのどちらかが選択されると結論づけた。

次に、日本語会話において、話し手によって発せられた「ね」、「さ」周辺で聞き手の反応があるかどうかを分析した。まず、「ね」、「さ」は様々な統語要素（接続語、連用修飾語、主語、フィラー、主題、連体修飾語、文、目的語、述語、他）の後ろに付くが、特に「文+接続語」、「連用修飾語」に付くものが高い割合を占めていた（約47％）。

話し手による「ね」、「さ」の発話周辺の、聞き手の反応率は、約59％で、無反応（約34％）よりも多かった。

会話例の質的分析を通して、話し手は発話に「ね」、「さ」を付けることで、聞き手に傾聴姿勢を要求している（「傾聴要求」機能）ことを主張した。またそれに対する聞き手の反応は、「明示的傾聴表示（あいづち、うなずき）」あるいは「非明示的傾聴表示（注視、注目行動）」であり、「ね」、「さ」の発話環境や聞き手の話を聞く態度といった変数によって、そのどちらかが選ばれるとした。この機能は、kanのそれと共通していることも述べた。

次に、第3章の「分析・結果2」では、第3章の「分析・考察1」でみた環境（話し手によるkanおよび「ね」、「さ」の発話周辺）以外で、聞き手の反応（あいづち、うなずき）が起きる環境と、起きない環境を質的に分析した。

その結果、両言語話者の聞き手としての反応が生起する環境として、(a)話し手の発話の「区切り」付近、(b)話し手の発話に長音化、イントネーショ

ンの上昇がみられた後、(c)話し手に、言い淀み、ポーズなどの「トラブル源」が発生した後、(d)話し手の発話内容への「支持」があることを、会話に現れる「証拠」を提示した上で示した。

また、(d)については、マレーシア語・日本語両会話において、聞き手が話し手への「支持」、「同意」を示す時、話し手の発話が継続しているまさにその最中にあいづち、うなずきが起こっていることが示された。しかし、その形態は異なっており、マレーシア語会話においては、専ら継続した複数回のうなずきによって、日本語会話では反復型あいづち（うん）とそれに同期するうなずきによって、実現されることが多いという相違点があることを示した。その相違の要因は、第3章の「分析・考察1」で既に述べたように、「話し手の発話に、聞き手の発話が音声的に重複する」ことへの志向の差によることを述べた。

次に、聞き手の反応が起こらない環境は、マレーシア語会話においては、「理解に問題がある」場合、日本語会話においては、「意見への不同意」「トピックとして扱うことへの不同意」が示された。

第3章の結果から、マレーシア人日本語学習者が、仮に母国語の聞き手行動を日本語会話時に持ち込んだ場合、それは日本人のそれとは異なる場合があることから、違和感を抱かせる可能性があることを述べた。具体的には、うなずきの回数が多い、言語的あいづちの代わりにうなずきのみを行うといった聞き手行動を取る可能性が考えられる。このような聞き手行動の相違に注目させ、日本語会話における聞き手行動への気づきを促す、会話教育・教材の開発が重要であることを述べた。

最後に、第4章で、「研究Ⅲ」として、マレーシア人留学生とその友人の日本人大学生の、日本語接触場面会話およびFIの分析を行った。それらの分析を通して、マレーシア語・日本語会話における、「規範」の相違、および聞き手行動（あいづち、うなずき）の性質の相違による影響があることをみた。

まず、「日本人大学生が抱いたマレーシア人留学生への違和感」は、「聞き手としての反応の欠如（あいづちの少なさ）」および「あいづちの長さが長い」

という「あいづちの不適切な使用」にあった。

次に、マレーシア人留学生の「規範」には、「相手の言語規範の解釈よりも、相手の反応の意味を自分の言語規範に基づいて解釈し、ある言語行動を行うまたは行わないことを選択する」や、「積極的に会話を進行調整する言語ホストと消極的に会話に参加する言語ゲストの存在の容認」（自分の言語行動への無関心および気づきのなさ、他者依存）があることが示された。これらの規範は、あいづちの規範からの逸脱の要因となっていたり、あるいは、「逸脱」への「留意」・「調整」の不実施の要因の1つとなっていたりした。

次に、マレーシア人留学生の「逸脱」に対して、日本人大学生は「評価」を行わず、そのため、マレーシア人留学生は、その「逸脱」には気がつかず（「留意」せず）、「調整」を行わなかったことを示した。

また、両話者間の聞き手行動（あいづち、うなずき）の性質の相違、および、マレーシア人日本語学習者の母語の転移（あいづち、うなずき）によって、日本人の「違和感」が起こっていることをみた。

結論として、中上・上級レベルのマレーシア人に対する会話教育への示唆として、「あいづちの不適切な使用」という現象に目を向ける必要性を述べた。

5.2 今後の課題

第2章の、会話に出現するマレーシア語の小辞 *kan* の形式で、述べることができなかった形式に 'Kan～kan./?'（*kan* が文頭および文末に、2度使用されている）がある。*kan* を複数回使用することで、その意味が強められるが、その意味を日本語に訳すことは難しい。また、この形式への拡張経路については、本書では扱うことができなかった。今後の課題としたい。

また、*kan* の機能拡張の過程の妥当性について、「言語接触」による影響の可能性（客家語との言語接触による、③「Yes/No 疑問文」の出現の可能性）の是非については、より詳しい検討が必要である。

第3章の「分析・考察1」では、マレーシア語の「文+kan」というフォーマットにおける、聞き手の反応は、「kanが付加された文（文の最後までまたは途中まで）を聞いて」、または、「kanを聞いて」なされることがわかったが、なぜ聞き手がそれぞれの場所で反応をするのか、その違いは何であるのか、ということについては、分析を行うことができなかった。

　つまり、「kanが付加された文（文の最後までまたは途中まで）を聞いて」聞き手があいづち／うなずきを行う場合は、kanの前接成分が、その区切りを投射したことに起因すると分析した。この場合と、「kanを聞いて」から、聞き手が反応を行う場合との、違いは何であるか。その反応の位置が異なることの理由は、より詳しく分析する必要がある。

　また、「文+kan」というフォーマットに注目し、「聞き手の反応がない」場合の要因をいくつか示したが、網羅的なものではない。

　また、「文+kan」以外の、kanの出現環境における、聞き手の「あいづち」、「うなずき」の分析は、行うことができなかった。包括的な既述を行うために、他の環境でのkanの機能、およびそれに対する聞き手の反応について分析を行うことは重要であるため、今後の課題としたい。

　日本語の「ね」、「さ」周辺の聞き手の反応には、「ね」、「さ」を「聞いた後で」なされるものと「ね」、「さ」が付加された文（最後までまたは文の途中まで）を「聞いた後で」なされるものがあった。では、なぜ聞き手がそれぞれの場所で反応をするのか、その違いは何であるのか、ということについては、分析を行うことが叶わなかった（上でkanについても同様の問題点について述べた）。その反応位置の相違の要因については、より詳しい分析が必要である。

　第3章の「分析・考察2」では、話し手が語りを行っている時の聞き手の反応（あいづち、うなずき）をみた。その中で、「聞き手の反応がない」場合の要因をいくつか示したが、それらは本研究で収集した、女子大学生友人同士（2者間）の会話においてみられたものである。よって、様々な「語り」の際にみられる、「聞き手の無反応」の要因を網羅的に示したものではないため、今後、異なる変数の会話における、「聞き手行動の有無」の要因の質的分析が課題で

ある。

　最後に、第4章は質的研究であり、それを一般化することを目的としていない。しかし、日本語教育（会話教育）への応用の観点からは、個別性が高い事象よりも、より多数の学習者に当てはまる事象を扱うことが、貢献度が高いと考える。第4章の結果は、2組のマレーシア人留学生とその日本人の友人との会話およびそのFIから得られたものであるため、これがマレーシア人日本語学習者の傾向であるかどうかについて、同様の調査を継続して行い検証する必要があると考える。

あとがき

　本書は、多くの方々のご指導とご協力によって、執筆することができました。2010年～2012年にかけて、日本語、マレーシア語、接触場面の3場面における会話を行ってくださった計84人の日本人、マレーシア人の大学生の方々にお礼を申し上げます。また、2013年に、接触場面会話における学習者についての評価を行ってくださった8人の日本人の方々にお礼を申し上げます。

　また、第5章は、2011年国際日本語教育大会（中国、天津）での口頭発表の内容に大幅な加筆・修正を行い、発展させたものです。共同発表者であった木村かおり氏（早稲田大学大学院生（当時））に感謝いたします。

　また、2011年のマレーシアにおける、マレーシア語会話収集に際し、協力をしてくださった友人のZalika binti Adam氏（マレーシア国際イスラム大学講師（当時））に感謝いたします。

　さらに、マレーシア語に関する、私の多岐にわたる質問に、長期にわたって真摯に答え続けてくださったRubiatul Khairiah Khairudin氏（元マレーシア国費留学生（北海道大学卒））にお礼申し上げます。

　本書の元となった博士論文の指導教官であった堀江薫教授、初鹿野阿れ特任准教授（当時、現特任教授）、および博士論文口述審査の審査委員であった衣川隆生教授にお礼を申し上げます。衣川先生には大変有益なご指摘やご助言をいただきました。

　初鹿野先生は、「会話分析」初心者の私を常に正しい方向へと導いてくださいました。会話分析を専門とされる、初鹿野先生にご指導いただけたことは非常に幸運でした。

　堀江先生は「認知類型論」という分野へ導いてくださり、また、多くの貴重な発表・勉強の機会を与えてくださいました。堀江先生との出会いがなけれ

ば、博士論文を執筆することはできませんでした。

　最後に、大阪大学出版会の板東詩おりさんには、本書の原稿について、常に大変極め細やかに、適切なアドバイスをいただきました。感謝いたします。

平成 30 年 8 月　　　勝田　順子

＊本書は、名古屋大学大学院国際言語文化研究科に提出した博士論文「マレーシア語と日本語の対照会話研究—あいづちとその出現環境を中心に—」をもとに加筆修正を行ったものである。
＊本書は、平成 29 年度大阪大学教員出版助成を受けている。

初出一覧

勝田順子・堀江薫（2015）「マレーシア語のパーティクル kan の多機能性―文法化の観点から―」,『KLS（関西言語学会論文集）』35 号, pp. 49-60, 関西言語学会.

勝田順子（2015）「マレーシア人留学生と友人日本人大学生の接触場面における「規範」の違い ―「あいづち」の「規範」からの逸脱―」,『社会言語科学』第 18 巻第 1 号, pp. 60-74, 社会言語科学会.

なお、本書の執筆にあたり加筆修正を施した。

参考文献

庵原彩子・堀内靖雄・西田昌史・市川嘉(2004)「自然対話におけるうなずきの機能に関する考察」電子情報通信学会技術研究報告．HCS，ヒューマンコミュニケーション基礎，104(445)，13-18.

石田由美子(2009)「多言語使用者の言語管理を考える―多言語社会の言語選択の例から」，村岡英裕(編)『多文化接触場面の言語行動と言語管理―接触場面の言語管理研究 vol.7―(2008年度)人文社会科学研究科研究プロジェクト成果報告書 第218集』，千葉大学大学院人文社会科学研究科，19-32.

伊豆原英子(1992)「「ね」のコミュニケーション機能」，『日本語研究と日本語教育』，名古屋大学出版会，159-172.

伊藤恵美子(2009)「断り表現を構成する発話の順序：ジャワ語・インドネシア語・マレーシア語・タイ語を勧誘場面で比較して」，『異文化コミュニケーション研究』，21，神田外語大学異文化コミュニケーション研究所，185-208.

岩田夏穂・初鹿野阿れ(2012)『にほんご会話上手！―聞き上手・話し上手になるコツ15』，株式会社アスク．

上野田鶴子(1972)「終助詞とその周辺」，『日本語教育』，17，62-77.

榎本美香(2009)『日本語における聞き手の話者意向的確場の認知メカニズム』，ひつじ書房．

大場美和子(2006)「異なるコミュニケーション行動における経験の描写と参加」，『筑波大学留学生センター日本語教育論集』，21，35-51.

大谷尚(2007)「4ステップコーディングによる質的分析手法SCAT」，『名古屋大学大学院教育発達科学研究科紀要』，54(2)，27-44.

賈琦(2008)「小集団討論場面における話者交替の日中対照研究」，『世界の日本語教育』，18，73-94.

加藤好崇(2010)『異文化接触場面のインターアクション 日本語母語話者と日本語非母語話者のインターアクション規範』，東海大学出版会．

金城尚美・玉城あゆみ・中西朝子(2007)「日本語非母語話者のメタ言語行動表現に関する一考察―配慮という観点から―」，『留学生教育：琉球大学留学生センター紀要』，4，19-41.

神尾昭雄(1990)『情報のなわばり理論』，大修館書店．

金志宣(2001)「turn-takingパターン及びその連鎖パターン―韓・日の対照会話分

析—」,『人間文化論叢』, 4, お茶の水女子大学大学院人間文化研究科, 153-165.
金秀芝 (1994)「日・韓両言語における『あいづち』の対照研究—電話の会話を中心に—」,『平成8年度日本語教育学会春季大会予稿集』, 85-90.
串田秀也 (2005)「会話における参加の組織化の研究:日本語会話における「話し手」と「共－成員性」の産出手続き」, 京都大学大学院人間・環境学研究科博士論文.
串田秀也 (2006)「会話分析の方法と論理:談話データの「質的」分析における妥当性と信頼性」, 伝康晴・田中ゆかり（編）『講座社会言語科学6 方法』ひつじ書房, 188-206.
串田秀也 (2009)「聴き手による語りの進行促進—継続支持・継続催促・継続試行—」,『認知科学』, 16(1), 日本認知科学会, 12-23.
串田秀也・定延利之・伝康晴（編）(2005)『シリーズ文と発話1 活動としての文と発話』, ひつじ書房.
串田秀也・好井裕明 (2010)『エスノメソドロジーを学ぶ人のために』, 世界思想社.
久保田真弓 (2001)『「あいづち」は人を活かす—新しいコミュニケーションのすすめ—』, 廣済堂出版.
黒崎良昭 (1987)「談話進行上の相づちの運用と機能—兵庫県滝野方言について—」,『国語学』, 150, 109-122.
小宮千鶴子 (1986)「相づち使用の実態—出現傾向とその周辺—」,『語学教育研究論叢』, 3, 43-62.
佐治圭三 (1991)『日本語の文法の研究』, ひつじ書房.
サックス, H., E.A. シェグロフ, G. ジェファソン, 西阪仰訳 (2010)『会話分析基本論集 順番交代と修復の組織』世界思想社.
末永晃 (1992)『インドネシア語辞典』, 大学書林.
杉戸清樹 (1989)「ことばのあいづちと身ぶりのあいづち—談話行動における非言語的表現」,『日本語教育』, 67, 48-59.
杉藤美代子 (1989)「談話におけるポーズとイントネーション」,『講座日本語と日本語教育2 日本語の音声・音韻（上）』, 明治書院.
杉藤美代子 (1993)「効果的な談話とあいづちの特徴及びそのタイミング」,『日本語学』, 12(4), 11-20.
田窪行則・金水敏 (1996)「複数の心的領域における談話管理」,『認知科学』, 3(3), 59-74.
陳姿菁 (2005)「日台の電話会話における新たなターンの開始—あいづち使用の有無という観点から—」,『世界の日本語教育』, 15, 41-58.
富樫純一 (2011)「終助詞『さ』の本質的意味と機能」,『日本文学研究』, 50, 大東文化大学日本文学会, 138-150.
永田良太 (2004)「会話におけるあいづちの機能—発話途中に打たれるあいづちに着目して—」,『日本語教育』, 120, 日本語教育学会, 53-62.

ネウストプニー,イジー.V.（1995a）『新しい日本語教育のために』,大修館書店.
ネウストプニー,イジー.V.（1995b）「日本語教育と言語管理」,『阪大日本語研究』,7,67-82.
ネウストプニー,イジー.V.（1997）「プロセスとしての習得研究」,『阪大日本語研究』,9,1-15.
ネウストプニー,イジー.V.（1999）「コミュニケションとは何か」,『日本語学』,18(7),4-16.
西阪仰（1997）『相互行為分析という視点』,金子書房.
西阪仰（2006）「反応機会場と連続子―文の中の行為連鎖―」,『研究所年報』,36,明治学院大学社会学部付属研究所編,51-71.
西阪仰（2008）「発話順番内において分散する文―相互行為の焦点としての反応機会場―」,『社会言語科学』,10(2),83-95.
野田春美（2002）「終助詞の機能」,宮崎和人・安達太郎・野田春美・高梨信乃（編）,『新日本語文法選書4 モダリティ』,くろしお出版,261-288.
半沢千絵美（2011）「日本語学習者の聞き手としての行動―相づちとうなずきの使用と認識の結果から―」,Journal CAJLE, Vol.12, 159-179.
平本毅（2011）「発話ターン開始部に置かれる「なんか」の話者性の「弱さ」について」『社会言語科学』,14(1),198-209.
ファリダ,モハメッド,近藤由美（2005）『CDエクスプレス マレー語』,白水社.
ファン,サウクエン（1998）「接触場面と言語管理」,国立国語研究所日本語教育センター（編）,『特別研究 日本語総合シラバスの構築と教材開発指針の作成 会議要録』,1-16.
ファン,サウクエン（1999）「非母語話者同士の日本語会話における言語問題」,『社会言語科学』,2(1),37-48.
ファン,サウクエン（2006）「接触場面のタイポロジーと接触場面研究の課題」,国立国語研究所（編）,『日本語教育の新たな文脈』,アルク,120-141.
細馬宏通・富田彩香（2011）「うなずき運動とあいづちの相互作用」,人工知能学会,身体知研究会,『SKL』,9(2),13-18.
堀口純子（1988）「コミュニケーションにおける聞き手の言語行動」,『日本語教育』,64,13-26.
堀口純子（1990）「上級日本語学習者の対話における聞き手としての言語行動」,『日本語教育』,71,16-32.
堀口純子（1997）『日本語教育と会話分析』,くろしお出版.
楊虹（2007）「中日母語場面の話題転換の比較―話題終了のプロセスに注目して―」,『世界の日本語教育』,17,37-52.
益岡隆志（1991）『モダリティの文法』,くろしお出版.
松田陽子（1988）「対話の日本語教育学―あいづちに関連して―」,『日本語学』,7

(13), 59-66.
水谷信子（1984）「日本語教育と話しことばの実態—あいづちの分析—」『金田一春彦博士古稀記念論文集第二巻言語学編』三省堂，261-279.
水谷信子（1988）「あいづち論」『日本語学』，7(13), 4-11.
三宅知宏（1996）「日本語の確認要求的表現の諸相」．『日本語教育』，89, 111-122.
三宅知宏（1997）「『愛だろ、愛っ。』—推量と確認要求」．『月刊言語』，26(2), 68-73.
宮地敦子（1959）「うけこたへ」『国語学』，39, 85-98.
宮永愛子（2013）「日本語学習者の相づちの分析—接触場面の雑談データをもとに—」，『金沢大学留学生センター紀要』，16, 31-44.
宮本マラシー（1988）「タイ語のあいづち（特集・あいづち）」，『日本語学』，7(13), 明治書院，24-30.
村岡英裕（2006）「接触場面における問題の類型　多文化共生社会における言語管理」，『接触場面の言語管理研究』，4, 103-116.
メイナード, 泉子・K（1993）『会話分析』，くろしお出版
メイナード, 泉子・K（2013）「あいづちの表現性」，『日本語学臨時増刊号』，32(5), 36-48.
森純子（2004）「第二言語習得研究における会話分析：Conversation Analysis (CA) の基本原則、可能性、限界の考察」，『第二言語としての日本語の習得研究』，7, 186-212.
森田笑（2007）「終助詞・間投助詞の区別は必要か」，『言語』，36(3), 44-52.
森田笑（2008）「相互行為における協調の問題—相互行為助詞「ね」が明示するもの—」，『社会言語科学』，10(2), 42-54.
吉田智子（1989）「発話の重なり現象の考察—電話会話の分析—」，『日本語教育論集』6, 国立国語研究所，76-93.
劉建華（1987）「会話でのアイヅチ比較の中日比較」，『言語』，16(1), 93-97.

Biber, Douglas and Edward Finegan (1989) Styles of stance in English: Lexical and grammatical marking of evidentiality and affect. *Text*, 9(1), 93-124.
Biber, Douglas, Stig Johansson, Geoffrey Leech, Susan Conrad and Edward Finegan (1999) *The Longman grammar of spoken and written English*. London: Longman.
Clancy, Patricia M., Sandra A. Thompson, Ryoko Suzuki, and Hongyin Tao (1996) The conversational use of reactive tokens in English, Japanese, and Mandarin. *Journal of Pragmatics*, 26, 355-387.
Cutrone, Pino (2005) A case study examining backchannels in conversations between Japanese-British dyads. *Multilingual*, 23(3), 237-274.

Du Bois, John W., Stephan Schuetze-Coburn, Susanna Cumming, and Danae Paolino (1993) Outline of discourse transcription. In Jane A. Edwards and Martin D. Lampert (eds.), *Talking data: Transcription and coding in discourse research*, 45-89. Hillsdale, NJ: Erlbaum.

Englebreston, Robert (2003) Epistemic -nya construction. *Searching for structure: The problems of complementation in colloquial Indonesian conversation*, 153-186. Amsterdam: John Benjamins.

Englebreston, Robert (ed.) (2007) *Stancetaking in Discourse: Subjectivity, evaluation, Interaction*. Amsterdam: John Benjamins.

Fox, Barbara A., Hayashi Makoto, and Jasperson, Robert (1996) Resources and repair: A cross-linguistic study of syntax and repair. In Oches, E., Schegloff, E. A., and Thompson, S. A. (eds.), *Interaction and grammar* (Studies in interactional sociolinguistics, 13), 185-237. Cambridge: Cambridge University Press.

Goddard, Cliff (1994) The meaning of *lah*: Understanding 'emphasis' in Malay (Bahasa Melayu). *Oceanic Linguistics*, 33(1), 145-165.

Harris, Alice C. and Lyle Campbell (1995) *Historical syntax in cross-linguistic perspective*. Cambridge: Cambridge University Press.

Heine, Bernd and Tania Kuteva (2002) *World lexicon of grammaticalization*. Cambridge: Cambridge University Press.

Heritage, John. (1984). A change-of-state token and aspects of its sequential placement. In J. Maxwell Atkinson and John Heritage (eds.), *Structures of social action: studies in conversation analysis*. Cambridge: Cambridge University Press.

Holmes, Janet (1986) Function of *you know* in women's and men's speech. *Language in Society*, 15, 1-21.

Kawanishi, Yumiko (1994) An analysis of non-challengeable modals: Korean -*canha(yo)* and Japanese -*janai*. *Japanese/Korean Linguistics*, 4, 95-111.

Kawanishi, Yumiko and Sung-Ock Sohn (1993) The grammaticalization of Korean negation: Semantic-pragmatic analysis of -canh. In Kuno, Susumu et al. (eds.), *Harvard Studies in Korean Linguistics V*, 552-561. Seoul: Hanshin Publishing Company.

Kim Taeho (2007) A systematic account of negation of Korean from diachronic point of view. *Kansas Working Papers in Linguistics*, 29, 1-32.

Maynard, Senko K. (1990) Conversation management in contrast: Listener responses in Japanese and American English. *Journal of Pragmatics*, 14(1), 397-412.

Maynard, Senko K. (1997) Analyzing interactional management in native/non-native English conversation: A case of listener response. *International Review of Applied Linguistics in Language Teaching*, 35(1), 37-60.

Mizutani, Nobuko (1982) The listener's response in Japanese conversation. Sociolinguistics Newsletter, 13(1), 33-38.

Morita, Emi (2005) *Negotiation of contingent talk: The Japanese interactional particle ne and sa*. Amsterdam: John Benjamins.

Morita, Emi (2012) Deriving the socio-pragmatic meanings of the Japanese interactional particle *ne*. *Journal of Pragmatics*, 44, 298-314.

Mukai, Chiharu (1999) The Use of Back-channels by Advanced learners of Japanese: Its qualitative and quantative aspects. *Sekai no nihongo kyouiku*, 9, 197-219.

Neustupný, Jiři V. (1985) Language norms in Australia-Japanese contact situations. In G. M. Clyne (ed.), *Australia, meeting place of languages*, 161-170. Canberra: Pacific Linguistics.

Nordenstam, Kerstin (1992) Tag questions and gender in Swedish conversations. *Working Papers on Language, Gender and Sexism*, 2(1), 75-86.

Pustet, Regina (2003) *Copulas: Universals in the categorization of the lexicon*. (Oxford studies in typology and linguistic theory). Oxford: Oxford University Press.

Sacks, Harvey, Emanuel A. Schegloff and Gail Jefferson (1974) A simplest systematics for the organization of turn-taking for conversation. *Language*, 50 (4), 696-735.

Saigo, Hideki (2011) *The Japanese sentence-final particles in talk-in-interaction*. Amsterdam: John Benjamins.

Schegloff, Emanuel A. (1982) Discourse as an interactional achievement: some uses of 'uh huh' and other things that comes between sentences. In Deborah Tannen (ed.), *Analyzing discourse: Text and talk*, 71-97. Washington, D. C.: Georgetown University Press.

Schegloff, Emanue A. (2007) *Sequence organization in interaction: A primer in conversation analysis*, Vol. 1. Cambridge: Cambridge University Press.

Schegloff, Emanuel A. and Harvey Sacks (1973) Opening up closings. *Semiotica*, VIII, 4, 289-327.

Squires, Todd (1994) A discourse analysis of the Japanese particle *sa*, *Pragmatics*, 4 (1), 1-29.

Stivers, Tanya (2008) Stance, alignment, and affiliation during storytelling: When nodding is a token of affiliation. *Research on Language & Social Interaction*,

41(1), 31-57.

Suzuki, Ryoko (1990) The role of particles in Japanese gossip. *Proceedings of the Sixteenth Annual Meeting of the Berkeley Linguistics Society*, 315-324.

Tanaka, Hiroko (2000) The particle *ne* as a turn-management device in Japanese conversation. *Journal of Pragmatics*, 32, 1135-1176.

Traugott, Elizabeth C. (1982) From propositional to textual and expressive meanings: Some semantic-pragmatic aspects of grammaticalization. In Winfred P. Lehmann and Yakov Malkiel (eds.), *Perspectives on historical linguistics*, 245-271. Amsterdam: John Benjamins.

Traugott, Elizabeth C. (1989) On the rise of epistemic meanings in English: An example of subjectification in semantic change. *Language,* 65(1), 31-55.

Traugott, Elizabeth C. (1991) Speech act verbs: A historical perspective. In Linda R. Waugh and Steven Rudy (eds.), *New vistas in grammar: Invariance and variation*, 387-406. Amsterdam: John Benjamins.

Traugott, Elizabeth C. (1995) Subjectification in grammaticalization. In Dieter Stein and Susan Wright (eds.), *Subjectivity and subjectivisation*, 37-54. Cambridge: Cambridge University Press.

Traugott, Elizabeth C. (2003) From subjectification to intersubjectification. In Raymond Hickey (ed.), *Motives for language change*, 124-139. Cambridge: Cambridge University Press.

Ward, Nigel and Wataru Tsukahara (2000) Prosodic features which cue backchannel responses in English and Japanese. *Journal of Pragmatics*, 32, 1177-1207.

White, Sheida (1989) Backchannels across cultures: A study of Americans and Japanese. *Language in Society*, 18, 59-76.

Wong, Jean and Hansun Zhang Waring (2010) *Conversation analysis and second language pedagogy: A guide for ESL/EFL teachers*. New York: Routledge.

Wouk, Fay (1998) Solidarity in Indonesian conversation: The discourse marker *kan*. *Multi Lingua*, 17, 381-408.

Wouk, Fay (1999) Gender and the use of pragmatic particles in Indonesian. *Journal of Sociolinguistics*, 3/2, 194-219.

Wouk, Fay (2001) Solidarity in Indonesian conversation: The discourse marker *ya*. *Journal of Pragmatics*, 33, 171-191.

Yap, Foong Ha, Stephen Matthews, and Kaoru Horie (2004) From pronominalizer to pragmatic marker: Implications for unidirectionality from a crosslinguistic perspective. In Fischer, Olga et al. (eds.), *Up and down the cline: The nature of grammaticalization*, 137-168. Amsterdam: John Benjamins.

Yap, Foong Ha (2007) On native and contact-induced grammaticalization: The case of Malay empunya. Manuscript, Department of Linguistics and Modern Languages, Chinese University of Hong Kong.

Yap, Foong Ha (2011) Referential and non-referential uses of nominalization constructions in Malay. In Foong Ha Yap, Karen Grunow-Hårsta, Janick Wrona (eds.), *Nominalization in Asian languages: Diachronic and typological perpsectives*, 627–658. Amsterdam: John Benjamins.

用例出典

Blust, Robert and Stephen Trussel (2010) *Austronesian Comparative Dictionary* (Web edition). http://www.trussel2.com/ACD/acd-s_b.htm#1497 (2018 年 9 月 6 日閲覧)

Dewan Bahasa and Pustaka (2010) *Kamus Dewan Edisi Keempat*. Malaysia.

Lat (1989) *Mat Som*. Petaling Jaya: Kampung Boy Sdn.Bhd.

Poerwadarminta, W.J.S. (1966) *KAMUS UMUM BAHASA INDONESIA*(『インドネシア語一般辞典』). Balai Pustaka: Djak

索　引

A-Z

(em)punya　18, 20, 21, 30-32, 34
bukan　35, 37-52, 54-57, 59-61
iya　21
kan　2-4, 13-15, 35-41, 45-57, 59-62, 71-77, 87, 129, 131-134, 192, 193
la　34
lah　18-20, 34
MCPコーパス　31, 34, 35, 46, 47, 50, 54, 55
nya　16-18, 27-29
projectability　68, 69
punya　20, 21, 30-34
repairs　69
SCAT（Steps for Coding and Theorization）　208, 210, 217
SCT（Sequence-closing third）　90, 91
ya　21-24
you know　35-37, 58, 71-76, 98

あ行

あいづち　1-4, 6, 7, 87-93, 119-122, 125-129, 165, 167-175, 185, 187, 189, 191-193, 199, 200, 204, 205, 210, 212-216, 220-227
言い淀み　172-174, 192, 193
逸脱　199, 200, 203, 222, 225, 227
意味の抽象化　24, 26, 27, 55, 57
意味の漂白化　26
違和感　210-214, 216, 220-227
うなずき　2, 4, 6, 7, 101-103, 119-124, 126-129, 165, 167, 170-173, 175, 181, 185, 187, 189, 191-193, 205, 223
オーストロネシア語族　4, 13
音韻縮約　56

か行

会話分析（CA: Conversational Analysis）　6-8, 66, 93
確認要求　13
家族的類似性　56
間主観的　9, 15, 21
機能拡張　27, 29, 31-35, 40, 42, 49-57, 59, 61, 62
機能主義　6, 27
機能主義言語学　6
規範　7, 199, 200, 203, 204, 217-220, 223-227
繰り返されるあいづち　181
継続支持標識　175
継続するうなずき　176, 178
形態的縮約　42, 49
傾聴要求　133, 134, 153, 155-157, 161, 162, 164, 192
言語管理理論　6, 8, 200, 202, 203
言語ゲスト　224-226
言語接触　18, 33, 34, 62
言語ホスト　224, 226
膠着型言語　5, 13
語族　42
語用論的強化　24, 26, 56

さ行

さ　　2, 3, 77, 84-87, 152, 153, 155-159, 161-164, 192, 193
修復　　69, 70
修復要求　　71, 187, 188
主観化　　24, 26, 49, 51, 56, 57, 59
順番の移行に適切な場所（TRP: transition-relevance place(s)）　　67, 68
順番（ターン）構成単位（TCU: turn-constructional unit）　　66-69, 170, 179, 181
状態変化標識　　126
スタンス　　9, 15, 16
スタンス・マーカー　　9, 15, 27, 30, 31
接触場面　　7
接触場面会話　　3, 9, 199
相互行為　　9, 15, 21

た行

知識状態の変化　　174, 183
中国南部方言　　18
注視　　133-135, 155, 156, 164
注目　　157
注目行動　　155, 157, 164
調整　　199, 200, 203, 204, 217-220, 223-225, 227
通言語の類似性　　55
投射　　68, 124, 152
投射可能性　　68, 69
東方政策　　201
トラブル源　　69, 165, 172, 192, 193

な行

なんか　　158, 159, 162, 163
なんか＋ね／さ　　158-163

西オーストロネシア語派　　4
西マラヨ・ポリネシア　　42
二者択一標識　　50
ね　　2, 3, 77-87, 152-158, 163, 164, 192, 193
ね／さ　　13

は行

客家語　　18, 34, 62
発話潜時　　104, 105, 166
反応機会場　　98, 100
反復型あいづち　　99-101, 182-185, 192
非明示的傾聴表示　　135, 157, 163
評価　　203, 220, 225, 227
フィラー　　175
フォローアップインタビュー（FI）　　3, 7-9, 200, 203, 206, 207, 214
付加疑問　　13, 23, 35, 50, 54, 57, 71-75, 98
複数回のうなずき　　125, 185, 188, 192
負の転移　　204, 205
文法化　　24, 27-30, 32, 34, 40, 41
文法的完結点　　98, 171
並行的現象　　32, 33, 35, 58, 61
ポーズ　　172-175, 192, 193
母語転移　　193, 204, 205, 222, 223

ま行

マレーシア語　　2, 4, 5, 8, 9
マレーシア人留学生　　201, 202, 206, 207
マレー語　　4
マレー語コーパス　　31, 34
明示的傾聴表示　　135, 153

や行

ヤミ（Yami）語　　42
予測可能性　　68

ら行

留意　199, 203, 216, 220, 225, 227
隣接ペア　69, 89, 91
連帯　24, 57, 73
連帯構築　72, 77

勝田順子（かつだ　じゅんこ）

三重県出身。2015年名古屋大学大学院博士後期課程満期退学。博士（学術）。
大阪大学国際教育交流センター特任講師を経て、現在、志學館大学人間関係学部准教授。専門分野は社会言語学、日本語教育。

〈主要業績〉
「マレーシア人留学生と友人日本人大学生の接触場面における「規範」の違い―「あいづち」の「規範」からの逸脱」『社会言語科学』、第18巻第1号、2015
「マレーシア語のパーティクルkanの多機能性―文法化の観点から」（堀江薫との共著）、KLS Proceedings 35、2015
「日本語とマレーシア語の対照会話分析―聞き手行動の観点から」『日本語用論学会 第16回大会発表論文集』、第9号、2014

聞き手はいつあいづちを打つのか
マレーシア語と日本語会話の対照研究

発　行　日	2019年5月10日　初版第1刷発行
著　　　者	勝　田　順　子
発　行　所	大阪大学出版会
	代表者　三成賢次
	〒565-0871
	吹田市山田丘2-7　大阪大学ウエストフロント
	電話 06-6877-1614（直通）　FAX 06-6877-1617
	URL　http://www.osaka-up.or.jp
印刷・製本	尼崎印刷株式会社

ⓒ Junko Katsuda 2019　　　　　　　　　　　Printed in Japan
ISBN 978-4-87259-612-0　C3080

|JCOPY|〈出版者著作権管理機構　委託出版物〉
本書の無断複製は著作権法上での例外を除き禁じられています。複製される場合は、その都度事前に、出版者著作権管理機構（電話 03-3513-6969、FAX 03-3513-6979、e-mail：info@jcopy.or.jp）の許諾を得てください。